モンスター 尼崎連続殺人事件の真実

一橋文哉

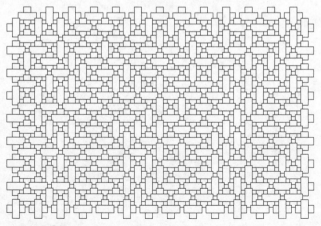

講談社＋α文庫
プラスアルファ

まえがき

「冗談やないで。やくざモンに脅《おど》されて怖かったのは分かる。自分たちの生命も危うかったんは確かやろう。でもな、年老いた実の母親、それも家族――娘や息子を何とか守ろうとした女親を見殺しにし、いや自分たちの手で死なせておいて、刑務所にも行かんなんてことあるかい。理不尽過ぎる。こんな酷《ひど》い裁判、見たことも聞いたこともないわ」

ほとばしるような声でそう叫んだのは、事件の被害者となった「実の母親」こと、大江和子《おおえかずこ》（死亡時六十六歳）と長年、親交があったという七十代の婦人である。

〝酷い裁判〟とは、角田美代子《すみだみよこ》（当時六十四歳）一味による尼崎《あまがさき》連続殺人事件の〝最後に発生し、最初に発覚した事件〟として、二〇一一年十一月に明るみに出た大江和子ドラム缶詰め死体遺棄・傷害致死事件をめぐる裁判員裁判のことを指している。

二〇一三年十月三十一日、神戸地裁。角田美代子《すみだみよこ》と共謀し、大江和子を兵庫県尼崎市のマンションに監禁し、暴行を加えて死亡させたうえ、遺体をドラム缶にコンクリート詰めにして同市の貸倉庫内に放置したとして、傷害致死罪などに問われた大江の長女・香愛《かえ》（判決時四十五歳）に懲役三年・執行猶予四年、次女・裕美《ゆみ》（同四十二歳）に懲役二年・執行猶予三年の猶予刑が言い渡された。中心になって暴行を加えた裕美の元夫、川村博之《かわむらひろゆき》（同四十三歳）こそ懲役三年六月の実刑判決が言い渡されたものの、涙を浮かべ深々と頭を下げた姉妹の様子を伝え聞いた友人の女性は、憤懣《ふんまん》やるかたない様子でこう吐き捨てた。

「強盗や通り魔殺人のように知らない奴にいきなり刃物で刺され、首を絞《し》められて殺されるのはお断りや。でも本人は何も悪くないのに、身内から暴行されて死ぬのも、そりゃ嫌やで。彼女が何を思い死んでいったのかと考えると、居たたまれなくなるわ」

さらに、被害者宅の近所に住む別の女友達は、こう語る。

「新聞記事を読む限り、あの娘たちは『鬼女に洗脳されていたから無罪や』と主張したらしいが、いったいどういう了見なんや。難しい法律のことは分からんが、あの娘らは自分の都合とか事情しか言っとらん。母親の気持ちを考えたことあるんかいな。自らの罪を軽くすることばかり考えて、全く反省しとらんやないの。いい加減にしいや」

一九九八年から二〇一一年にかけて兵庫県尼崎市を中心に発生した連続殺人・行方《ゆくえ》不明事件は、これまでに犯人グループ周辺で八人が死亡し、さらに少なくとも三人、実際は十人近い変死者や失踪《しっそう》者がいるとされる、我が国の犯罪史に残る凶悪な事件である。

一九七二年から八二年までホステスら八人を手に掛けた京都市の元消防士連続殺人や、確認できただけで七人以上の死者・行方不明者が出た九三年の埼玉・愛犬家連続殺人など大量殺人事件をはじめ、二〇〇一年の大阪教育大附属池田小学校襲撃事件や、〇八年の東京・秋葉原の歩行者天国での無差別殺人事件など、これまで数多くの凶悪犯罪を取材してきたが、それらの事件には当否はさておき、それなりの犯行動機や社会的な背景、被疑者の生い立ちや生きざまが関わった精神障害や人格障害があったり、また、仮に単純な金銭目的の犯行であったとしても本人のギラギラした欲望が漲《みなぎ》っているような分かりやすい犯罪がほとんどであった。

この尼崎連続殺人事件は、狙いは明らかにカネだし、実際に一億円以上の金品を奪っている。だが、標的となった家族に集団で食い込み、暴力と甘言で洗脳した被害者家族の一員に肉親を殺害させるなどの手口から、きわめて希有《けう》な事件と言っていいだろう。

ところが、殺人容疑などで逮捕された首謀者の角田美代子が二〇一二年十二月、よりによって取り調べ中の兵庫県警察本部の留置場内で〝謎の自殺〟を遂《と》げてしまった。しかも、事件の核心部分についてはほとんど何も語っておらず、一通の供述調書さえ残さなかった。そのため、この事件の真相は未《いま》だ闇に包まれたままなのだ。

世間から「平成の鬼女」とか「殺戮《さつりく》の女帝」などと厳しい非難を浴びた初老の女はいかにしてこの世に生を受け、「希代のモンスター」とまで評される〝化け物〟に変身していったのか。そして、これら鬼畜《きちく》の所業《しょぎょう》が長年にわたり発覚もせず、堂々と繰り広げられてきたのは、いったいどうしてなのか。

一時は自分たちの犯行を認めていた美代子の義妹や息子ら〝美代子ファミリー〟は今、「モンスター」による恐怖の洗脳が解《と》け、ほぼ全員が「オカン（美代子のこと）の指示通りにしただけや」と保身に走る供述に変わっている。冒頭に記した公判の模様が、その典型だ。

被害者の娘二人と次女の夫という〝本物の家族〟たちが、実母を死に至らしめながら、「モンスター」の洗脳を理由に無罪を主張する。裁判員らによってある程度は情《じょう》状《じょう》が酌《しゃく》量《りょう》され、執行猶予付き判決や決して重罰とは言い難い実刑判決を受けながら、これを不服として全員が控訴し（つまり、無罪主張を続け）ている。

今回の一連の事件の難しいところは、実はそこにある。

どの事件も、被害者に直接手をかけたのは主犯の美代子ではなく、被害者の配偶者や子供ら親族が絡《から》むケースが多い。すなわち、後に亡くなった者を含め、被害者の一部が加害者にもなっているわけだ。それを美代子による洗脳だとか、暴力を背景とした恐怖心による支配だと断定されてしまうと、どの事件も軽い刑罰に処せられる可能性が出てくる。

その中で、大江和子の事件は美代子自身が直接手を出したり、率先《そっせん》して実行犯を焚《た》きつけたりしており、一連の犯行の中では比較的立証しやすい犯罪といっていいだろう。それでも傷害致死罪に問うのがやっとで、しかも、執行猶予付きや刑期の短い実刑判決が出されてしまうのだから、他の犯行がどのように扱われるかは想像に難くない。

それもこれも、美代子が突然、何も言わないまま〝怪死〟したからにほかならない。

兵庫、香川、沖縄の三県警は一四年三月十三日、延べ八万人を投入した捜査が終結したとして、合同捜査本部を解散した。美代子の親族七被告の犯行を三グループに分けて審理する予定の裁判で、検察当局は死刑を含む厳しい求刑を目指し、検察側の立証だけで二十週・開廷六十回以上という長期裁判を検討している。が、弁護側が美代子による洗脳ぶりを強調する方針を採る以上、この事件の真相が今後、さらに明らかにされることはない、といえよう。

そうなると何としても、この「世紀の大事件」の真実を明らかにしたい――と、ジャーナリスト魂というかモノ書き根性丸出しで書いたのが本書である。

だが、主犯が死んでからすでに久しく、事件の背後に潜《ひそ》む真の犯行動機は不明のまだ。さらに、戦後の混乱期に生まれ、やくざや不良少年など荒くれ者の中で育ち、高度経済成長やバブル崩壊、阪神・淡路大震災勃発《ぼっぱつ》など世の荒波に揉《も》まれながら成長してきた「モンスター」の行動には謎めいた部分が多く、心情は複雑怪奇極まる。

それを探るべく何度も事件現場を訪れ、事件関係者や捜査員らを徹底取材。共犯者たちの取り調べ段階での供述調書など捜査資料を入手し、そこから浮かび上がった美代子の正体を、できるだけ分かりやすく大胆に書こうと試みた。

一味の大半は被害者に凄絶《せいぜつ》なリンチを加え、死亡させたことを認めており、警察・司法当局も殺人罪で逮捕・起訴している。新聞・雑誌報道は未だに「尼崎連続変死・

行方不明事件」と呼んでいるが、以上の理由から本書はあえて「尼崎連続殺人事件」と表記した。

また、加害・被害者側を問わず登場人物は可能な限り実名とし、敬称はこの《まえがき》を含め、すべて略させていただいた。彼らの肩書や年齢は事件発生・逮捕時、または裁判当時のものとした。

ただ、この事件は被害者が加害者側に転じるなど複雑な構造を有しており、そうした事情を勘案して一部を仮名にし、表現に配慮を加えていることを、あらかじめ申しておきたい。

尼崎連続殺人事件の「闇」は深い。そして、この事件を通じて浮かび上がった現代日本が抱える「闇」はさらに深く、巨大な影となって我が身に迫《せま》ってくる。

それを解明し、きちんと書き込めたかについては、未だに自問自答している。が、角田美代子の生い立ちや成長過程の暗部を詳《つまび》らかにし、「モンスター」が誕生した秘密を解明したことや、供述調書などの捜査資料や美代子の日記などから、彼女の心情とその巧妙かつ大胆な洗脳テクニックを徹底解剖したこと。そして、北九州一家監禁連続殺人など他の類似事件と比較分析して、そこに〝驚くべき接点〟を見出した点には、一読の価値があると自負している。

そして何よりも、美代子に多大な影響を与え、「モンスター」を操《あやつ》った「黒幕」ともいえる男の存在を突き止め、事件の背後に潜む男女の愛憎や人間の業《ごう》、さらに長い間秘匿《ひとく》されてきた美代子の戦慄《せんりつ》すべき新事実を明らかにしたこと。そして、それが尼崎連続殺人事件の真の犯行動機に繋《つな》がり、美代子が怪死した原因にも結びついていく衝撃の展開は、筆者自らが「真実は小説より奇なり」と驚き、恐れおののいている。

民事不介入を名下《めいか》に、くだらない面子《メンツ》と組織防衛意識から初動捜査に躓《つまず》いた警察当局や、主犯の死で絶対服従だった共犯者たちが一転して無罪を主張し始めた裁判では、決して解明されることはない難事件の真相が、本書にははっきりと記されていると断言しておこう。

この事件は、角田美代子という「モンスター」の存在なくしては語れないことは確かである。その冷酷非道な言動は、本書をお読みいただけば一目瞭然《いちもくりょうぜん》だ。が、だからといって、この事件が時々偶発的に起きる特殊な犯罪というわけではない。犯行手口はやくざのそれを真似たものが多いし、被害者家族の欲望や相互の微妙な人間関係など心のスキを美代子に付け込まれ、彼女を「モンスター」として肥大化させる土壌になったことは否めない。すなわち、同様の事件がいつでもどの家庭にでも起こり得るのだ。

　実際、二〇一三年十二月には、同じ尼崎市で四十三歳の女が、男子中学生をマンションの一室に監禁し、虐待を加えたり生活費を稼ぐ手伝いをさせた事件が発覚し、起訴されている。この女は七人の少年少女と集団生活を送り、自宅には十数人が出入りし、犯罪に走っていた。少年の一人は「オバはんの言うことを聞かないと、皆に殴《なぐ》ったり蹴《け》ったりされた。怖くて誰も逆らえなかった」と自供しており、まさに美代子の事件と同じ構図を示した犯行と言っていいだろう。
ストーカー殺人や通り魔事件など、自己中心的な人間が次々と身勝手で理解不能な「動機なき犯罪」を起こす時代が到来した。今や、何の落ち度もない一般市民がいつ何時、災難《さいなん》に巻き込まれるか分からない事態となっている。尼崎連続殺人を「もう終わった事件」などと言わず、多くの方々にぜひとも読んでいただきたい。そして、各人が「自分の家庭でも起こり得る危機」として捉《とら》え、何らかの教訓として役立てていただければ無上の喜びである。

二〇一四年三月

一橋文哉《いちはしふみや》

文庫版まえがき

女は終始、顔を俯《うつむ》かせ、言葉ではボソボソと反省の弁を述べながら、あくまで淡々とした表情であった。その姿には「私はオカンの事件に巻き込まれただけ」という意識が窺《うかが》われ、残念なことに懺悔《ざんげ》や悔恨の情は微塵《みじん》も感じられなかった。

二〇一五年十月十四日、神戸地裁で開かれた角田美代子の義理の娘・瑠衣《るい》の初公判。美代子と親族七人が起訴された一連の事件で、一審の法廷に最後に出廷した瑠衣は五事件で殺人、加害目的略取など九つの罪に問われていた。裁判員の選任期間が百三十八日間に上る長期裁判になる見通しで、判決は一六年二月を予定している。

弁護側はほかの被告と同様に、「強烈な個性を持つ美代子元被告が起こした犯罪で（瑠衣被告らは）黒子のように従うだけだった」と主張したが、もともと被害者家族だったのに一味に加わり、実姉や〝美代子ファミリー〟の兄弟の殺害にかかわるなど「積極的に犯行に関与した重要人物」（検察側）とされている。

この事件では一五年九月、美代子の義妹・三枝子《みえこ》と義理の息子（長男）の健太郎《けんたろう》、内縁の夫・鄭頼太郎《ていよりたろう》に懲役二十一年（求刑・懲役三十年）、同十一月に義理のいとこで実行犯の中心的存在だった李正則《りまさのり》に無期懲役の判決が言い渡されている。さらに、これまで美代子の次男・優太郎《ゆうたろう》に懲役十七年、一味のメンバーである仲島《なかしま》康司《やすし》にも懲役十五年の判決が言い渡され、大江・川村家事件で被害者の娘二人と次女の夫にも有罪判決が出て、一部確定している。ただ、判決は美代子との共謀は認定したが、「逆らうのは相当困難で役割も従属的」と弁護側の主張を認め、多数の犠牲者が出た割に死刑判決ゼロと軽い印象だ。事件の真相はおろか一味の犯行動機もまったく明らかになっていないのが実情だ。

本書は単行本『モンスター 尼崎連続殺人事件の真実』(講談社刊)に加筆したが、私は単行本を出版後、美代子が長年にわたり日記代わりに本音と行動を綴《つづ》った大量のノートを入手することに成功し、その内容を文庫化にあたり「文庫版特別編」として巻末に載せている。月刊誌『新潮45』二〇一四年六月号の記事を加筆したものである。本編と併せてお読みになれば、この事件が何であったのかがご理解頂けると確信している。

二〇一五年十一月

一橋文哉

モンスター
尼崎連続殺人事件の真実

目次

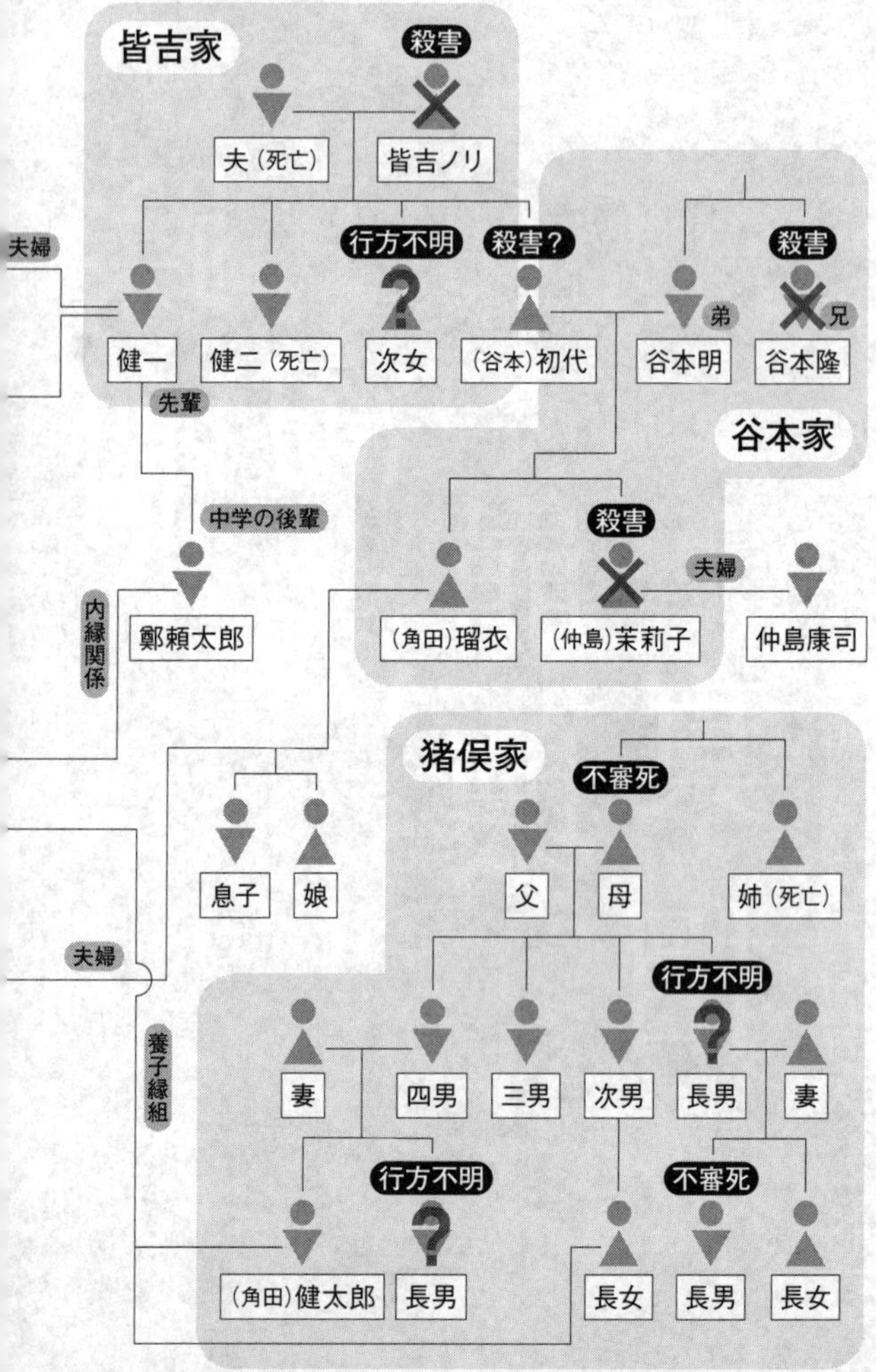

皆吉家
殺害
夫（死亡）
皆吉ノリ
夫婦
行方不明
殺害？
殺害
弟
兄
健一
健二（死亡）
次女
（谷本）初代
谷本明
谷本隆
先輩
谷本家
中学の後輩
殺害
夫婦
内縁関係
鄭頼太郎
（角田）瑠衣
（仲島）茉莉子
仲島康司
猪俣家
不審死
息子
娘
父
母
姉（死亡）
夫婦
行方不明
養子縁組
妻
四男
三男
次男
長男
妻
行方不明
不審死
（角田）健太郎
長男
長女
長男
長女

登場人物関係図

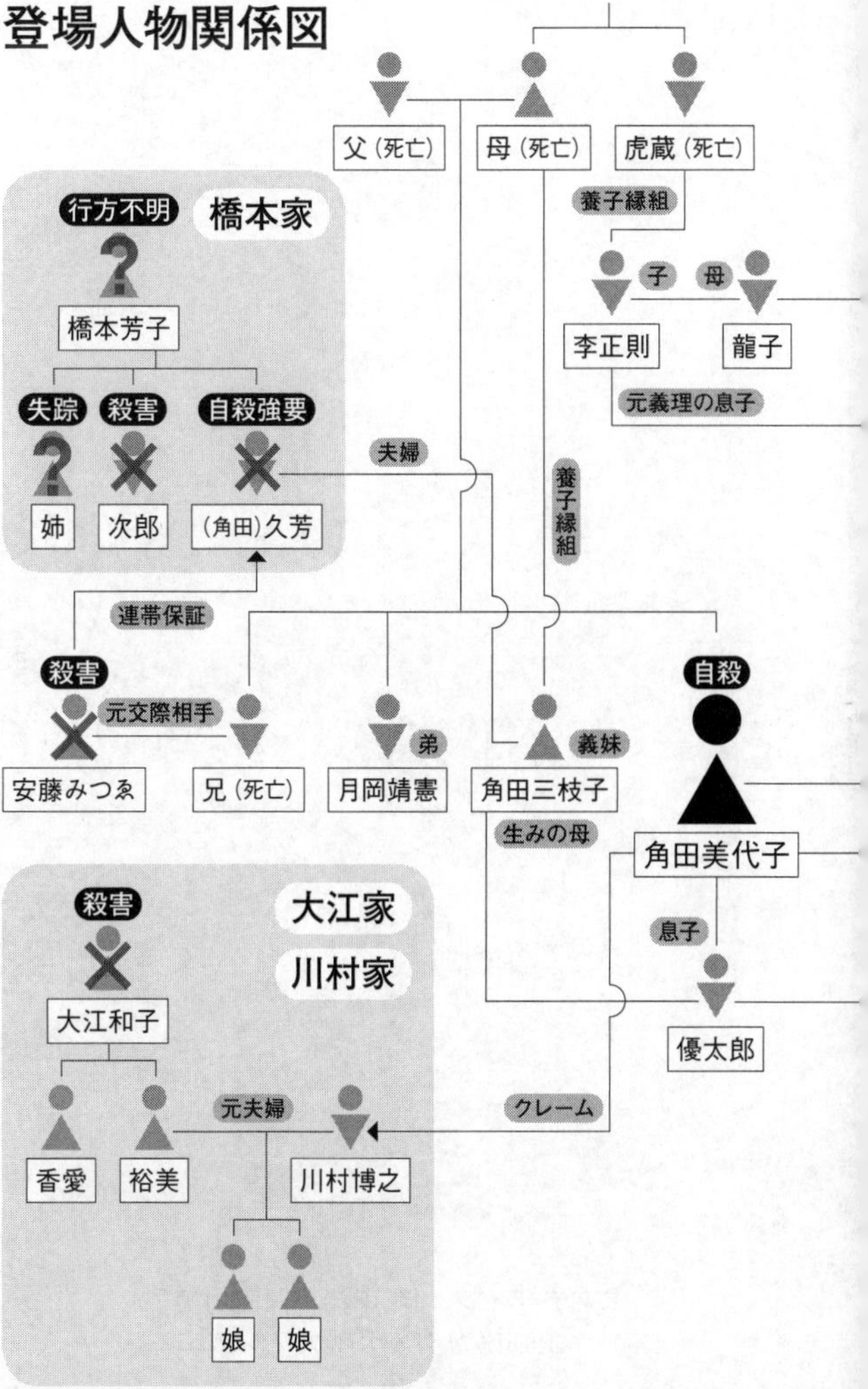

父（死亡）
母（死亡）
虎蔵（死亡）
養子縁組
子
母
李正則
龍子
元義理の息子
橋本家
行方不明
橋本芳子
失踪
殺害
自殺強要
姉
次郎
（角田）久芳
夫婦
養子縁組
連帯保証
殺害
元交際相手
安藤みつゑ
兄（死亡）
弟
月岡靖憲
義妹
角田三枝子
自殺
角田美代子
生みの母
息子
優太郎
大江家
川村家
殺害
大江和子
香愛
裕美
元夫婦
川村博之
クレーム
娘
娘

本文デザイン：岡 孝治＋岡田由美子
企画協力：メディアプレス

モンスター
――尼崎連続殺人事件の真実

序章

期待外れの女

「あの女が自分で死ぬなんて、そんな情緒的で割に合わないことするとは、とても思えんのや。〝ゴリっぱち〟の生い立ちや気性、生きざまは誰よりもよく知っとるつもりやが、そんなヤワな人間なんかやない。そう、あいつは殺されたんや」

初老の男はそう口走ると、大きく一つため息をついた。台所に立ってヤカンで麦茶を沸《わ》かしていた老婦人が思わず、身体をビクッと震わせて振り向くほど大きな声だった。

大阪市の西隣に位置する兵庫県尼崎《あまがさき》市。関西が誇る繁華街・梅田《うめだ》から阪神電車に乗って約十分、神崎《かんざき》川を越えて兵庫県に入り、最初に現れる駅が杭瀬《くいせ》だ。その駅前からシャッターが下りた店舗が多く閑散とした商店街や、安っぽい場末の歓楽街の間を抜けて十数分も歩いた辺りに、半《なか》ば朽《く》ちかけている古ぼけた二階建ての木造アパートが建っている。

二〇一三年六月中旬の昼下がり。本来なら梅雨の真《ま》っ只中《ただなか》で、雨ばかり降ってジメジメと鬱陶《うっとう》しい日が続き、ドブ川の饐《す》えたような臭《にお》いが一段と強く漂《ただよ》ってくる最中《さなか》なのだが、近頃すっかり定着した「異常気象」の影響か、この年の夏は一足も二足も早く訪れ、連日気温が三十五度以上を記録して、うだるように暑い日ばかりであった。

太陽光がトタン屋根に容赦なく照りつける二階の一室。今時珍しくエアコンもない六畳の和室はムワッと湿《しめ》った熱気に包まれ、窓ガラスを全開したぐらいではどうにもならないような不快な暑さが満ちていた。麻製のステテコと半袖シャツをこれ以上ないほどたくし上げ、白いものが目立つ角刈りの頭から流れ落ちる汗を拭《ぬぐ》おうともせずに話し続けていた男は、まだ話し足りないのか、力み返ったように、こう言い放った。

「それにしても、アマ（尼崎）の事件は最後の最後まで、ワシの予想をことごとく裏切ってくれたよなぁ。あの女の頭の中はいったい、どないなっとるんや。何を考え、何をしようとしたんか、さっぱり分からんわ。知り合いのやくざやお巡りは皆、『あの女は殺された』と言うとった。もし自殺やったら、そりゃホンマ、期待外れの女やで」

この男は長年、尼崎市内で「下請けの土建業を営《いとな》んできた」という。そう言うと聞こえはいいが、実際は何人かの悪仲間と土木解体や金屑《かなくず》拾いなどの小商いで食い繋《つな》いできた人物だった。その会社が十数年前に倒産し、数千万円の借金を抱えて夜逃げした後、一時は「危ない橋を渡った時期もあった」（本人の弁）が、今は「肝臓と右脚をやられ、歩くのがやっと」と、内妻と二人、生活保護費の給付を受けて細々と暮らしている。

今の住まいも、夜逃げして何ヵ所か転々とした後、知人が住んでいたアパートに転がり込み、「仕事に行く」と言って出掛けたきり行方不明となった知人に代わって、そのまま居座り続けたものだ。近くに住む高齢の家主とは長年にわたり没交渉、というより、文句を付けられても無視し続け、家賃も「払った覚えないわ」と笑って嘯《うそぶ》く有り様なのだ。

そんな〝いい加減で危ない男〟が盛んに口にする「あの女」とは、地元・兵庫をはじめ香川、滋賀県などで五家族以上を離散・崩壊させ、少なくとも十一人を超える死者・行方不明者を出した尼崎連続殺人事件の主犯・角田美代子《すみだみよこ》、その人であった。

この事件は二〇一一年十一月初旬、尼崎市内にある美代子の自宅マンション近くの貸倉庫で、ドラム缶にコンクリート詰めにされた大江和子《おおえかずこ》の遺体が見つかったことで幕を開けた。美代子はすでに大江の長女・香愛《かえ》への傷害容疑で逮捕されていたのだが、香愛や次女・裕美《ゆみ》、そして裕美の夫だった川村博之《かわむらひろゆき》とともに、和子を監禁し暴行を加えて死亡させた事件が明らかになり、傷害致死などの罪で起訴されたのだ（以下、「大江・川村家事件」と呼ぶ）。

兵庫県警は、美代子の周辺で多くの行方不明者が出ている事態を摑《つか》んだが、当初はなかなか取り調べが進展しなかった。美代子の義妹で腹心と目される角田三枝子《みえこ》（逮捕時五十九歳）らを、本人に無断で年金を引き出した窃盗容疑で逮捕するなどして捜査を延々と引き継いできたが、三枝子が犯行を自供したことでようやく、突破口が開いた。養子縁組して美代子の従兄弟《いとこ》になっていた一味の〝暴力装置〟こと李正則《りまさのり》（同三十八歳）こそ頑《がん》として犯行を否認していたが、内縁の夫・鄭頼太郎《ていよりたろう》（同六十二歳）や美代子の息子ら〝美代子ファミリー〟が、それぞれ逮捕後の取り調べなどで自供を始め、事件は大きく動き出した。

翌一二年十月半ば、尼崎市内を走る阪神電車高架沿いに建つ皆吉《みなよし》家住宅の床下から、美代子の兄の交際相手だったとされる安藤《あんどう》みつゑ（〇八年十一月に六十七歳で死亡）と、美代子が高松市の谷本《たにもと》家から連れてきた姉妹の姉・仲島茉莉子《なかしままりこ》（〇八年十二月に二十六歳で死亡）、茉莉子の伯父・谷本隆《たかし》（〇四年頃に六十歳で死亡）の三人の遺体を発見（以下、「谷本家事件」）。さらに美代子一味の自供により、十月下旬には岡山県備前市日生《ひなせ》の海底からドラム缶にコンクリート詰めにされた橋本次郎《はしもとじろう》（一一年七月に五十三歳で死亡)の遺体が引き上げられ、美代子ら八人が逮捕された(以下、「橋本家事件」）。一二年十二月には高松市の農機具小屋の床下から茉莉子の祖母・皆吉ノリ（〇三年十月に七十八歳で死亡）の遺体も発見された。

美代子の周辺ではこのほか、〇五年七月に橋本次郎の兄・久芳《ひさよし》（死亡時五十一歳）が沖縄県で自殺を強要され転落死（殺人事件で立件＝橋本家事件）、〇九年六月に茉莉子の母親・谷本初代《はつよ》（死亡時五十九歳）が変死（谷本家事件）するなど、少なくとも三人が死亡、四人が行方不明になっている。

各事件については第三章から詳述するが、もし事件の全容が解明されれば、我が国の犯罪史上、最悪の連続殺人事件に発展する凶悪犯罪だ。ただ警察側の不手際もあって、これほどの凶行が十年以上も見過ごされてきた。ようやく一二年二月に大江和子への殺人容疑、同年十二月には橋本次郎に対する殺人容疑で主犯の美代子が逮捕され、本格的な取り調べが始まる矢先の十二月十二日、神戸市の兵庫県警本部の留置場で、美代子は〝謎の自殺〟を図《はか》り、突然六十四年の人生を終わらせてしまった。

冒頭に登場した男の名前を、仮に「小森俊郎」と呼ぶことにする。小森は美代子とは同い年の幼なじみで、小中学校の同級生でもあった。ちなみに、冒頭で彼が口にした「ゴリっぱち」というのは中学時代の美代子に付けられたあだ名だったが、その当時から「札付きの不良少女」として名が知れ渡っていた美代子のことを、そう気安く呼べる人間はほんのわずかしかいなかったはずである。

小森は美代子の性格や行状、家庭環境、交友関係などを熟知していて、互いに「ゴリっぱち」「トシ」と呼び合うほど「不思議とウマの合う関係だった」と自称する。

しかも、小森自身が「危ない橋を渡った」という時期に、街で三十数年ぶりにばったり出会った美代子のマンションに転がり込み、一味に加わりかけていたこともあったといい、まさに「あの世か、塀《へい》の向こう側に行く寸前やった」と本人は苦笑いする。

「ゴリラのゴリっぱちやから、もともと顔も言葉もやることもキツかったんやけど、優しいところもあって……。話をしとるうちにホロッとさせられ、気づいたらすべてをさらけ出して、『好きにして』というか、『よろしくお願いします』って感じになってしまうんや。ワシもそうやけど、日頃偉そうにしとる男に限って、実際は甘ったれで、からきし意気地《いくじ》がない。ああいうムチでしばくような女には弱いんよ」

小森の話は取り留めもなく続いたが、美代子と付き合った期間が長かったうえ、一時は「懐《ふところ》深くに入り込み、一蓮托生《いちれんたくしょう》の関係にあった」（本人）というだけに、美代子と両親の確執や〝疑似家族〟への思い入れ、悪党仲間たちとの本当の力関係、恐喝など犯罪行為で儲《もう》けた話など、彼女を直接知る者でなければ出てこない具体的なエピソードがふんだんに盛り込まれ、その意外な素顔が窺《うかが》われてなかなか興味深かった。

「あの二人は顔を合わせれば口喧嘩していたような印象しか残っていない。が、逆に、それだけ仲が良かったのかもしれない。トシも美代子も、成人して以降のことはよく知らないけど、ヤツ（小森）が美代子とつるんでいたというなら、そういうこともあるかもしれない。まぁ、二人とも我々小市民とは別世界の人間って感じかな」

小学校時代の同級生で、二人のことを知るという男性は、そう打ち明ける。

その小森でさえ懐疑《かいぎ》的に捉《とら》えていた美代子の〝自殺〟について振り返ってみよう。


角田美代子という「モンスター」の急死が、尼崎連続殺人事件の全容を解明するうえで大きな痛手となったことは言うまでもない。「捜査半ばで最も重要な首謀者を死なせるとは、日本の警察史上でも希有《けう》の取り返しがつかない大失態」（警察庁）であった。

実際、神戸地検はせっかく積み上げた美代子の罪状のうち、大江和子に対する傷害致死、死体遺棄、監禁罪など起訴済みの八件については神戸地裁に公訴棄却を申し立て、橋本次郎に対する殺人、逮捕監禁罪など残り四件は被疑者死亡で不起訴とするしかなかった。さらにその後調べる予定だった仲島茉莉子らに対する殺人罪などは、美代子抜きで処理するしかなくなってしまった。そして、犯行の一部またはほぼ全部を自供した一味の連中は皆、家族同然の繋がりや世話になったことをきれいに忘れて、裁判では「美代子の指示に従っただけだ」と主張し、すべてを美代子のせいにし始めた。

だが、もともと被害者の親族、友人・知人からの通報や相談に全く耳を貸さず、事件の拡大・深刻化を許してきた警察当局が、県警本部の留置場という〝本丸〟でまんまと最重要容疑者を自殺させてしまった失態は、被害者の親族らの怒りを爆発させた。

彼らはまず、美代子に対して、「自分で罪を償《つぐな》ったつもりかもしれんが、法廷ですべてを明らかにすべきやった。何も説明せず、法の裁《さば》きも受けないまま死ぬなんて許せない。いったい何様のつもりか。最後まで自分勝手でひきょうな女や」というやり場のない憤《いきどお》りを抱いた。が、それ以上に、警察当局に向けて「これ以上の不祥事が明るみに出ないように、警察は自殺を察知していながら黙認したのではないのか」と不信感を募らせた。

また、一味の自供で次々と六人の遺体が発見され、いよいよ美代子を殺人容疑で再逮捕し、本格的な取り調べに入ろうとした矢先という絶妙のタイミングでの怪死が、「実は、この事件には黒幕がいて、美代子が自供すると困るため口封じに動いたに違いない」などと、さまざまな憶測《おくそく》を呼んだ。

美代子の精神状態が不安定になったのは一二年十月十四、十五日、尼崎市の皆吉家住宅の床下から仲島茉莉子ら三人の男女の遺体が見つかった頃からだという。彼女が大江香愛への傷害容疑で逮捕され、県警本部の留置場に勾留《こうりゅう》されて一年近くが経とうとしていた。

三人の遺体発見で捜査は大きく動き出したうえ、同年十月末に岡山県備前市日生の漁港からドラム缶にコンクリート詰めされた橋本次郎の遺体が引き上げられた。さらに十二月初めには、高松市の農機具小屋から皆吉ノリの遺体も発見され、ついに死刑を含む重罰が予想される殺人容疑で逮捕されるに及んで、美代子の動揺は激しくなり、心身の震えが止まらなくなってきた様子が、監視していた兵庫県警の女性警察官から報告されている。

美代子の弁護人を務めてきた弁護士の高木《たかぎ》甫《はじめ》は十二月十二日、〝自殺〟後の記者会見で「美代子被告は『もう家族に会えなくなるので、生きていても仕方ない』と話していた。『裁判で真相を語らないといかん』と励《はげ》ましてきたが、説得が及ばず残念でならない。特に最近の被告は『死んだら（家族に）伝えて欲しいことがある』などと〝遺言〟のようなことを漏《も》らしており、精神的に相当参っていたことは間違いない」と明かしている。

そんな予兆があったなら、県警はなぜ、万全の警戒態勢や予防策を取らなかったのか。そうした裏事情を知れば知るほど、この自殺劇はなおさら不可解なものになってくる。

当然、私をはじめ、多くのジャーナリストが留置場で何があったのかを探るべく、さまざまな角度から取材を始め、県警も留置管理課員や同室の女性二人らに事情聴取するなど内部調査を実施した。

県警から「大きな瑕疵《かし》はなかったと思われるが、重要な被疑者の死亡を防げなかったという結果責任は重大であり、管理態勢が万全であったとは言えない」と関係者を処分する旨《むね》の報告を受けた警察庁や司法当局も、密《ひそ》かに内偵に入るなどさまざまな方法で徹底的に調べたという。

美代子の身にあの日、いったい何があったのか。県警が極秘に作成した内部調査報告書をもとに、美代子の行動や留置場の監視状況などを再現したい。

不可解な十一分間の空白

美代子の異変に気づいたのは、県警本部三階にある女性容疑者専用の留置場を巡回監視していた留置管理課に所属する二十代の女性巡査長だった。二〇一二年十二月十二日午前六時十分、美代子の寝息が聞こえないことに気づいた巡査長は房の外に立って、なぜか声も掛けないままで、静かにじっと様子を窺った。

約五分経っても身動き一つしなかったため、巡査長は先輩課員の女性巡査部長を呼んで一緒に房外で観察した。巡査部長が美代子の右手が白っぽく変色していることに気づき、六時十七分にインターホンで当直責任者に連絡し、駆けつけた当直副責任者の鍵を使って、同二十一分に房の扉を開けて三人で中に入った。すると、美代子は留置場内に敷《し》かれた布団の中で仰向けに横たわり、首にTシャツの両長袖を一回巻き付けて結んだ状態だった。

美代子はぐったりしていてすでに意識がなかった。直《ただ》ちに救急車で病院に搬送されたが、午前七時十五分に死亡が確認された。司法解剖の結果、美代子の死因は窒息死で、第三者から首を圧迫されるなど不審な痕跡《こんせき》や誰かと争ったような外傷などは見当たらなかった。専門の法医学用語でいう「自絞死《じこうし》」、つまり「自殺」と断定されたのである。

留置管理課によると、美代子は三人部屋の向かって左端の布団に寝ており、並んで寝ていた他の二人の容疑者は熟睡していて、異変に全く気づかなかったという。

県警は、美代子は尼崎市の民家床下で三人の遺体が見つかった十月半ばから立て続けに四回、留置管理課の女性警察官らに「もう生きていたくない。どうすれば死ねるのか」などと自殺願望を口にしたという事実を把握していた。

県警の極秘内部調査によれば、十月下旬から美代子が殺人罪で再逮捕される十二月上旬までに、彼女は少なくとも取り調べを担当した捜査員に八回、留置担当者に七回、同じ房の収容者に四回、弁護人に一回以上、自殺をほのめかしていたようだ。

また、自ら日記代わりに付けていたノートには、明確に自殺を示唆《しさ》する記述が二ヵ所出てくるなど、計二十二回もの兆候《ちょうこう》が現れていたのだ。

特に連日、取調室で厳しく向き合ってきた捜査員に対しては、「悪いのは全部私です。息子や娘、親族の者には関係ない。早く消えてなくなりたい」とか、「私が死んでも、逃げたなんて思わないで」などと意味深長な言葉を投げかけている。

そのため県警では、美代子を「特別要注意者」として一時間あたりの巡回数を四回から六回に増やすなど厳重に監視するように同課員に指示した。その一方で、不眠症状を訴える美代子に対して十月下旬から約一ヵ月半にわたり、連日のように少なくとも一回分以上の睡眠導入剤を渡して服用させるなど、気持ちを落ち着かせて熟睡させるように気を配っていたという。

ただ、そうした被疑者情報が、県警内部でどこまで共有されていたのかが問題である。一般的に容疑者が自殺をほのめかしている場合、「保護室」と呼ばれる施設に収容し、看守の警察官や拘置所《こうちしょ》職員（拘置所に収容された場合）が二十四時間態勢で常時対面監視を行う。容疑者の自殺では、衣類やシーツなどを破ってヒモ状にし、扉やトイレの戸などに引っかけて首を吊《つ》るケースが圧倒的に多い。「衣服さえあれば自殺は可能だし、だからといって、特に女性の容疑者を裸で収容するわけにはいかないから、常時対面で見守るしかない」（警察幹部）わけだが、どこまできちんと監視できていたのか。

美代子のような「特別要注意者」の場合、①監視カメラを備えた一人部屋で常時対面監視、②監視カメラはないが、看守による常時対面監視——という厳しいものから、③監視カメラだけによる監視、④巡回監視の強化——の四段階があり、犯罪史上に残る被疑者である美代子に対する監視態勢が、実は最も軽い段階の④であったことが分かる。これでは警察側に何か意図するものがあったのではないか、と勘繰られても仕方あるまい。

　兵庫県警本部には女性容疑者専用の留置場が三部屋あり、うち一室は監視カメラが設置され、二十四時間態勢の対面監視を原則とする単独居室だ。実は当時、この部屋は空いていたのだが、県警はあえて美代子を監視カメラのない三人部屋に収容している。

「精神的に不安定になっている容疑者の場合、同室者のあるほうが気持ちが落ち着き、自殺防止の効果が上がることがある。美代子も若い同室者と気が合い、よく話し合っていたようで、そうした防止効果があったと見ていた。それに美代子を収容した二号室は、三つの部屋の真ん中で、留置担当者が常時配備されている監視台の真正面にあり、距離も三メートルと離れていなかった。そこに一時間で六回巡回するのだから、常時対面監視とほぼ同じ態勢と言っていい」

　県警幹部はそう語り、監視態勢に落ち度がなかったことを強調した。

　しかし、この日、いつも就寝前には脱いで枕元に畳《たた》んで置いてあるＬＬサイズの黒い長袖Ｔシャツが、美代子の枕元に見当たらなかったことを巡回中の警察官は注視していなかった。

「あのTシャツは弁護士が差し入れた品で、ゆったりしているからと美代子は気に入ってよく着ていた。前日の十一日午後四時過ぎだったか、取り調べ中に「気分が悪くなった」と言って、美代子は自ら精神安定剤を希望して服用した。すると、一回分飲んだだけなのにフラフラになり、取り調べや弁護人の面会が終了した午後八時頃には一人では立っていられず、三十分後に留置場に戻った際はフラついて壁に倒れかかり、『大丈夫です』と言いながらも顔面蒼白《そうはく》で、まるで這《は》うようにして房内に戻ったそうや。そして、Tシャツを着たまま横になってしまったため、留置管理課員は巡回連絡簿に《特異事項なし》と記して、通常と違う状態である《異変》として引き継がれなかった、というわけや」

県警幹部はそう言い訳にもならぬ弁明に終始した。

確かに、美代子は房に戻ってから十数分後の午後九時前には就寝している。女性巡査長は引き継ぎ後の午前五時七分から約十分間隔で美代子の巡回監視を始め、五時二十五分時点では仰向けでイビキをかいて寝ている美代子を確認。同三十八分にはTシャツを左肩の上から斜めに掛け、寝息を立てている姿を見ている。ところが、五時五十五分まではイビキか寝息を立てて寝ていた美代子だが、異変を感じた五分前の六時五分に巡回した時は、同じような格好で静かに寝ていたものの寝息まで聞いておらず、いつの間にか脱いで上に掛けられていたTシャツがどこに行ったのかもきちんと確認できていなかった。美代子はこっそりとTシャツを布団の中に隠し、監視の隙を見て自殺を図ったのだ。

こうした小さなミスの積み重ねが、美代子の異変に気づきながら直接声も掛けず、その場で五分間も静観することに繋がったという。そして、監視台に留置場の扉を開ける予備の鍵が置いてあったにもかかわらず、全く使用しようとせず、当直副責任者とともに中に入ったのは異変発見から十一分も経っていた。

「留置担当者が大声を上げたり、バタバタ走り回ったりすれば、他の収容者が動揺・混乱し、脱走を図るような事態に繋がりかねない。十一分間も空白があれば迅速《じんそく》な対応と言い難いが、必ずしも手落ちとか不可解な対応とは言えないはずだ」

県警幹部はそう主張するが、果たしてこの対応に問題がなかったと言い切れるのか。

この十一分間の空白をはじめ、自殺の道具となり得るTシャツの所在確認を怠《おこた》ったことなど、留置場の管理・監視体制に問題があったことは紛《まぎ》れもない事実だろう。ただ、美代子の自殺を許したのは、単に留置管理課の手落ちというだけでなく、県警全体が彼女の性格を見誤り、心の変化を見落としたからだとも言える。

美代子は、当初の取り調べでは日常会話などには応じるものの、事件に関する話題になると途端に口を閉ざし、自分の身上など簡単な供述調書でさえも署名を一貫して拒否した。扱いに困った神戸地検では、取り調べの可視化に踏み切り、その様子を録画・録音しながら話を聞いたが、やはり調書の署名には応じなかった。

調べが長引くにつれ、美代子は自分が一連の犯行に関与したことを大筋で認めるような供述を始めた。が、殺意や犯行動機、細かい事実関係など肝心な点になるとノラリクラリと言い逃れ、結局、まともな供述調書は一通も作成できなかった。

岡山県の海中からコンクリート詰め遺体で見つかった橋本次郎殺害容疑で十二月五日に再逮捕された後も、取り調べに対して、美代子は「悪いのはすべて私です」と供述しながら、取調官が具体的な殺害方法などを追及すると、「こうなってしまった責任はあるが、殺意はなかった。家族から『次郎を死なせてしまった』という報告を聞かされた時はびっくりした」などと言い出した。大江和子ら他の殺人容疑に至っては、取調官の目を見つめて堂々と「関与しとらんでぇ」と言い切る図太さを見せた。

「そりゃ、あれだけ大勢の人間を死なせたんやから、直接手を下さんでも普通の人間なら悪夢にうなされて寝れんわ。美代子はそんな感情の揺れを逆手に取り、やれ『死にたい』だの『言いたくない』『疲れた』だのと取り調べから逃げ、休むことばかり考えとった。ちょっと厳しく追及すれば、不貞腐《ふてくさ》れて応じなくなるし、気に入らなきゃ食ってかかり、挙《あ》げ句《く》の果てが『死にたい。どうしたら死ねるか』や『一人じゃ死ねんから手伝って』となる。そんな、自分の犯行に真摯《しんし》に向き合おうとしない不誠実なヤツが罪の重さに苦しんで自殺なんかするかって、正直言って、ワシらはそう思っとったんや」（ベテラン捜査員）

それゆえ、美代子の弁護人や留置管理課から彼女が自殺をほのめかしているとの報告を受けていたにもかかわらず、捜査一課の取り調べを優先し、美代子の身柄を設備の整った神戸拘置所や所轄《しょかつ》警察署に移送する考えは全くなかったという。

美代子は自殺するような弱い人間ではない――という先入観、というより、取り調べや身辺捜査を通じて捜査員に共通するものとしてそうした認識が浸透し、定着していたのである。

これを長年の経験やカンに頼り過ぎた捜査員の認識の甘さとか、警察の対応のまずさと指摘するのは簡単だし、事実、そう批判されても仕方ないところではある。

だが、美代子の生い立ちやこれまで生きてきた過程、日常生活、特に犯行当時の言動、捜査員や被害者ら関係者の証言などをどんなに取材しても、美代子が自殺した理由らしきものが全く浮かび上がってこないのもまた事実なのだ。

夢中で叫んだ男の名

いくら「鬼女」だの「鬼畜」だのと言われても、六十四歳と決して若くない女性のことだし、二〇一一年十一月四日に大江香愛への傷害容疑で逮捕されて以来、一年近くも警察に勾留され、連日、厳しい取り調べを受けていれば、気弱にもなるし、将来に絶望することも十分に考えられるだろう。

実際、弁護人や留置場の同室者など、警察関係者以外の駆け引きが不要である相手に対しても、「このままだと、私は死刑になるんやろうか」と不安を漏らしたり、思い詰めた表情で「家族に会えないなら、生きていても意味がない」と呟《つぶや》く姿が確認されている。

反面、差し入れの黒い外国製高級ジャージを着て、颯爽《さっそう》とした様子で取調室に向かう美代子の姿は県警本部の警察官や職員の間で語りぐさになっていたし、運動時間の名目で黙認されている喫煙タイムには、強い外国製タバコを二本立て続けに吸い、ふんぞり返ってプワーッと周囲に煙を吹き散らしている姿が何度も目撃され、どこにいてもすぐ分かるよく通る地声とともに、まるで「モンスター健在」をアピールしているかのように映った。

〝自殺〟前日も、精神安定剤を服用する前の昼食は完食し、昼休みにはいつものように外国製タバコ二本を燻《くゆ》らせるなど、死の予感や前兆はまるでなかった。それどころか、薬でフラフラになっていたはずの夕食時も、米飯を少し残しただけですべて平らげており、その様子を聞いた捜査員は「ふらつきは演技ではないか」と疑ったほどである。

「衣類やネクタイなどで自分の首を絞める『自絞死《し》』は、意識を失うまでの間に、自分できつい結び目を作っておくなど工夫しておけば、物理的には十分に可能だが、腕力に頼って首を絞めようとしてもなかなかうまくいかない。もし薬でフラフラになっていたら、力が入らず、ヒモが緩《ゆる》んで死ねないはずだよ。監視台の真正面にある三人部屋で、約十分おきに見回りに来る状況下だと、老女が単独で密かにTシャツで首を絞めるのは、よほどの覚悟があったか、誰かに自殺方法の指南《しなん》を受けるなど十分に計画・準備をしたうえでなければできない話だろう。謀殺説が浮上するのも当然の状況だよ」

とは警視庁の鑑識幹部。科学捜査の専門家だけに不気味なコメントと言えよう。

また、〝自殺〟の理由についても、さまざまな説が乱れ飛んでいる。

「最初はコンクリート詰めの遺体が一つ見つかり、懲役三年以上の刑を定めた傷害致死罪の起訴だけだったので、美代子も『すぐに出て来れる』とタカを括《くく》っていたと思うんや。だが、捜査は一年も続き、三人の遺体が発見され、軽くても二十年から三十年の懲役刑という線が出てきた。殺人罪が認定されれば死刑もあり得るとなれば、そりゃ、精神的におかしくもなるわな。不安が絶望に変わり、さすがの鬼女も重圧に押《お》し潰《つぶ》されたんやないか」

こうした県警幹部の話が、まずは一般的な見方と言えるだろう。

当初から美代子の接見を続けてきた弁護士の高木は、こう話す。

「美代子は家庭環境に恵まれなかったこともあって、非常に家族を大事に考え、十年以上前から〝疑似家族〟と集団生活を送ってきた。最初は高齢化した家族の介護や借金に苦しむ親族の取りまとめと救済が主だったが、強力なリーダーシップでメンバーを束《たば》ねるうちに、少しずつ方向性がおかしくなってきた。そして、大切な家族が次々と逮捕され、自ら築いた世界（パラダイス）が崩壊してしまったんだ。その家族とはもう会えないなら、生きる意味などない。彼女に残された道はもはや、死ぬことしかなかったのかもしれない」

二〇一二年九月に三週間近く美代子と同じ房にいた女性収容者は、県警の事情聴取に対し、こう答えている。

「最初は、隣に寝ていた『オカン』（美代子のこと）があの尼崎の事件の主犯であるとは知らず、夫婦の惚気《のろけ》や家族の自慢話をさんざん聞かされていました。二匹のプードルとイグアナはじめたくさんのペットを床暖房付きの部屋で飼っているとか、パンが大好きで旦那と一緒にわざわざ全国各地の有名店まで買いに行くなど、リッチでスケールの大きい話が多かった。どんどん話がエスカレートするわりに意外と筋がしっかりしていて説得力があるので、このオバさんはきっと名うての詐欺師《さぎし》に違いないと疑っていたほどです」

さらに、その女性収容者はこう続ける。

「突然、両手をギュッと握り締めてにこっと微笑《ほほえ》んだり、さりげなく肩を抱いて、耳元でボソボソと囁《ささや》くなど『オカン』は人たらしの名人。私の書いたへたくそな上申書を読んで、『思ってもおらん反省文をよう書けるな。直木賞もんや』と褒《ほ》めてくれ、後から入ってきた容疑者の顔を一目見て『あれは性悪やから、しゃべらんとき』とアドバイスしてくれるなどとても優しくて頼もしかったです。だから後で正体を知った時は『まさか』と絶句しました。今思えば、『オカン』が家族を語る時は嬉々《きき》としていましたし、息子やその嫁、義妹らが逮捕されたと聞いた時には『警察は汚い。関係ない家族まで捕まえるんや』と本気で怒っていました。おそらく、本当は家族愛に飢えていたのではないでしょうか」

この女性収容者の話を聞く限りは、美代子は留置場の中でも娑婆《しゃば》にいる時と同様に派手に振る舞っていたようであり、贖罪《しょくざい》意識に苛《さいな》まれていたようには見えなかった。

ところが、三人の遺体が発見された十月以降に美代子と同室になった収容者の証言では、彼女の様相は一変する。始終イラつき、室内をウロウロしたり、他の収容者を怒鳴りつけたり、留置場の扉の開閉方法やトイレの水の出方などが少しでもいつもと違えば気にするようになった。まるで口癖のように「おかしい」「おかしい」という言葉が飛び出すようになり、突然泣き出したり嘔吐《おうと》するなど、いかにも精神状態が不安定であった。

読書家の美代子は当時、プロ野球ヤクルトスワローズ元監督・野村克也《のむらかつや》夫人の沙知代《さちよ》が脱税容疑で勾留中に書いた自伝とも言える小説『老疼《ろうとう》の雫《しずく》』(文藝春秋)を読んでいた。が、取り調べが厳しくなるにつれて中身が頭に入らなくなり、しばらくは意地で読み続けていたものの、最後は放り出してしまったという。美代子は何にイラつき、怯《おび》えていたのか。

「二〇一一年十一月の傷害致死事件だけに止《とど》まっていれば、遠くない将来に社会復帰して、再び家族たちと一緒に暮らせるとの自信を持っていたんやな。ところが三人の遺体が出て来て、娑婆に戻れそうになくなってしまった。これは相当ショックやったろう」

そう明かすのは捜査幹部の一人。こうも言う。

「でも、美代子にとって一番ショックやったのは、封印していたはずの死体が発見された事実や。これは、美代子が忠誠心と結束力に自信を持っていた身内の誰かが自供したことを意味している。絶対に明るみに出ないと思っていた事件が、最も大事に思い、信頼もしていた家族の裏切りで表面化したことで、美代子はパニック状態に陥《おちい》ってしまったんや。彼女が詳しい供述を拒《こば》んできたのは、自分の罪を認めたくないということもあるが、直接犯行に携《たずさ》わった身内を庇《かば》っていた部分もある。それが、溺愛《できあい》した息子の優太郎《ゆうたろう》や側近だった義妹の三枝子までもが次々と自供したことを知り、絶望的な気分になったのではないか」

もちろん、取調室で具体的な供述を拒否していた美代子に対して、誰がどのような自供をしたかなどの捜査状況を伝える警察関係者はいなかった。しかし、わずかな変化でも鋭《するど》く見抜くほど神経過敏になっていた美代子は、取調官の何気ない一言や態度で家族の結束に亀裂が生じてきたことを察知し、次第に苛立ち、動揺していったのである。それが「おかしい」「おかしい」という言葉の連発であり、ストレス症状から来る慟哭《どうこく》や嘔吐だった。

もっとも、この「歪《ゆが》んだ家族愛」こそが美代子の心の支えであり、一連の犯行を読み解くキーワードであることを見抜いた取調官は、「家族愛」というフレーズを有効に活用した。取り調べ中に意識して家族に関する話題を出してみたり、わざと「三枝子は義理堅い女や。『そんなこと言えません』と必死にあんたを庇っとったで」とか、「嫁の瑠衣《るい》は『子供に会いたい』と泣いとった。我が子の顔見たさに何かしゃべっても、許したりや」などと言い聞かせ、心理的に美代子を揺さぶったのだ。

取り調べに関わったベテラン刑事によると、美代子は十件以上の養子縁組や偽装結婚を繰り返し、被害家族を崩壊させて命と財産を奪うと同時に、引き抜いた子供らを〝美代子ファミリー〟に参入させ、血の繋がりはなくとも強固な〝疑似家族〟態勢を築き上げた。

「戸籍上は実子とされる美代子にとって〝自慢の息子〟優太郎は、義妹の三枝子が生んだのを『お姉ちゃん（美代子）に上げる』と差し出した子で、優太郎自身、その事実を知っている。もう一人の息子の健太郎《けんたろう》や一味の暴力装置とされた『マサ』こと李《り》正則《まさのり》、優太郎と結婚して後継者に指名された瑠衣ら側近は、被害家族から連れてこられ〝美代子ファミリー〟に組み込まれただけや。そんな連中だから、ほぼすべての犯行に関与している『マサ』を除けば、洗脳などすぐに解けて、たちまち自供したわ。もともと美代子だけが執着した身勝手な家族愛やし、暴力支配への恐怖と生活保障による安心感で成り立っている〝疑似家族の絆《きずな》〟やから、崩れ出したらあっという間、脆《もろ》いもんや」（前出のベテラン刑事）

　この辺りから話の内容が細かいうえ人間関係がややこしいので、巻頭に掲載した美代子と本書に登場する人物たちの関係図を参照しながら読み進めていただきたい。

ところで、そこまで美代子の心理や彼女を取り巻く周囲の状況を読み切っていたなら、警察当局はなぜ、まんまと自殺を許してしまったのだろうか。

「美代子には罪悪感も贖罪意識もない。あの女の頭の中は、自分のことしかないんや。確かに溺愛した息子や〝片腕〟といわれた義妹《こじ》ら家族を大事にしとるところはあるが、それも自分の存在感を誇示し、自分が慕《した》われたいからに過ぎん。家族に裏切られたショックなど、最初から信じてないんやから、あるわけない。彼女が法律や社会秩序より大事にしていたのは、家族の絆ではなく、自分を頂点とした集団生活のルールなんやで」

　そう反論するのは、一連の事件捜査に関わった別のベテラン刑事。こう続ける。

「美代子はもともと家庭の秩序を乱し、集団生活のルールを守らない者は、厳しく罰するという考えを持っていた。（遺体が発見された）仲島茉莉子や橋本次郎ら、一時は仲間になりながら反抗したり脱走しようとした者をリンチで粛清《しゅくせい》したのは、そういう理由からや。かつての連合赤軍事件と一緒や。そのルールとそれを守るべき人間関係が瓦解《がかい》し、自分の人生が何だったか分からなくなった。そして、自分が死刑になるか、戻るべき場所がなくなったことを認識したことで、美代子は耐えられなくなったんやないか」

いずれにせよ、美代子は最後まで真相を語らず、一通の供述調書さえ署名せず、黄《よ》泉《み》の国に旅立ってしまった。残念ながら我が国の犯罪史に残る大事件の全容が、首謀者の口から語られることは永遠になくなった。

美代子から唯一愛されていたという息子の優太郎は、母親から一年ほど遅れて逮捕された後、直ちにこう言った。

「母親とは縁を切って、妻の瑠衣と二人の子供たちとやり直したいんです」

犯行に加わった他の〝美代子ファミリー〟に至っては、「オカンの言う通りにやっただけや」などとすべての責任を美代子に押しつけるような供述を始めており、事件の真相解明に結びつきそうにはない。これでは、美代子が家族を持とうとした気持ちは分かっても、これだけの凶行をなぜ起こしたのかは分からないままである。

「時々、悪い夢でも見るのか、『オカン』がひどくうなされることがあって……。そんな中でも、ある時、一回だけやけど、突然、男の名前を呼んだことがあったんです。翌朝、それを『オカン』に伝えると、『内緒にしてな』と顔を赤らめていました。その夜、『若返ったんじゃない』と冷やかすと、『どや、まだ捨てたもんやないで』と、いきなりTシャツを脱いで、立派な乳房を見せつけたんです」

同じ房に収容され、打ち解けた関係になった女性が、そんな打ち明け話をする。

最後まで美代子は男の素性を明かさなかった。が、それは溺愛した息子でも内縁の夫でもなかったし、ましてや忌《い》み嫌っていた父親であるはずもなかった。

実はその男こそが、美代子を恐るべき「モンスター」に仕立て上げ、一連の凶行を引き起こさせた張本人であった。男の正体を割り出し、その周辺を徹底的に取材していくにつれ、尼崎連続殺人事件がなぜ起きたのか、美代子がどうして犯行に及んだのか、真の犯行動機らしい背景事情が見えてきた。

そして、そうした裏側に潜《ひそ》む新事実を突き止めた時、単に美代子が〝自殺〟したのではないことが、私の中で明確に見えてきた。

迫《せま》り来る電車に飛び込んだり、ビルの屋上から飛び降りたり、刃物で手首を切ったり、自殺するのもなかなか勇気というか決断力がいるし、発作的に行動してしまえば、後はいくら後悔しても死ぬしかないところもある。いずれにせよ、「死ぬ」という狂気に取りつかれてでもいなければ、そう簡単にできるものではない。ましてて、他人と一緒に寝起きする場所で一人静かに死ぬ、特に自分でTシャツを首に巻き付けて窒息死するなどということは、よほどの決意か精神力でもなければ、なかなかできることではない。

美代子に、ただ一人で静かに首を絞めさせたものとはいったい何だったのだろうか。

第一章

初めての男はやくざ

「女にとって、初めての男は特別の存在でしょ。『モンスター』とか『鬼女』と呼ばれている美代子だって、それは同じよ。まして、その男がたとえば、やくざのように強烈な個性の持ち主やったら、なおさら忘れられない存在になるんやないかしら」

この〝爆弾発言〟を口にしたのは角田美代子の母親と親しかった女性で、美代子の小さい頃からの出来事に精通し、まるで年齢の離れた姉のように接してきた人物だ。

その名前を、仮に「美幸《みゆき》」と呼ぶことにする。

現在から半世紀近くも前のこと。当時、十代半《なか》ばだった美代子の様子がおかしいことに気づいた美幸は、美代子の母親や祖母に内緒という条件で問い質《ただ》したところ、最初は口を噤《つぐ》んでいた美代子が、やがて涙ながらに衝撃的な話を打ち明けたという。

それは初めて性的関係を持った男の話であった。そして、状況は半ばレイプのような強引なものだったのだが、相手は正真正銘《しょうしんしょうめい》のやくざであり、美代子が憧《あこが》れていた男だったので許せる、というから驚きであった。

美代子は常々、義妹の三枝子ら腹心のメンバーに「私は本当に強い男が好きや。格好をつけた奴やなく、本物のやくざに憧れていたんや」と語っていたというが、その〝初めての男〟は美代子にとって、すべての条件を揃《そろ》えた尊敬できる最高の人物だったと言えよう。

美幸は、美代子から「もし、男の正体が両親や祖母に分かったら大変なことになるし、名前を明かしたことを相手の男に知られたら、殺されてしまう」と懇願され、口を閉ざす約束を交わした。実際、美幸もやくざの報復は怖かったし、後に美代子による一連の凶悪犯罪を知って震え上がり、ずっと口を閉ざしてきた。

その美代子が二〇一二年十二月に死亡し、相手のやくざや、ほかに事情を知る関係者のほとんどが亡くなったことから、美幸は「今なら本当のことを話せる」と決断し、私の取材に対して、ようやく重い口を開いたのだ。

美代子の周辺にいる暴力団関係者として真っ先に名前が挙がるのは、母親の弟（美代子の叔父）にあたる「虎蔵《とらぞう》」（仮名）という男である。白いスラックスにピカピカに磨いたエナメル靴を履《は》き、いかにも高額そうな黒や赤のシルクシャツを着て、肩で風を切って歩く姿はまさにやくざそのものであり、周辺の住民は虎蔵のことを「ほんまに怖い人や」と畏怖《いふ》していた。

詳しくは後述するが、いっぱしの不良少女を気取っていた美代子が尼崎の街を虎蔵とともに遊び歩く姿が頻繁に目撃されていたし、高校を中退した彼女が売春スナック経営に乗り出した際、地元の暴力団や売春業界に根回しするなどいろいろと相談に乗ってもらっていたのは確かである。

また、後に美代子一味に加わる李正則を一人前のワルに育て上げるため、虎蔵のもとに預け、彼と養子縁組させて角田一族に加えたのも事実で、美代子は一応、虎蔵をやくざとして認めていたのである。

ただ、美代子が成人後、この叔父を呼ぶ時には「虎蔵」と呼び捨てか「お前」呼ばわりしており、親密な間柄であることは感じられても、相手を尊敬し、憧れているようにはとても見えなかった。

一方で、「虎蔵はまるで、美代子を愛人に持つ間夫《まぶ》のように振る舞っていた」（元不良仲間）という証言もあり、二人の間に男女の関係があったのではないかとの噂が流れた。

「確かに虎蔵と美代子が一時、男女の関係にあったことは間違いないだろう。酒に酔った虎蔵本人がそう吹聴《ふいちょう》しているのを聞いたことがある」（地元の暴力団組員）

との証言がその噂話の根拠になっている。だが、虎蔵が周囲に漏《も》らした証言内容を拾い集めると、どうやら「ほんの弾《はず》みで男女関係になったのは事実だが、それは短い期間だったし、美代子にとって初めての男ではなかった」というのが真相のようである。

それなら、最初の男とはいったい、誰なのか——。

若い頃の美代子は不良仲間を大勢引き連れ、繁華街を闊歩《かっぽ》しており、そうしたメンバーの中に初めての男がいてもおかしくなかった。が、「ゴリラに似た怖い顔。身体は大柄、性格は男勝りでガラっぱち。しかも、『父親はやくざモン』と言い回っていたから、誰も積極的に美代子と関係を持とうとは思わなかったはず」（同級生）という身上だ。

高校中退後には売春で生活費を稼ごうとしていたフシが窺《うかが》われるから、さすがにその時は男性経験があったと見るのが普通だろう。そうなると、相手の男はかなり絞《しぼ》られてくるが……。

こうした事件ノンフィクション作品の常識を破り、ここでいきなり、尼崎連続殺人事件の鍵を握る男の正体を明かしてしまおう。

美代子が兵庫県警本部の留置場でふと漏らした男の正体は、山口組系暴力団の下部組織の組員であり、後に組幹部にのし上がっていったキレ者の男だった。

その名前を、仮に「M」と呼ぶことにする。

彼の人柄や立場、美代子との出会いから交流ぶり、事件との関わりや悪党仲間との繋《つな》がり、背後関係などについては追い追い明かしていくとして、ここでまず言っておきたいのは、美代子が行った冷酷非道な犯行手口はほぼすべて、このMからの指示に従い、その考え方や言動、情報に影響を受けたものである――ということだ。

美代子とMの出会いと因縁《いんねん》について語る前に、彼女がいかにして生まれ育ち、何が彼女を「モンスター」に仕立て上げたのかについて述べなければなるまい。

肉親の愛に飢えていた？

一九四八年十月十二日。太平洋戦争の傷痕が未だ色濃く残る阪神工業地帯の中心にある兵庫県尼崎市で、一人の女児が誕生した。「モンスター」の雛《ひな》である。

大阪湾に向かって走る国鉄尼崎港線（現在は廃線）沿いの小さな町内で、コテを使って壁などを塗《ぬ》り上げる左官職人の派遣業を営《いとな》む父親と、売春宿を兼ねた小料理屋で働く元芸者の母親の長女として生まれた美代子は、父方の「月岡《つきおか》」や母方の「角田」、後に内縁の夫が使う「東《あずま》」などいくつかの姓を名乗った挙《あ》げ句《く》、一九九八年に自分の母親の死を契機に、自ら「角田美代子」と称する道を選んだ。

小学生の時に両親が離婚したため、双方の家や親戚のもとをたらい回しにされるなど、あちこちを転々とし、温かい家庭とは無縁の生活を送ってきた。

「あの〝ゴリっぱち〟が父親から『いらん子やった』と言われて育ったことは、本人の口から何度も聞いた話だから間違いない。幼い頃、父親が『子供なんて大嫌いやし、本当は欲しくなかったんやが、避妊に失敗してできてもうた』と知り合いの男に話しているのを立ち聞きし、かなりショックを受けたらしい。父親から何度も面と向かって『お前なんか間違ってできた〝恥かきっ子〟や』とか『生まれて来んほうが良かったで』などと言われているうちにマヒしてもうたとかで、本人は『冗談やないで。あのクソ親爺、こっちのほうがお断りや。けどな、言いたいだけ言わせときゃええんや。子供にゃ親は選べんから、しょうないやんか』と平気な顔をして笑い飛ばしとったわ」

そう打ち明けるのは、美代子の幼なじみで、小さい頃に彼女の祖母の家の近くに住んでいて、一緒に遊んだこともあるという「自称・悪友」の女性だ。こう続ける。

「それでも、父親から『あいつ（美代子）は女郎が生んだ娘のくせして、顔は左右がバラバラに崩れとって醜《みにく》いこと極まりないし、性格は母親に似て下劣で最低や。男勝りで色気なんぞ全くないしの』と罵《ののし》られた時は思わず泣いたらしい。さらに、後に担任教師から娘の非行を相談された母親が『(娘の所業は)あの父親の子やからしょうない。望まれて生まれてきた子やないし、言うことを聞きませんのや』と答えたのを知って、呆然《ぼうぜん》と立ち尽くしていたようや。

(一連の犯行を知って)美代子もかわいそうな女やな。渇《かわ》き切った家庭で肉親の愛に飢《う》えとったから、あんなことやったんやって感じたわ」

事件発覚後、美代子の子供時代を知る人々に取材すると、意外にもこうした〝同情論〟が数多く聞かれた。一連の事件捜査に携《たずさ》わった兵庫県警幹部も、こう語る。

「あの女はぜいたくな暮らしをしたいのと、一味の若い者を引き連れて〝ええ格好《し》したくて、それに必要なカネを得るために犯行に及んだことは間違いない。言葉や仕種《ぐさ》などで恐ろしい雰囲気を出して脅《おど》し、自らの手を汚さず若い者らに暴力を振るわせてカネを巻き上げる悪賢い手口はやくざそのものや。やくざモンみたいな連中が出入りする家で育ったことが影響していることは十分に考えられるし、逆の見方をすれば、その根底に家族の愛とか信頼関係に対する反抗精神や復讐心があったようにも思える。被害者の家族に、『お前ら肉親が仕置きせんといかん。自分らでけじめをつけ

んでどうする。知らん顔しとってええんか』などと暴力をけしかけた辺りが、何より
の証《あかし》やないか」

しかし、こうした見方には、明らかに賛否両論が存在することも事実である。

まず、望まれない誕生と家族愛の欠如が引き起こした凶悪犯罪——として、二〇〇一年初夏に、尼崎市の北に位置する大阪府池田市の大阪教育大学附属池田小学校で発生した児童殺傷事件との類似性を指摘するジャーナリストがいる。

これは同年六月八日午前十時過ぎ、刃渡り十五センチの出刃包丁を持った宅間《たくま》守《まもる》・元死刑囚（当時三十七歳）＝二〇〇四年九月十四日に死刑執行＝が件《くだん》の池田小学校に乱入し、教室内にいた二年生七人と一年生一人の計八人の児童を殺害し、児童十三人と教諭二人の計十五人に重軽傷を負《お》わせたという「我が国犯罪史上、特筆されるべき凶悪かつ重大な無差別大量殺人事件」（論告要旨）だった。

検察当局は、事件当時に宅間が失業中で経済的に困窮《こんきゅう》していたうえ、元妻との離婚訴訟を巡るトラブルもあって自暴自棄《じぼうじき》に陥《おちい》っていた、とした。そして、彼が学歴コンプレックスや劣等感から社会に根強い不信感や不公平感を抱き、「世の中の人間はすべて敵や」と嘯《うそぶ》いていて、他人や社会に責任を転嫁する性向を示すようになってい

た、と指摘した。

さらに、宅間には両親、特に父親への恨《うら》みがあり、「自殺しても周囲が喜ぶだけだし、自分の絶望的な苦しみを多くの人間にも味わわせたい。エリート校の子供をたくさん殺せば確実に死刑になる。そうした事件を起こし、父親らを苦しめてやりたい」（本人の供述）と大量殺人を計画した、と断じている。

彼は二〇〇三年八月に死刑判決を受けたが、取調室ではもとより獄中や法廷においても、反省や悔恨《かいこん》の情を浮かべることは全くなかった。それどころか、「恵まれた子供でも、自分みたいな将来展望のないアホに、たった数秒でいつ殺されるか分からない不条理さを世の中に分からせたかった」などと言い放ち、ひたすら被害者遺族を侮辱し、社会や世の人々を罵倒《ばとう》するなど暴言を繰り返した。

そして、弁護人が行った控訴を自ら取り下げ、約一ヵ月後に死刑が確定。法相に刑事訴訟法の条文を楯《たて》に死刑の早期執行を訴え続け、死刑確定からわずか約一年後には、本人の望み通りに異例の早さで刑が執行されている。

宅間は両親が共働きだったため、主に父方の祖母宅で甘やかされて育った。幼稚園に入る時に自宅に戻ったが、馴染《なじ》みのない近所や幼稚園では友達ができず孤独な子だった。

武家出身とプライドが高く、暴力傾向のあった父親から金属製の模造刀で殴《なぐ》られるなど厳しい体罰を受けたし、裕福な地主の娘だった母親は精神的に不安定であり、楽しい家庭とはとても言えなかった。こうした宅間の周辺環境とは細部では異なる点があるものの、冷たく渇いた家庭環境や両親の愛情に飢えていたことなどは、美代子のそれも同じだと言っていい。

中でも、宅間を身籠《みご》もった母親が、何か嫌な予感でも働いたのか、「あかんわ、これ。何とか堕《おろ》したいねん。あかんねん。絶対」と口走ったとされるエピソードは、後に犯罪行為や問題行動を繰り返す息子を「心身を病んでいるから」と称して、半強制的に病院に入院させ、責任能力を問われないようにした「親馬鹿的対応」とともに、宅間に大きな衝撃を与えた。

自分の〝歓迎されない出生〟の秘密を知っている彼は、この親心から発した計画入院策を「母親の裏切り」行為としか捉えることができず、母親という〝唯一の支援者〟さえも逆恨《さかうら》みしたのである。

入院先の病院で閉鎖病棟五階から飛び降り自殺を図《はか》り、重傷を負《お》ったものの一命を取り留めた宅間は、それを契機によりいっそう心が壊れてしまい、十五回も逮捕・補導されるほど荒れ狂い、半ば暴力的な結婚と離婚を繰り返した。そして、人生の迷走に終止符を打とうとして、池田小学校にカーナビをセットして自慢のマイカーで乗りつけたのだ。

母親は次々と事件や問題を起こす宅間にショックを受け、やがて正気を失い、最後に息子が起こした大事件を知らないまま、病院に入って余生を過ごした。

父親は息子の逮捕直後、「十数年前に勘当した男のやったことで、ワシには関係ない。ヤツには『早く死ね』と言いたい」と言い放って世間やマスコミから集中攻撃を浴び、酒浸りになって健康を害した。周囲から後ろ指をさされ続けて居たたまれなくなった兄は、代々家宝として伝わる刀を首に突き立てて自殺した。「お前ら無茶苦茶にしたる」と叫んで家を飛び出した宅間は、まさに宅間家を破滅させてしまったのである。

《これでよかったのだ。これで。私は生まれてきたのが間違いだったのだ……》

獄中でそう記した宅間は、本当に満足していたのであろうか。

角田美代子も、宅間ほど過激ではないものの、自分の出生に纏《まつ》わるエピソードや両親の離婚のために家庭の温もりや家族の絆《きずな》を失い、心中密かに家族への復讐《ふくしゅう》を企図《きと》して犯行に及んだとする見方もある。

ただ、そうした意見に異議を唱える向きもある。

「あの頃のアマ（尼崎）は米軍の空襲で全部焼けてもうて、がれきが散乱し、焼け焦《こ》げた匂いが残っとる野っ原に皆、勝手にバラック（の家）建てて住んどったんや。それも、地元の人間なんかほとんどおらんかった。あっちこっちから焼け出された人が集まってきて、やくざモンやら風俗の女やらゴミ拾いやら、いろんな連中がごった煮状態やったし、中国大陸や朝鮮半島からの流れ者も多かった。だから、アヤこい（発音や抑揚が怪《あや》しい）日本語や訳の分からん方言が乱れ飛び、殺伐《さつばつ》とした雰囲気で、ほんまに無国籍の無法地帯って感じやった。

どこの家かて、生きるのに精一杯で、温かい家庭なんてもんはなかったで。美代子のとこだけが不幸やったわけやない。皆、一緒や。冷たい家庭が原因で美代子があんな事件を起こした言うんなら、あそこにいた連中は全員が殺人鬼になっとるわ」

と言うのは、美代子と同じ町内で育った同級生の男性だ。

確かに、我が国を代表する商都・大阪の西側に隣接し、国内最大級の軍用プロペラ工場をはじめ軍需産業が林立《りんりつ》していた尼崎市の海岸線一帯は、米軍機の爆弾で建物という建物はすべて吹き飛ばされ、焼夷弾《しょういだん》で人間はその暮らしもろとも焼き尽くされていた。人の姿と心を失った終戦後の焼け跡では、暴力による脅しや舌先三寸《したさきさんずん》の騙《だま》しでカネを奪う輩《やから》や、麻薬や密造酒を売り捌《さば》く連中が闊歩《かっぽ》し、商店街は闇市《やみいち》と売春婦の巣窟《そうくつ》と化しており、正義や道徳、信頼、そして人間愛や家族の絆などといったヒューマニズムは影も形も見当たらなかった、と言っても決して過言ではあるまい。

「一寸先は闇で、明日などない。とにかく今日を生き抜くことがすべてやった」

美代子一味の〝殺戮《さつりく》の館〟と呼ばれたマンションが建っていた杭瀬《くいせ》地区の商店街で、かつて怪しげな飲食店を経営していたという男は、しみじみとそう述懐《じゅっかい》する。

時代とともに町並みは洗練され、今や形も色も匂いもきれいになった尼崎の街がそこにあるが、美代子の心の中にはいつも惨《みじ》めな幼少期の風景——それは荒涼《こうりょう》たる大地、心身ともにすさみ切った荒野——が広がっていたのだ。

美代子を冷酷で卑劣な殺人鬼に変えたのは、いったい、何であったのか。

「父親はやくざや」と吹聴

美代子が生まれ幼少期を過ごしたのは尼崎市の南東部にある街で、一家は地元の機械工業会社が社宅として所有する古い木造二階建ての集合住宅群のうち二コイチ（二世帯で一軒の家屋を構成する住宅）の家屋を借りて住んでいた。

父親である月岡は、自分では「左官職人」と称していたが、実際は戦災で焼け出されて行くところを失った地元の労働者や、戦後の不況で仕事にあぶれた地方出身の若者たちをまとめ、公共工事の建設現場などに送り込む「手配師」のような仕事をしていた。さほど広くない月岡宅には、そうした数多くの荒くれ男たちが頻繁に出入りし、中には月岡家に住み込んで現場に出掛けて行く者も多く、常にごった返していた。父親はそんないかつい連中を力で制圧して仕切っており、まるでやくざの親分気取りだったという。

「ところが、家主だった会社がその社宅を壊して新たに中層マンションに建て直すという話になり、一家に立ち退《の》くよう求めたんやが、父親は勝手に家の周辺に縄張りして、《月岡》の表札を掲げ、壁に材木や道具類を立てかけ、『ここはワシの土地や』と主張して、居座ってしもうたんや。明らかな不法占拠というやつなんやが、月岡さんところには、やくざモンやチンピラのような若い衆がようけ出入りしゴロゴロしとったんで、迂闊《うかつ》なことは言えへん。なにしろ、美代子の幼友達が近所で鬼ごっこや缶蹴りして遊んでいただけで、父親に『やかましい』と怒鳴りつけられ、気性が荒い母親もすぐに髪を振り乱して追いかけてくるんで、近所の人々は子供に『あそこには近寄るな』と言っとったほどや」

近隣住民だった男性の一人は、そう語る。

母親は美人の元売れっ子芸者で、やや大柄だったが、勝ち気な性格とやることなすことが派手で人気があった。「新地《しんち》」と呼ばれる界隈《かいわい》では有名な売春地帯にある小料理屋で働いている時に、客として訪れた月岡と知り合って結婚。美代子と五歳下の弟の靖憲《やすのり》の二人の子をもうけ、しばらくは親方夫人として家事を仕切り、水商売の手助けをして家計の足しにしていた。が、朝から酒に酔い、ギャンブルに明け暮れ、近くの遊廓《ゆうかく》に入《い》り浸《びた》る夫に愛想を尽かし、別居生活の末に一九五五年、美代子が小学二年生の時に離婚した。

美代子は父方に残され、まだ幼かった靖憲は母方に引き取られた。

また母親には、美代子の父親と結婚する前に交際していた男性がいて、その男性との間に生まれた美代子より七歳上の兄がいたが、彼も母方に引き取られた。ちなみに、この兄の交際相手だったとされたのが後に美代子一派と同居し、二〇一二年に尼崎市内の民家の床下から遺体となって発見された安藤みつゑである。

さらに、美代子の両親が離婚する前に月岡家の一室を間借りしていたのが、まだ三歳に満たなかった谷輪三枝子とその実母だった。三枝子の実母は美代子の母親と同様に、尼崎市内の売春宿を兼ねた小料理屋で働いていたシングルマザーで、かなり早い段階から「美代子の母親の妹分」として振る舞い、彼女を頼って転がり込んでくるなど、その支配下に置かれていたと見られている。そして、その娘の三枝子こそ、後に美代子の母親と養子縁組をして美代子の義妹、さらには片腕となって一味に君臨した角田三枝子その人であった。

月岡家に同居していた頃は、美代子は弟の靖憲とともに、彼と同じ年だった三枝子を実の妹のように可愛がり、いつも一緒に連れ回して遊んでいたという。しかし、この母娘二人も、美代子の母親が夫と離婚した際に一緒に転居していった。

なぜ美代子の母親が女の細腕一本で、それほど大所帯の面倒を平然と見られるのかというと、もとの水商売に戻って高収入を得られる目処《めど》が立っていたことに加え、自宅近くに実母（美代子の母方の祖母）が住む実家があり、一時は美代子の母親や谷輪母娘を引き取るなど、女性たちの生活を支えてくれたからであった。

父方に残された美代子も、頻繁に父親のもとを飛び出してはこの祖母宅に転がり込み、そこから学校に通っていた。当時、特に取り決めがあったわけではなかったが、現在のＪＲ尼崎駅を境《さかい》にして西側が父親の勢力範囲、東側が母方のテリトリーとなっていて、なんとなく顔を合わさないように〝住み分け〟がされていた。それで時々母親のもとにも顔を出し、結局は父母双方をたらい回しにされる形となった美代子は、結果的に尼崎全体を席巻《せっけん》したことになる。

この母方の実家近くには母親の兄（美代子にとっては母方の伯父）夫婦が住んでいて、時々美代子を自宅に泊めて面倒を見るなど、彼女を可愛がっていたという。詳細は第三章で述べるが、その伯父の妻が病死し、その実家で葬儀を営んだことをきっかけに、美代子は一九九八年に最初の家族乗っ取り事件を起こしていくことになる。

また、母方の実家には一時、前述した母親の弟（叔父）の虎蔵も居候《いそうろう》として暮らしていた。この虎蔵はいっぱしのやくざを気取って、喧嘩の仲裁とか債権回収などやくざ稼業に手を出し、赤いシャツを着て肩で風切って歩いていた人物だ。

「明らかに半端《はんぱ》なやくざモンで、二〇一二年に八十二歳で病死するまでろくに正業に就かずフラフラと遊んでいたが、幼かった美代子には〝粋《いき》で素敵なやくざ〟として映っていたようで、『虎にい』と呼んで、周囲にまとわりついていた時期がある」（親類の男性）

この母方の実家と虎蔵の存在が、後に相手を恫喝《どうかつ》し従属させていく美代子の犯行手口のルーツとなったと言っていい。特に虎蔵に絡《から》んで、その後の美代子の運命を決定付けるMとの出会いがあるのだが、それについては後に譲ろう。

美代子は小学校時代からあまり学校には行かず、年上の不良仲間らとつるんで繁華街を闊歩していたし、中学生にもなるとほとんど登校しなくなった。

「月岡（美代子）は顔がゴリラみたいで怖いし、（同居していた父親の）家ではチンピラたちに囲まれてチヤホヤされ、若い衆を顎《あご》で使っていたから、男勝りで態度は悪いし、言葉遣いも荒っぽい。そんな女やから同級生の男子は誰も相手にせんし、女友達だって近寄らないわな。皆、陰でこっそりと『ゴリっぱち』と呼んで避けとったくらいや。だから余計に学校に来んようになったんやないか」

とは小中学校時代に同級生だった男性。こうも言う。

「小学校時代の同級生たちが月岡のことをほとんど覚えていないのは、地味で目立たなかったからやなく、ほとんど学校に来んかったからや。先生に言われて学校のプリントなんか持って自宅へ行ったことがあるが、怖そうな兄さん方がウロウロしてるのに誰も相手にしてくれへんかて、仕方ないからバアちゃん家《ち》に置いてきたことがあったわ。バアちゃんとこも派手なカッコしたやくざモンがいて、そりゃ恐ろしかったわ」

この母方の実家が何の商売を営み、祖母がどんな人物だったのかはっきりしたことは分からなかったが、親族や近隣住民の話を総合すると、長らく花柳界《かりゅうかい》の住人だった祖母がやくざモン（正式な暴力団員かどうかは不明）と一緒になり、家には一時、若い衆が出入りしていたようで、美代子のルーツはこの辺にあると言っていいのかもしれない。

そんな美代子が悪女の片鱗《へんりん》を見せ始めるのは、新設二年目の中学校に入学してからだった。

「珍しく学校に来てるなと思ったら、授業中に大声で先生にヤジ飛ばすわ、隣の中学のワルを五、六人引き連れて教室を占拠して大騒ぎしたり、他の女生徒を『調子に乗んなや』と恫喝し、美人とか頭がいいなどちょっと目立つヤツがいれば、何かと因縁をつけ、摑《つか》みかかってはシメとった。他の生徒と怒鳴り合いやどつき合いは日常茶飯事で、終《しま》いには体格のいい後輩の男子を子分みたいに引き連れて校舎内を歩いたり、勝手に外に出て行ったりしとったけど、女の先生は怖がって見て見ぬフリやし、月岡自身が『父親はやくざの親分や』と吹聴しとったから、男の先生も滅多に注意できんかった。最後のほうはどうにもならんようになって、取り締まる側にすれば少しは素行が改まるのではないかと考えて、風紀委員に任命したこともあったけど、やっぱり駄目やったわ」（元同級生の男性）

父親は若い衆を大勢引き連れて羽振りが良く、自ら遊興三昧でカネ遣いが荒かった。放任主義と言えば聞こえはいいが、子供の面倒を全く見ずに放りっぱなしだったため、美代子は潤沢《じゅんたく》な遊興資金と、「父親はやくざ」という虚像をフルに活用し、まさにやりたい放題やっていたようである。

「美代子は街で暴力団事務所を見かけると挨拶《あいさつ》に寄ったり、取り巻き連中を遣いに走らせるポーズを見せて、さも深い繋がりがあるように見せていた。ふた言目には『○○親分は親爺の兄弟分にあたる』とか『この前、若頭の××が小遣いくれたんや』と虚言を弄《ろう》して、周囲を震え上がらせるやり方を心得とった。しかも、『これで遊んで来いや』と気前よく札びら切るから、少々のワルでも言うことを聞くし、周囲に人が集まって来るわけや。若い衆をぶん殴って上前を撥《は》ねる悪党やけど、たらふく飲食させるし、いろいろ遊びに連れて行ってくれるんで人望があるという父親の真似しとったんやろうが、美代子流のアメとムチ、恐怖心を背景とした人心掌握《しょうあく》術はなかなか堂に入っとったでぇ。手下を引き連れて街を闊歩する姿は後の一連の事件を彷彿《ほうふつ》とさせ、そのまま大人になっただけなんやなと思わず納得させられてしまったほどや」

（美代子のことをよく知る元悪仲間の一人）

　最初は同級生の弁当を黙って大量に持ち帰り、勝手に食べてしまったという類《たぐ》いの悪行が多く、被害に遭《あ》った同級生らに「あいつの家は豪華な弁当を買うカネは持っていても、弁当を作ってくれる人がおらんから、そんな馬鹿なことしたんや。美代子も寂しかったんやろ。かわいそうなやっちゃ」と同情されるほどであった。

それが中学校に入って、深夜徘徊《はいかい》に不純異性交遊、恐喝、暴行……と何度も警察に補導されるうちに、彼女の悪行ぶりは次第にエスカレートしていった。

そして、やがてそんな泣き笑いのエピソードでは済まなくなってきた。気がつくと、美代子は少年鑑別所や教護院（現・児童自立支援施設）の常連となり、そこでの暮らしがすっかりと板に付くようになっていた。

「制服の背中のところにドスを隠し持って登校したのに気づき、さすがにすぐ没収した」

そう明かすのは、中学二、三年時に美代子の担任教師を務めた男性（八十六歳）だ。

この人物は長らく生徒指導の主事を務めたベテラン教諭で、トラブル続きのため誰一人なり手のなかった美代子の学級担任を二年間も引き受け、ある時は厳しく指導し、また、ある時は温かく見守ってきたという。

この元担任教諭は、もともと児童・生徒の教育に強い信念を持っていた人物といわれ、美代子の考え方や態度、心情などをよく知っていたし、彼女の身になってモノが言える唯一の人間だった。しかも、教師から県議会議員に転身したほど教育行政への関心が高く、頭の回転が速いうえ弁舌も達者だったため、一連の事件発覚後はマスコミの取材が殺到した。

彼や彼の周辺から出た美代子に関するエピソードや情報があまりに多かったし、そこから浮かび上がる美代子像がかなり強烈なインパクトを与えたのは事実である。

「素行不良で警察のお世話になることは日常茶飯事で、しょっちゅう警察から呼び出されては迎えに行ったものや。中学二年の大晦日の夜、深夜徘徊か何かで京都府警に補導されたため、迎えに行って我が家に連れ帰り、妻が風呂に入れて飯を食べさせると、ホッとしたようで『あったかくて気持ちいい。心も身体もすっきりした』と涙を流しとった姿は忘れられん。朝方になってやっと自宅に家人が戻ってきたので帰宅させたが、確かにケタ外れの問題児ではあったが、そんなに冷酷非道なヤツやなかった。妻とともに『何かかわいそうなやっちゃな』としみじみ話し合った記憶がある」

「あいつが何か起こす度に警察署や家庭裁判所に掛け合ってきたが、素行は改善されず、少なくとも少年鑑別所には三回行っとるし、中学三年の夏には兵庫県明石《あかし》市にあった教護院に半年ほど入っとった。その時は突然帰ってきて、事情を聴いたら『トイレの窓から逃げ出し、ヒッチハイクでトラックに乗せてもらったんよ』と涼《すず》しい顔して言うんや。説諭して、翌朝には一緒に電車に乗って教護院に連れ帰ったが、両親は放ったらかしで知らん顔やし、あいつからすれば、脱走というよりも誰かに構って欲しかっただけなのかもしれんな」

そして、最も有名になった話が中学三年時の校門ピンタ事件だ。

夜遊びが過ぎて、翌朝登校する時でもいつも遅刻していた美代子。ある朝、校門前での服装チェックの担当だった担任教師が平気な顔して遅刻してきた美代子を叱《しか》り、反省しようとしないので頬《ほお》を平手打ちした。すると本人は、「親にも殴られたことがないのに、先生、ようウチをどついてくれた」と感謝して、それからいろいろと相談したり、悩みを打ち明けるようになったのだという。当時、美代子がいかに親の愛情に飢えていたかを示すエピソードとしてマスコミなどで広く紹介された。が、美代子の恩師を思う気持ちは本当だったのか。

彼が自ら美代子の担任教師を買って出て、熱心にその指導に当たったのは事実であろうし、警察や鑑別所の引き取り役を務めたり、校門ピンタ事件が実際に起きたことに疑う余地はなく、教育にかける教諭の信念や情熱もその通りだろう。ただ、美代子がそれらに感謝していなかったとは断言できないものの、学園ドラマのように熱血指導で自分の生き方を猛省し更生したという事実は、どこにも見当たらなかった。

「美代子は先生の県議選出馬の際に一升瓶を抱えて陣中見舞いに訪れたり、後に自分の息子の進学相談に訪れるなど長い付き合いだったが、自分が用のある時だけしか姿を見せないし、調子がいいだけや。結局、事件のことも何も言わんかったわ」（幼なじみ）

美代子は中学校を出席日数ぎりぎりで卒業し（というより、新設校の教師たちが問題児と早く縁を切りたがり、下駄《げた》を履かせたとされる）、尼崎市内の阪急沿線にある、経済的に余裕がある家庭の娘たちが多く在籍する私立女子高校に進学した。成績も校風も関係ない。親は相変わらずカネは出したが口は出さず、娘の高校生活に全く関心を示さなかったというわけだ。

案の定、一ヵ月も経たないうちに、校内での喧嘩騒ぎをきっかけに美代子の行状が問題視され、退学処分を受けてしまった。かくして美代子は、小学校以来、全く馴染めなかった〝学校生活〟にピリオドを打つことになった。それは「モンスター」の雛が学校という束縛《そくばく》された籠《かご》から解放され、外界へと飛び出した瞬間であった。

美代子は高校を中退してすぐ、中学時代の同級生の兄と尼崎市役所近くに六畳一間のアパートを借りて同棲生活を始めた。二人はしばらくして同市の文化会館でささやかな結婚式を挙げたが、彼女は夫となった相手の男はもとより、同級生だった女生徒とも特に親しかったわけではなかった。

誰もが皆、男女間の恋愛感情より美代子の中にある家庭生活への憧れが早い結婚へと繋がったに違いないと思い込んだが、本人はさほど期待していなかったのか、あるいは密かな期待が高過ぎて失望感があったのか、一年足らずで別れている。

「高校二年の暮れに月岡と街でばったり会った時、『ウチ結婚したんや。遊びに来てや』と強引に新居へと引っ張って行かれた。割烹着《かっぽうぎ》を身につけた美代子が家事に勤《いそ》しみ、『私が作ったのよ』とか言って豪華なお節料理を出してきたのには驚いたが、その意外に女っぽい新妻ぶりを見て、『あのゴリっぱちもやっと落ち着いたか』と妙に安心し、うれしくなったのを覚えとる」(中学時代の同級生)

本人も家庭を持つことに執着《しゅうちゃく》していたところがあり、その後も中学時代の同級生と二度目の結婚生活を始めたが、これも二年と持たなかった。

「相手は、父親と正反対のいかにも優しくてシャイな男で、美代子が再婚したことを長い間誰も知らなかったぐらい慎《つつ》ましやかな結婚生活だった。本人は夫に靴下を穿かせてあげるほど尽くしたようだが、最後は物足りなくなったのか、連日深夜まで悪仲間を自宅に引き込んでドンチャン騒ぎをしたため、夫が逃げ出したらしい。後に本人がニヒルな笑みを浮かべ『私に家庭は似合わないわ』と呟《つぶや》いた姿は忘れられんわ」

(別の同級生)

この後、美代子は幼なじみや学生時代の友人たちとの繋がりを絶ち、ひたすらカネ儲《もう》けに熱中する。離婚後の一九七四年に知り合って同棲してから、二〇一一年十一月に美代子が傷害容疑で逮捕されるまでの三十七年間、内縁の夫として彼女と連れ添うことになる東こと鄭頼太郎《ていよりたろう》をはじめ、男性との関係が全くなかったわけではないが、正式に婚姻を結んで家庭を持つことはなかった。

二度にわたる結婚生活の失敗は、美代子自身が想像していた以上に、彼女の心の中で家庭という空間や、家族という人間関係へのイメージを大きく変貌《へんぼう》させるほどの出来事であり、大きな衝撃であったのかもしれない。

ただ、かつて美代子と結婚していた元夫たちは、七十歳を過ぎて体調を崩すなど心身ともに年老いた現在でも、美代子のことを決して悪くは言わない。

「あいつは本当は優しい女なんや。家庭環境に恵まれず、寂しがりやでかわいそうなところがあるだけで、鬼女のように言われたり、相手によって豹変《ひょうへん》するなんて報道はとうてい信じられない。さんざん世話になった連中が掌《てのひら》を返すように悪口を言うのは酷《ひど》い」(最初の夫)

そう言って庇《かば》う姿を見て、元夫の家族らは呆《あき》れた表情を隠そうともせずにこう語る。

「あのまま一緒に暮らしていたら、（夫であった）本人はもとより、私たち家族の生命もいったい、どうなっていたか全く分かりません。もしかしたら、殺害されて床下に埋められていたかもしれないし、たとえ生命が助かったとしても、犯人一味として警察に逮捕されていた可能性が高いでしょう。早く別れてくれて、本当に良かったと思っています。いつまでも過去の思い出などにとらわれず、一歩一歩確実に新たな人生を歩んでいくべきです」

この家族の感覚が正しかったか否かは直ちに判断できない。ただ一つ言えることは、美代子が温かい家庭というものを諦《あきら》めたこの時、まさに怪物は始動したのである。

母親の勧めで売春業

美代子がカネ儲けに目覚めて邁進《まいしん》したビジネスは、売春であった。

「何といっても、幼い頃から遊廓で放蕩三昧《ほうとうざんまい》やった父親を何度も迎えに行っとったし、母親も三枝子の実母と一緒に夜の商売に勤しんでいたのやから、彼女の性の目覚めが異様に早かったのは無理ないわ。チンピラやくざのような若い衆と売春婦に囲まれ、事実上、そうした連中に育てられたようなものなんで、少なくとも売春や小悪事には全く抵抗感などなかったはずや。そこが美代子の悲劇の始まりかもしれんな」

　そう語るのは捜査関係者だ。

　彼曰《いわ》く、美代子は十九歳の時、売春防止法違反の疑いで逮捕されている。中学時代から数々の補導・逮捕歴を誇る美代子だが、売春絡みの逮捕は初めてで、それも十六歳の少女に売春を強要したという斡旋《あっせん》容疑であった。

「美代子は自分の醜い容姿にコンプレックスを抱いていたし、男を巧《たく》みに操《あやつ》って顎で使う術《すべ》は得意でも、色気で男に媚《こ》びることはせんかったから、最初から自分の身体で春をひさぐことを諦め、他人の身体を売る道を選んだんやないか」（前出の捜査関係者）

「市内の連れ込み宿街で、月岡（美代子）に『あんた、いい娘おるから遊んでき。同級生やから特別に安くしとくで』と声をかけられたことがある。話を聞くと、川沿いのホテルに数室借り、若い女の子を四、五人雇って売春させとったんや。彼女自身は客引きしてホテルに送り届ける役で、誰かに使われているかと思ったら、管理売春の元締《もとじ》めや言うから驚いたわ。確か、結婚したばかりや言うとったし、生活のために稼がんといけなかったのやろうと同情したが、本人の話によれば、高校中退後、親にカネ出させて市内で売春スナックを経営しとったというから、早くもやり手婆《ばばあ》やったんや。何や、その稼ぎを元手にどんどん商売を広げていったらしいで」(中学時代の同級生)

実は、この話には驚くべき伏線があった。

「美代子が最初に売春に手を染めたのは何と、母親に勧められたからなんや。高校中退してブラブラしとったら、母親から『何もすることないんなら、知っとる店紹介するから、働いてカネ稼ぎぃや。遊ぶにしても、男作るにしても、何かとカネかかるやろ』と言われ、初島《はつしま》新地の店で客を取ったのが最初やそうや」(別の同級生)

これまで数多くの非行少女や犯罪に走った女性たちを取材してきたが、十五、六歳の時点で実の母親からここまではっきりと売春を勧められた例は初めてだ。

「しばらくかんなみ新地の飲み屋や尼崎駅前のキャバレーに勤め、一発五千円で売春しとったが、やがて出屋敷《でやしき》や杭瀬など阪神電車沿線の歓楽街でスナックを経営し、若くて綺麗《きれい》な女性従業員を常連客にあてがう商売で、かなり繁盛しとったようや」(同)

出店資金は父親から引き出し、商売のノウハウは母親から学んだらしく、若いのに凄腕のママと評判は高かったが、その頃、地元の暴力団事務所に出入りしていた虎蔵の影が彼女の周辺にチラチラと見え隠れしており、「虎蔵はまるで、愛人に風俗店を経営させている間夫のような顔をして、偉そうに出入りしとった」（美代子の不良仲間）という。

この辺の事情については次章で詳述するが、当時の美代子はすでに非合法ビジネス一筋で店の切り盛り上手な「姐御《あねご》」として知られていたことは間違いない。特に売春の中心地とされた阪神電車出屋敷駅前の店舗は色っぽい美人を揃えて人気が高く、夜には客が列をつくるほど盛況だったといい、「美代子の職業は売春斡旋業、いわばプロ中のプロで、他人を支配し翻弄《ほんろう》する手口はこの時醸成されたと言っていい。いずれにせよ、結婚生活が破綻《はたん》していた時だけに、歯止めがかからなくなっていた」（同業者の男性）と、かなり暴走し始めたらしい。

ただ、美代子は一九七〇年頃に突如、順風満帆だったスナック経営を放り出し、新天地を求めて横浜市へと移住する。全く縁もゆかりもない横浜・伊勢佐木町《いせざきちょう》にラウンジを出店したのだ。

「離婚して傷つき心機一転を図るというのが表向きの理由やったが、実際は一九七〇年の大阪万博開催で、それまで黙認されていた阪神地方の売春ゾーンが一斉に警察の手入れを受けたことがきっかけやった。地元の警察と暴力団に独自の人脈と情報網を持っとった美代子はうまく摘発を逃れ、逆に店が潰《つぶ》れて仕事にあぶれた大勢の女たちを引き連れ、暴力団の有力組長の伝《つて》で横浜に進出したというのが真相や。そうでもなきゃ、いきなり横浜に店を出してもうまくいくわけがない。横浜でも当然、売春をやらせており、結構流行《はや》っていたと聞いとるで」（風俗業界に詳しい関西の金融業者）

もっとも、その暴力団組長も男女の関係や善意で動いたわけではなく、一説には父親が商売で失敗して多額の借金を抱え、他の暴力団に追い込みをかけられていたことが関係していたらしい。どういう風の吹き回しか、父親を嫌っていたはずの美代子がかつて勤めたことのあるキャバレーの経営者を通じて、前出の組長に間に入ってもらったというのだ。そして、その見返りとして、美代子は売春斡旋で稼ぎを増やし、そのカネで暴力団に返済しなければならない事情があったと見られる。

この時、幼い頃から仲が良い十六歳になったばかりの三枝子（後の義妹）を横浜に同行させた。将来、自分の側近として活動することを期待していたからに他ならなかった。

当初、色気たっぷりのベテラン売春婦をママとして雇い、自らは店に出なかった美代子は、三枝子を常に側に置き、店の経営や金銭管理を徹底的に学ばせた。同時に、自分とは違い、細身で目鼻立ちがはっきりとした和風美人の三枝子をことのほか可愛がり、後にママとして店の切り盛りを任せるようになった。

時を同じくして美代子は尼崎市で輸入雑貨商として営業を始めた。さらに、高度経済成長期やバブル景気で沸《わ》いた頃には金融業というか、借金取り立てや債権回収のようなやくざまがいの仕事まで請《う》け負《お》うようになっていた。

「暴力団顔負けの仕事に手を出しながら、『やくざなんか怖いと思うとらん』と言っていたので、周囲の人間は皆、『きっと暴力団と関わりがあるに違いない』と思っていた。実際、倒産した企業の債権回収や夜逃げした経営者を見つけてカネを取り立てに行く仕事では、ボディガード兼秘書みたいな体格のいい若い衆を連れて行くことも多かったし、彼らは『姐《あね》さん』と呼んでいたからね」（当時を知る元不良仲間）

こうした美代子の行動や周囲の人間関係は、後の〝美代子ファミリー〟の姿と同じである。

やがて、横浜のラウンジを三枝子に預けた美代子は、尼崎市の神崎新地でも売春スナックを営むなど多角経営を始めた。そして、自らはしばらく関西と横浜を往復する生活を送った。この間、後に〝美代子ファミリー〟に加わることになる数多くのメンバーと知り合い、結果的に「殺人カンパニー」と呼ばれる強固な組織作りの準備を進めていった。

ファミリーの一員である東こと鄭頼太郎は、美代子より一学年下の在日韓国人だった。頼太郎は尼崎市内の中学校を卒業後、運送会社のドライバーや鉄工所の工員などいくつかの職を転々とし、タクシー運転手をしている時に美代子と知り合った。

「細身で背が高く、ダンサーのSAMに似た日本人離れしたイケメンやったが、途中から長髪を止めてパンチパーマみたいにしてたし、眼光が鋭《するど》いとこがあって一見、やくざみたいに怖い顔しとる感じやった。現に『地元暴力団の若頭が乗る外車の運転手しとった』と言われ、専《もっぱ》らの評判やったしな」

とは頼太郎のかつての運転手仲間の証言。彼はこうも言う。

「本当は物静かな、というより情けない男なんや。『俺にもやっと三度の飯を食わせてくれる女ができた』と涙を浮かべながら友人に自慢しまくっとったアカンタレや。だから、いつも角田のオバはん（美代子）の顔色を窺い、何か言われる度にビクビクしとるようなヤツやった。旦那《だんな》よりも、いじられ役とかいじめの道具といった存在で、オバはんは『おい』とか『お前』『おっさん』、終いには『クソじじい』と呼んで、奴隷《どれい》のように雑用やパシリにこき使っとった。『おっさん』には何の関係もないのに、オバはんがイライラするといきなり鉄拳制裁をかまし、こん棒でぶん殴ってストレス発散しとったわ」

近所の住民も、こう証言する。

「ある土砂降《どしゃぶ》りの雨の夜、頼太郎さんが『小遣いをチョロまかしたのが、オバはんにバレてしもうた。殺される』と言って、半裸姿でびしょ濡《ぬ》れになりながら、靴も履かんと素足で逃げ回っていたことがあった。浮気を疑われたとかで真冬の深夜に下着姿で家を叩き出され、全身を震わせ唇まで真っ白にさせて路地にうずくまっていたこともある。余りにかわいそうなんで古着のセーターを貸してやったら、『他人に親切にしてもらったことがバレたら、今度こそ本当に殺されるわ』と言って、慌てて走っていった。オバはんはあの顔、あの年、あの性格にして、かなり嫉妬《しっと》深く、頼太郎さんが他の女に色目使ったという理由で、ガスバーナーで顔や髪の毛を焼かれたと聞いている。それでもおっさんが逃げんかったのは、オバはんへの愛情なんかじゃなく、逃げたら恐ろしい目に遭うことを知っとったし、情けないけど、我慢しとりゃ三度の飯がちゃんと食えるという、そんな暮らしを失うのが嫌だったんやろ」

そんな状態だったから、頼太郎はそれまでの二人の夫とは全く違う。果たして彼が「家族」と呼べる存在であったかどうかさえも怪しいと言わざるを得ない。いくら「鬼女」とか「モンスター」とか言われても、一人の女だから、傍《かたわ》らに用心棒代わりの男が欲しい。でも、美代子には「私も女の端《はし》くれ。三度も結婚に失敗したなんて言われたくない、と言っていた」（三枝子の証言）程度のプライドがある。それこそが頼太郎の存在価値であった。

その頼太郎を、最初は母方の祖母宅に連れ込んで同棲していた美代子だが、さすがに手狭で居づらくなり、まもなく三十三歳になろうとする一九八一年八月、祖母宅に近い尼崎市長洲《ながす》東通《ひがしどおり》二丁目に新しく賃貸マンションが完成したのを機に、その五階に一室を借り、頼太郎を連れて転居した。

そして、横浜のラウンジを閉めて三枝子を呼び戻し、そこで三人で暮らし始めた。そのマンションにはやがて、血の繋がりのない〝家族〟が次々と転がり込んでくるようになる。手狭になったため、八三年十二月に同じ賃貸マンションの二階に新たに一室を借り、九五年五月には、最初に借りた部屋の隣室が空いたため、その部屋も借りた。

そして、二〇〇〇年九月、同じ尼崎市にできた分譲マンションを購入した美代子は、そこを一味の活動拠点とした。それは、彼女を頂点とする「疑似家族による新たなピラミッド組織」の誕生を意味していた。まさにこの時、「殺戮の館」がオープンしたのである。

第二章

姐さんの家族解体業

「お前の名前は姐《あね》さん、つまり女やくざや。職業は借金取り立て業兼家族解体業。『世の中は、すべてカネ次第。カネの切れ目が縁の切れ目』をモットーに突き進むしかないやろ」

これは美代子宅などで発見された、彼女が日記代わりに付けていたノートやレポート用紙に書き残された断片的な文言であり、ほかの記述や筆跡などから、美代子がMから授けられたアドバイスをメモしておいたものと類推できる。

プライバシーなどへの配慮から、文言のすべてを明らかにできないのは残念だが、内容的にはほぼ一致していることを断言しておく。そして、本書ではそれらの言葉をできる限り紹介していこうと考えている。なぜなら、そこにはMが尼崎連続殺人事件で果たした役割や、美代子の心の中に占めたMの存在の大きさがはっきりと表れているからだ。

美代子が右腕の三枝子《みえこ》らに漏《も》らした「本当に強い男が好き。本物のやくざに憧《あこが》れているんや」という言葉からすれば、美代子とMが男女の仲になったという事実は、その後の彼女の生き方に多大な影響を与えたことは間違いない。

それだけではない。美代子の日常生活における言動や、悪党仲間の支配や交流ぶりなど随所に、Mの生きざまや考え方が影を落としている様子が窺《うかが》える。

具体的な事象やエピソードについては事件ごとに順次触れていくことにするが、真っ先に挙げられるのは、美代子のあの自信満々な態度であろう。

どんな犯罪者でも、犯行後はいつ発覚するか、すぐに捕まるんじゃないかといった恐怖心や不安感で眠れなくなったりするものだが、美代子には全く恐れがない。

一連の事件は、橋本《はしもと》（角田）久芳《ひさよし》・次郎《じろう》兄弟の母親・芳子《よしこ》の失踪（殺害されたという情報があるが、遺体を発見できず、立件されていない）から数えれば三十年近く経っているし、起訴された事件でも、二〇〇五年七月に橋本久芳が沖縄県で飛び降り自殺を強要された殺人事件から六年（起訴されていない皆吉《みなよし》ノリ変死・死体遺棄事件からなら八年）経っているのに全く発覚せず、すべて闇に葬《ほうむ》られてきた。これらの事件で、美代子ら一味は、二〇一一年に逮捕されるまで警察の取り調べを受けることもなく、平然と暮らしていたのである。

標的にした家族はとことんしゃぶり尽くし、用済みとなったら躊躇《ちゅうちょ》なく生命を断つ。一連の事件で、死者・行方不明者は少なくとも十人以上いて、奪い取った金品も優に一億円を超えるほどの大事件であったにもかかわらず、美代子たちはまるで何事もなかったかのように堂々と振る舞い、次の標的に向かって虎視眈々《こしたんたん》と爪を研《と》いでいた……。

こうした人間とは思えない冷酷非道ぶりや罪悪感の無さは、ほぼすべてMからの指示に従い、その思考や言動に影響を受けたものであると言っていいだろう。

「アメとムチを巧《たく》みに使い分け、家族の絆《きずな》を断絶すれば、家族同士は相互に憎しみ合い、自然と瓦解《がかい》していくものや」

「相手を肉体的、精神的にとことん追い込むだけでは、他人を支配することはできない。時には一歩引いて、『不幸な境遇で生きてきた不憫《ふびん》なヤツ』と一緒に泣いてやれば、人間関係の濃密なエキスが心をマヒさせてくれる……」

まるでカルト教団の教祖のように美代子の耳元で囁《ささや》いたMの言葉が、一人の不良少女を冷酷無比《れいこくむひ》な悪女に変身させ、やがて、恐るべき破壊力と突進力を持った「モンスター」を創り出していったのである。

そうした実態を明らかにする前に、当時、美代子が置かれていた状況を振り返る。

美代子が「望まれない子」として誕生したことは、前章で述べた。

父親は羽振りがいい時は美代子のためにカネは出したが、暮らし向きや教育など、彼女が成長していくために必要な世話や応援は全くせず放置した。しかも、美代子が水商売を始めた頃には仕事で失敗して莫大な借金を抱え、さすがに娘に泣きつくことはしなかったものの、娘のカネをあてにして逆にご機嫌を取っている様子がありありと窺われるようになった。そんな父親の体《てい》たらくを見た美代子が「哀れで情けないヤツ」と蔑《さげす》むほど、その醜態ぶりは無様と言えた。

母親は美代子と同居してその生活を見ていた時期があるが、高校を中退してブラブラしている娘を見て、「知っとる店紹介するから、働いて（売春でもして）カネ稼ぎぃや」と勧めたほどで、これもまた愛情を持って育てたとはとうてい言い難い。

美代子がおばあちゃん子となり、母親の実家に入り浸《びた》って、そこから学校に通うようになったのは、そうした意味では自然の成り行きであったが、そこには前述した虎蔵をはじめ〝本物のやくざ〟が寄宿《きしゅく》したり出入りしており、美代子のその後の人生に大きな影響を与えることになったのは皮肉な結果と言えよう。

この豪胆で男勝りの祖母は、美代子が密かに敬慕し、最もウマが合った人物と言って良かったが、それ以外の肉親で美代子が活発に交流したと見られる人間はいなかった。

七歳年上の兄は優しく、まるで父親代わりのように美代子の面倒を見てくれたが、父親が異なることもあって、美代子には「肌合いが違う別の人種」にしか思えなかった。別に仲違いをしたわけではないのだが、成長するにつれて交流することが少なくなり、自然と離れていった。この兄は、〇五年に病死している。

両悪並び立たず

逆に、美代子と性格が似通っていて同じ体質の人間と感じられたのは、五歳年下の弟・月岡靖憲《つきおかやすのり》である。彼は美代子と同じ父母の間に生まれたせいか、性格や言動が非常によく似ており、なによりこの弟は、姉に負けないぐらいの〝ワル〟であった。その存在は良くも悪くも彼女に影響を与えることになるのだが、不思議なことに、美代子にそんなによく似た悪党の弟がいたことはあまり知られていなかったようである。

靖憲は一九五三年八月、現在の尼崎市東部で生まれた。姉弟は同じ尼崎市で生まれ育ちながら、両親の別居や離婚で姓が「月岡」「角田」と違っていたし、同居していた時期が短かったこともあり、別々の小中学校を卒業している。

「小学生の頃からドスを持ち歩き、アクション映画に登場する用心棒のようにクルクルと回しながら闊歩《かっぽ》する不気味な男やった。誰ともツルまない一匹狼で、一度キレたら何を仕出かすか分からん、狂犬みたいな奴やったで。作曲家でギタリストとしても知られた古賀政男《こがまさお》が好きで、エアーというかギターの弾き語りする真似しとったのをよう覚えとるわ」（幼なじみの男性）

「中学の時、すでに身長が一八〇センチあって柔道は強いし、短気ですぐ怒って、喧嘩になると鉄パイプやナイフを振り回すんで危なくて仕方なかったわ。柔道で東京の高校に進んだけど、活躍できずに挫折《ざせつ》して、すぐに帰って来よったわ」（中学時代の同級生）

当初は他の不良少年たちと一緒に姉の後ろに従って歩き、盛り場を徘徊《はいかい》したり、恐喝や暴行などを繰り広げており、美代子も「ヤス」と呼んで可愛がっていたという。ただ、靖憲が高校を中退して職を転々とし始めた頃から、二人の交流は途切れがちになっていった。両雄ならぬ両悪並び立たずということか。その後も互いに悪事を重ねていながら、美代子が生まれ育った尼崎を拠点としたのに対し、靖憲は武庫川《むこがわ》を挟《はさ》んで西隣の西宮《にしのみや》市を中心に活動を始め、姉とはあえて距離を置くことが多くなった。

その後、美代子が横浜に移ったこともあって、二人の間に接点らしきものはほとんど見られなくなっていたが、姉が尼崎市に戻り、キャバレーなどで働き始めると、まるでやくざの姐さんのように引き連れていた若い衆の中に靖憲の姿を認めることができる。

やがて靖憲は、教材販売会社と代理店契約を結んで経営を始め、八二年からは家庭教師の派遣業にも進出した。が、数年後には経営が行き詰まり、九一年からは完全に失業状態になっていた。捜査資料によれば、靖憲は八二年以降は《定期的な収入は認められず、他人からの詐取《さしゅ》、喝取《かっしゅ》を主たる資金源として生活を営《いとな》んでいた》と書かれてあった。彼は、後述するような犯罪者への道をひた走ることになる。

ただ、この姉弟は決して仲違いしたわけではなく、時には一緒に犯罪に手を染めることもあった。たとえば、次章で詳述する猪俣《いのまた》家問題は、猪俣家の四男と中学時代に同級生だった靖憲からの情報提供で、美代子が一家乗っ取りを図《はか》ったものである。

美代子の不良仲間の一員として後ろに連なって歩いていた時分から、靖憲はカネの匂《にお》いに敏感で、そうした儲《もう》け話や悪巧《わるだく》みの情報を収集しては姉に提供していた。

また、後には一味の暴力装置・李正則《りまさのり》を一人前の悪党として育成する手伝いを買って出て、虎蔵のもとに送り込むまでの約一ヵ月間、美代子とともにマサにスパルタ教育を施《ほどこ》したこともある。ただ、おおむね姉が悪党ぶりを発揮《はっき》しているときに弟は静かにし、弟が暴れ回っている時には姉は密かに潜行《せんこう》している。そんな二人は「コインの表裏のように外見は違うが、切っても切り離せぬ関係」（悪友の証言）だったと言っていいが、ついに同じ犯行グループのメンバーとして尼崎連続殺人事件に加わることはなかった。

この姉弟の間に微《かす》かな亀裂を生じさせたのが、後に美代子の側近となる谷輪《たにわ》（角田）三枝子の存在だった。三枝子は一九九八年、美代子の母親が亡くなる二ヵ月前に養子縁組し、法律的に美代子の義妹となったが、それ以前から「美代子の妹」を名乗る悪友で、〝美代子ファミリー〟の財布を預かるなど家族同然の生活を送っていた。

その三枝子と靖憲は同い年で、尼崎市の南東部にある中学校の同級生だったこともあって、とても仲が良かったという。

「三枝子は転校生で、美人やが物静かで目立たない子やったな。どこから来たかも覚えておらんが、確か母子家庭で複雑な事情を抱えていたように思うわ」（中学校の同級生）

そして、一時は同じ屋根の下に暮らしていただけに、二人の仲は急速に進展した。

「三枝子を巡って、クラスで最も大柄で喧嘩っ早いとされた男子生徒と争いになり、ヤス（靖憲）がボコボコにされながらも果敢《かかん》に向かって行ったという逸話が残っているほど、あいつは三枝子にベタぼれやった。確かにガタイのいい男みたいな女だった姉貴とは違って、三枝子は細身だが性格はおっとりしとって、歌手の香西《こうざい》かおりにそっくりのなかなかの美人やから、夢中になるのも無理ないけどな。二十歳《はたち》過ぎ頃、二人は同棲しとったとか結婚したとか言っとったな。人を騙《だま》すような〝ええことない仕事〟で飯食っとる言うとったわ」

靖憲の中学時代の同級生で数少ない友人の一人だったという男性は、そう明かす。

靖憲はちょうど高価な教材の訪問販売の仕事に就《つ》いており、それを三枝子も手伝っていて、「二人はいかにもいいムードという感じで、こいつらできとるなってピンときたわ」（別の同級生）という。

そんな二人の仲を引き裂いたのは美代子だった、と言われている。

「美代子が三枝子を可愛がり、その商才に目をつけ、なかなか手元から放そうとしないため、一時は靖憲が三枝子と駆け落ちしたと噂された時期もあった。結局、三枝子は『お姉ちゃん』と呼んで慕《した》っていた美代子を選んだ。みっちりと商売の手ほどきを受け、横浜でラウンジを共同経営したり、〝美代子ファミリー〟の金庫番として君臨《くんりん》するなど、公私にわたって付き合い続けたからな」（月岡家の親族）

美代子にとって靖憲はまるで鏡に映った「分身」のような似た者同士であり、不良少年グループを率いるライバルであり、盟友・三枝子を奪い合う〝恋敵《こいがたき》〟でもあった。

美代子の犯罪者人生を顧《かえり》みる時、ここで体質的に同じである弟・靖憲を仲間にする選択肢もあったし、そのほうが強固な信頼関係で結ばれた犯罪グループの誕生に繋《つな》がったのかもしれない。

だが、美代子は靖憲を取らずに三枝子を選び、三枝子も美代子の後に従って、敏腕なビジネスウーマン、妖艶《ようえん》な悪女の道を歩んだのである。

ともに悪事に勤《いそ》しむライバルへの嫉妬《しっと》か。それとも鏡の如《ごと》き分身との決別か――。

かつて取材した犯罪者たちの多くが、男女間の恋愛感情を含む心の揺れに苦しみ、迷い、それが逆に起爆剤となって犯罪に突っ走ってきたことを知っている。ただ、この時、美代子の心の中に浮かんだのは、そうした感情論ではなく、共犯者の資質として「暴力や恐喝といった犯罪者の能力よりも、自分への絶対服従という姿勢が大切である」との考えだったのではないか、と思えてならない。

それは、このウリ二つの弟・靖憲との決別ぶりと、後述する「目の中に入れても痛くないほど可愛がった息子・優太郎《ゆうたろう》」の誕生秘話によって証明できる。

後継者の父親は……？

美代子にとって家族とは、肉親とは何だったのか。

血の繋がった両親は自分勝手な生活を送り、とても頼りにはなりそうもない。七歳上の異父兄は「肌合いが違う別の人種」（美代子の供述）だし、「最も気心が通じ『自分の分身』を見るような弟の靖憲」（同）は、似過ぎているが故に、彼女の下《もと》を去っていった。

三十七年間も連れ添った内縁の夫・鄭頼太郎《ていよりたろう》は「ストレスが溜まると八つ当たりできる奴隷《どれい》のような存在で、家族と思っていない」（同）し、美代子の長男として養子縁組した健太郎《けんたろう》は、次章で述べる猪俣家問題で被害者家族から奪ってきた「人質のような男子」である。しかも、次男・優太郎誕生の十三年後に養子縁組するなど、長幼の順番が狂ったこともあって、一九八二年生まれで実際には優太郎より四歳年上にもかかわらず、角田家の序列では優太郎が常に上位に扱われていた。

後に義妹となった三枝子は一時、弟の靖憲と結婚して美代子の下を離れようとした。

だが、美代子の圧力と、彼女を慕う気持ちが勝って踏み止まり、その後は一味の資産管理を一手に引き受ける「側近中の側近」として君臨。美代子とは血の繋がりこそないものの、「最も信頼できる肉親になっていた」（捜査幹部）と言っていいだろう。

三枝子を側近の筆頭格とすれば、二番目は用心棒役の「マサ」こと李正則であろう。

第四章で述べる皆吉家の長男に嫁いだ後妻の連れ子を引き取り、母方の叔父の子として養子縁組したため美代子にとっては従兄弟に当たるが、この男も血の繋がりは全くない。体重百三十キロ超の巨漢で全身に刺青《いれずみ》を入れた強面《こわもて》だが、覚醒剤の代金を支払えずに暴力団員から逃げ回っていたところを美代子に助けてもらった恩を忘れず、「マサは私の言うことは何でも聞く」（美代子の供述）という存在になった。

常に美代子に付き従い、ボディガード役から恐喝・暴行・死体処理などの汚れ役まで何でもこなしてきた最も忠実な〝美代子ファミリー〟である。

ナンバー3の側近としては、美代子の次男・優太郎と結婚して男女二人の子供を出産した「ハナ」という若い女性がいる。これも第四章で詳述する谷本家事件で、高松市の谷本家から連れ去られた次女・瑠衣《るい》のことであり、香川県内有数の進学校に在籍しながら、美代子に取り込まれ、高校を中退して尼崎市で同居を始めた。

「いかにも真面目で頭がいいお嬢さんが、あっという間に金髪のヤンキー娘に変貌《へんぼう》した」（周辺住民）と言われ、名前も美代子が養子縁組などで新しい家族を引き入れる際は新たに付けており、瑠衣はなぜか「ハナ」と呼ばれた。高松に乗り込んだ時から「将来は自分の跡継ぎにしたい」と目を掛け、両親を殴《なぐ》らせるなどして自ら洗脳したという。

尼崎に来てから姉の茉莉子《まりこ》と伯父の隆《たかし》が暴行の末に殺され、自身も姉に暴行を働いたと言われている。また、橋本次郎に暴行を働き死亡させたとして起訴され、獄中から法廷に通う日々だが、〇九年夏に橋本を連れ戻しに上京した際には、不審に思って事情を聴こうとした交番の警察官に対しても平然と食ってかかっており、「オウム真理教の出家信者に付けられたホーリーネームのように、名前とともに人格まで変えられてしまったのではないか」（中学時代の友人）と心配する声も聞かれる。

こうして崩壊させた家族の一部を取り込み、養子縁組して新しい名前まで付けて〝疑似家族〟としたことについて、捜査関係者の多くは「相続により一家の財産を根こそぎ奪うための手段に過ぎない」と見るが、美代子側の弁護士は「幼い時に自分が持てなかった本当の家族を作ろうとしたのではないか。だから、養子縁組していない者でも『お母さん』とか『お姉さん』と呼ばせていたんだ」と解説する。

確かに、美代子は尼崎市のマンションに血縁関係にない者を次々と住まわせ、逮捕される直前にはその数は十二人にまで膨《ふく》らんでいた。第五章で記すが、橋本兄弟ら逃げ出した〝疑似家族〟の追跡や奪還には異常なほどの執念を見せ、「私から逃げるヤツは絶対に許さへん。私は十万円を取り戻すために三十万円を掛けられる女や。それが母親の、女の意地ちゅうやつや」などと宣言したこともある。

この美代子の妄執《もうしゅう》とも言える発言は、周囲を震《ふる》え上《あ》がらせるのに十分なものだった。

ただ、美代子がほとんど脅《おど》さなかったという例外がいる。彼女が溺愛《できあい》した次男の優太郎と、「後継者」に任じた瑠衣の若夫婦、そして、彼らの間にできた二人の孫だ。

「ハナちゃんは無理やりバアさんの子と結婚させられたと言う者もおるが、彼女は本当にイケメンで優しい優太郎のことが大好きで、ベタ惚《ぼ》れなんや。それだけが救いやで。あの二人の家庭だけが角田家では珍しく、〝本物のほのぼの家族〟なんや」（角田家に詳しい親族）

美代子にとって、優太郎は「あくまで角田家の後継者であって、側近とか犯罪仲間としてはあまり信頼や重視をしていなかったようや。それで優太郎は、主な犯行には加わっていないんや」（捜査員）という位置付けだったと見られる。

逮捕後の美代子は、三枝子や瑠衣を庇《かば》う供述を繰り返し、「(二人が警察に捕まったら)孫はどうなるんや。いったい、誰が孫の世話するんや」と言って、盛んに気にしていたという。

過酷な生い立ちと両親に抱く複雑な思い、自らの容姿や性格に対する劣等感を両肩に背負い、女としての幸せを何とか摑《つか》もうとして挫折を繰り返す。カネと力によってしか家族を作り上げることはできず、それで自分の存在価値や居場所を得ようとしたが、やがて力尽きてしまう……。そんな美代子が束《つか》の間《ま》に見た〝家族〟らしい夢は、優太郎と瑠衣、そして二人の孫との一時だったのであろうか。

優太郎が生まれたのは一九八六年十二月二十五日のクリスマスで、美代子が三十八歳の時であった。「相当なイケメン」(マンション住民)とあって、美代子は溺愛し、幼い頃から周囲に「可愛いやろ。将来は芸能界入り間違いなしや」と触れ回っていた。

他人の家族は暴虐の限りを尽くして崩壊させていくのに、我が子は可愛いのか、その愛情の掛け方は異常であった。優太郎の小学校の同級生の母親は、こう振り返る。「モデルだかタレントにするとかで、一度マンションを訪ねたら、部屋中に息子の写真やポスター、バッジなんかが飾られていて、まるでジャニーズの子（アイドル）やった。まだ段ボール箱にごっそり入っていて『周囲に配《くば》ってや』って仰山《ぎょうさん》くれたわ。完全な親馬鹿やった」

近所の主婦も、こんな与太話《よたばなし》を披露《ひろう》する。

「息子を大手芸能事務所に入れ、著名な服飾ブランドの子供モデルにしたとか、誕生日にはラスベガスに連れて行き、本場のステージを見せたなど見え見えの嘘《うそ》を平気で並べていたのには驚いたわ。少々顔だちが可愛いからって芸能人として活躍できるほど甘くはないことを知らないわけではないでしょうに。化け物でも子供には目が眩《くら》むのかしら」

周囲の主婦らにここまで言われては、「モンスター」の面目丸潰《まるつぶ》れであろう。

しかも、強引にタレント養成所に入らされたという優太郎は、過保護と我《わ》が儘《まま》が高じて、後に不登校児になってしまう。もともと常軌《じょうき》を逸《いっ》したクレーマーだった美代子は、様子を見に自宅に訪れた小学校の教頭を〝軟禁〟して吊るし上げた。また、中学校に抗議に出向き、特に卒業式の際に息子の茶髪、パーマ姿が問題になって出席できなくなりそうだったことに腹を立て、校長に辞表を提出させるほどの猛抗議を行う騒ぎを起こしている。

その優太郎と、県立高松高校の秀才女子高生だった瑠衣との間に生まれた二人の孫に至っては、美代子から「目の中に入れても痛くないほどの寵愛《ちょうあい》を受けていて、まるでお姫様と若殿様やった」(角田家の親族)と言われている。

「まだ幼いうちからシャネルやディオールなど高級ブランドの服を着せられ、ベビーカーから手袋、帽子、タオルに至るまで外国製の高価そうな品物ばかりだった。もともと冬になるとマンションの窓やベランダをきらびやかなイルミネーションで飾ることで知られていたが、孫ができてからはアニメのキャラクター物など小さい子が喜びそうな電飾で埋め尽くし、周囲から『ここはディズニーランドか』とぼやく声が出ていたほどやった」(付近住民)

「金魚が好きな孫娘が『金魚すくいがしたい』と言った途端、美代子の命令で頼太郎があちこち走り回って、何と六百匹の金魚を買ってきたんや。もっともエアーポンプを付け忘れてもうて、半分ぐらいがすぐ死んだんで、物凄《ものすご》く怒られて折檻《せっかん》されとったわ。夏祭りの露店で孫に手取り足取りで金魚すくいを教えている美代子を見たこともあるで」(同)

こうした証言を聞く限りは、どこにでもいそうな孫を可愛がる年寄り夫婦を連想させるが、これらの愛情あふれる行動が日常の行動を改めさせたり、犯行を思い止まらせることに繋がらないところに、この事件の闇の深さや美代子の恐ろしさが潜《ひそ》んでいる。

ところで、優太郎はいったい、誰の子なのか。

「美代子が突然、『男の子を生んだんや』と言い出したんやけど、それまで妊娠していた様子が全くなかったんで変や思うとったら、やっぱり三枝子が生んだ子やった。三枝子は若い頃から『私に子ができたら姉さんにあげる』と言っていて、約束通りに実子として届けたんや。問題は、三枝子が長らく父親の正体を明かさなかったことや」（角田家の親族）

兵庫県警の取り調べに対し三枝子が自供した際、父親の正体も判明したのだが、これが衝撃的な人物であった。

「何と内縁の夫の鄭頼太郎なんや。しかも、二人が不倫していたんやないで。美代子の指示で三枝子を頼太郎にあてがったということなんで、どうなっとるんかい」（捜査員）

優太郎を出産した段階ではまだ、三枝子は角田家とは養子縁組しておらず、美代子の義妹にもなっていなかった。つまり、美代子は角田家の後継者である我が子を、軟弱で髪を後ろで括《くく》ったラッパー・チョイ悪親父風の頼太郎と、細身で色白の和風美女・三枝子に命じ、あえて拵《こしら》えさせたことになる。

「周囲の者から話を聞いてみると、優太郎の出産時には、腹が膨らんだ三枝子を表に出さずに隠そうとしていたフシが窺える。初めから自分の子にしようと計画していたに違いないわな」（別の捜査員）

「三枝子は美代子を姉と慕ってはいたが、靖憲のこともあってか、同時に怖がってもいたんや。だから決して喜んで頼太郎との子を生んだんやないと思うで。やはり美代子は、家族というより絶対君主、つまり主従っちゅうことやないか」（兵庫県警幹部）

さらに驚いたことには、優太郎が小学校に入学する時に、美代子は愛息に対して実の父母の名前を明かしていたといい、優太郎はそれ以来ずっと、美代子のことを「オカン」か「母さん」、頼太郎を「オトウ」か「父さん」、三枝子のことは「ミーコおばちゃん」と呼んでいた、というのである。

美代子の取り調べに当たったベテラン捜査員は、こう話す。

「結局、美代子は家族愛なんてものを信じてはいなかったんや。ただ、嘘の家族でもいいし、欲得ずくでもええから、本音で語り合える連中と一緒に、リッチで楽しい暮らしをしたかったんやないか。人間なんて所詮《しょせん》、そんなもんよって割り切っていたんやろ」

　その優太郎は一一年十一月、尼崎市のマンションで監禁・暴行の末に死亡した元仲間の橋本次郎の遺体をドラム缶にコンクリート詰めにして岡山県備前市の海に捨てたとして、死体遺棄罪に問われたが、警察や公判で能天気な発言を繰り返して顰蹙《ひんしゅく》を買っている。

「岡山で運転免許を取るために合宿しとって、家に帰ったら死体の入ったドラム缶があったんやから仕方ないやん？　オトウ一人では捨てられへんから、ちょっと手伝っただけや」

「岡山まで運んで捨てたから、絶対バレへんと思ってたんやけど、やっぱアカンな。ドラム缶、メッチャ重くて、手がパンパンになってもうて参ったわ」

　鬼女に溺愛され、過保護に育った息子だけに、人の生命の重さなど感じないのかもしれないが、自分や自分の家族が関わった事件なのにまるで他人事である。

「美代子逮捕から五ヵ月後、オカン（美代子）の持っていたブランドものの家具や装飾品などをネットで売りさばき、そのカネで大阪にバーをオープンしとるんや。瑠衣も手伝っとった。『オカンとはきっぱりと縁を切る。これからは家族四人で仲良く暮

らすんや』と言っとったが、何を考えとるんや」（警察関係者）

グリコ・森永事件の重要参考人

「あの男は蛇か鬼か。いや、あの残忍さやしつこさから言えば、それ以上の魔物やな」

かつて「あの男」こと月岡靖憲に睨《にら》まれて震え上がり、大金を奪われたうえに恐喝現場に同行せざるを得なくなった男性は、そう打ち明ける。

「あの男は、殴ったり蹴《け》ったりする乱暴ぶりも凄《すさ》まじいが、いったいどうやれば相手が泣き叫ぶか、どこをつつけば痛がって苦悶《くもん》するかを十二分に研究し、事前に計画を立てて徹底的にやってくるんや。周囲の目にどう映ろうが、警察や弁護士に駆け込もうが、関係ない。標的の家を真ん中にして四方八方《しほうはっぽう》から中傷ビラを張りまくる。自宅から勤務先まで、駅前だろうがバスの中だろうが構わず、大声で『カネ払え』と怒鳴る。年寄りから幼な子まで襲いかかって痛めつける。何を仕出かすか分からんから怖いんや」

靖憲は二〇〇七年一月、知り合いの男性弁護士に執拗《しつよう》に嫌がらせや脅迫を行い、四百十四回にわたって合計三億千二百万円を脅し取ったとして大阪地検特捜部に恐喝容疑などで逮捕、起訴された。さらに別件の恐喝と詐欺《さぎ》各一件を加え、大阪地裁で〇八年に懲役十四年の実刑判決を受け、現在も服役中である。

靖憲が罪に問われた事件は、その弁護士に依頼した知人の債務処理に不手際があったと因縁《いんねん》を付け、カネを脅し取ったものだ。「知人が大損した」だの、「知人が相手の悪徳金融業者に殺害された」だの、「金融業者に依頼された巨体のロシア人が弁護士や家族の命を狙《ねら》っている」だのと嘘八百を並べたり、弁護士が和解金を支払うと、それをネタにさらに脅したりするなど執拗な手口には驚かされるが、その恐喝ぶりが尋常ではなかった。

弁護士に直接殴る蹴るの暴行を加え、深夜に山奥や河原に連れて行き、死の恐怖を味わわせたほか、事務所や自宅に脅しの電話やファクス攻勢をかけたり、自宅周辺に大量の中傷ビラをまき、深夜にインターホンや乗用車のクラクションをガンガン鳴らし、車で行く手を遮《さえぎ》って妨害するなどの嫌がらせを続けた。件《くだん》の弁護士は公判で、「事務所で殴打され転倒したところを馬乗りされて、さらに殴られ、『どこに行っても逃げ切れんぞ』と脅された。自殺をほのめかせば、『勝手に死ねや。死んでも嫁はんと子供に全部行くんやからな』と言われ、本当に殺されると思った」と証言。実際、弁護士の妻は鬱《うつ》病を患《わずら》って、二度も自殺未遂《みすい》を起こしたという。そして、靖憲への支払いに窮《きゅう》した弁護士は顧客からの預かり金に手をつけ、内偵捜査に動いた大阪地検特捜部の手で、業務上横領《おうりょう》容疑で逮捕されたのである。

また、もう一件の恐喝容疑も、ローン地獄に苦しむ女子大生を脅して金銭と性的関係を強要し、卒業して就職した後も複数の銀行や消費者金融でカードを作らせる手口で、二年間で四百三十一万円もしゃぶり尽くした、というものであった。

最初は良好な関係を築いて安心させ、スキを突いて因縁をつけ、暴力を使って相手が死の恐怖を抱くまで執拗に恫喝《どうかつ》して、骨《ほね》の髄《ずい》までしゃぶり尽くす。他人の些細《ささい》な疵《きず》を見つけてはこじ開け、巧みな弁舌でまんまと財産を騙し取る。そうした狡猾《こうかつ》であくどい手法は、美代子が乗り込んだ先で見せる、とことん追い込んで根こそぎ奪う犯行の手口と酷似《こくじ》しており、いかにも楽しそうに悪事に勤しむ靖憲の姿は、狙った獲物は逃がさないとばかりに得意気に爪を研ぐ美代子の姿を彷彿《ほうふつ》とさせるものがある。被害者の弁護士が困って顧客のカネに手をつけ、業務上横領容疑で逮捕されるまで事件が発覚しなかったという経緯も、姉の事件とそっくりである。

美代子と袂《たもと》を分かった靖憲は、悪事で稼いだカネを元手に暴力金融業者の真似ごとを始めた。髪をオールバックにまとめ、紫色のダブルのスーツにシルク一〇〇パーセントのシャツを身に着けるという、いかにも〝その筋《すじ》の人間〟に変身。西宮市内の高級住宅地に三階建ての豪邸を借りて住み、ベンツを乗り回すようになった。

「本人はやくざを気取っているが、どう贔屓目《ひいきめ》に見ても、あれは三流のカネ貸しや。黒いセカンドバッグの中に、新聞紙で作った偽札の束《たば》を突っ込んで小脇に抱え、『事態は切迫《せっぱく》しとるんや』と言っては目や鼻をこすりながら、いつもセコセコと動き回っていたよ」

と語るのは、地元で風俗店を営む男。だが、その一方で、靖憲は底知れぬ凶暴さを持ち合わせていた。その男は唾棄《だき》するように、こう続ける。

「とにかく恐ろしい。異常な男と言うしかないわ。突然、がなり立てたかと思うと相手が泣いてひれ伏すまで追い込んでいく常軌を逸した粘着気質に加え、公衆の面前で相手を全裸にして完膚《かんぷ》なきまでに殴打するなど、人間の尊厳を平然と踏みにじる凶暴で狂気を帯《お》びた暴力、一度狙った獲物は絶対に逃さず、すべてをしゃぶり尽くす狡猾かつ陰湿な恫喝・強奪ぶりには、身の毛がよだつわ。あれはどう見ても、普通やないど。チンピラやと思って嘗《な》めてかかると、酷《ひど》い目に遭《あ》うで」

激しい暴力とズル賢い悪知恵を駆使《くし》し、他人に寄生《きせい》して財産を食い潰すという点では姉の美代子と相通じる靖憲だが、徒党《ととう》を組み獲物を家族ごと取り込んで支配する美代子に対して、靖憲は主に単独行動を取った。だが、「獰猛《どうもう》さで『マサ』(李正則)をも凌《しの》ぎ、貪欲《どんよく》さや狡猾さで美代子を凌ぐと思われる月岡靖憲」(彼や美代子一味をよく知る兵庫県警幹部)には、ほとんど悪党仲間は不要であった。

そんな靖憲は何と、一九九〇年代にグリコ・森永事件の重要参考人として、捜査本部の取り調べを受けていた、というのである。

グリコ・森永事件とは言うまでもなく、八四年三月十八日夜、西宮市の江崎勝久《えざきかつひさ》・江崎グリコ社長宅に猟銃などを持った三人組の男が侵入し、江崎社長を誘拐して監禁。現金十億円と金塊一〇〇キロを要求したのを皮切りに、「かい人21面相」を名乗る犯人グループが同社や森永製菓、丸大食品、ハウス食品工業(当時)、不二家、駿河屋の食品・製菓六社と、警察やマスコミに大量の脅迫状と挑戦状を送りつけた。さらに、実際にスーパーなどに青酸混入菓子を置いて世間と業界をパニックに陥《おとしい》れた「かい人21面相」が、翌八五年八月に一方的に犯行終結宣言を出して闇に消えた未解決事件である。

大手企業のトップを自宅から拉致《らち》するという欧米のギャングかマフィアによる凶悪犯罪のような幕開けに、日本中が衝撃を受けた。さらに、犯人グループはミステリー小説もどきの奇抜なトリックを次々と披露し、アクション映画顔負けの現金輸送車をめぐるカーチェイスや通勤電車を使った身代金奪取劇を展開したり、会社の内部事情をはじめ捜査態勢や報道機関の堕落《だらく》ぶりまで揶揄《やゆ》した書簡を公開するなど、とにかくやることなすことが〝超ド派手〟であった。それなのに犯人グループの正体はおろか犯行の動機さえ全く摑めないという、我が国の犯罪史上類を見ないオープンな企業恐喝＝劇場型犯罪であった。その前代未聞《ぜんだいみもん》の大事件に靖憲が絡《から》んでいたというのであろうか。

グリコ・森永事件を捜査していた大阪府警や兵庫県警の捜査本部内で、九〇年代に入って度々、月岡靖憲の名前が俎上《そじょう》に上っていたことは事実である。その理由としては、靖憲の顔形が犯人グループの主要メンバーである「キツネ目の男」や「ビデオの男」に似ている点が挙げられ、実際、「ビデオの男」の捜査中に靖憲の存在が浮上してきた。

捜査本部がこれまで明らかにしてきたグリコ・森永事件の犯人グループは、少なくとも全部で七人となっている。

まず、八四年三月の江崎グリコ社長誘拐事件と同年六月のアベック襲撃事件で目撃された四十歳前後と三十五歳前後、二十歳前後（年齢はいずれも発生当時）の三人組の男がいる。その中には、同年十月に公開された「ビデオの男」が含まれていると見ている。

「ビデオの男」とは同年十月七日、江崎社長宅に近い西宮市二見《ふたみ》町のコンビニエンスストア「ファミリーマート甲子園口店」内に青酸ソーダ入りの缶入りドロップを置き、店内の防犯カメラに「読売ジャイアンツの野球帽を被《かぶ》り、眼鏡を掛けた姿」を撮られた年齢二十歳から三十歳、身長一七〇センチ前後の小太りの体格をしていた人物を指す。

そして、同年六月の丸大食品脅迫事件時に国鉄東海道本線（当時）の電車内や京都駅などで、同十一月のハウス食品工業脅迫事件時には名神高速道路の大津サービスエリア内で目撃された、三十五〜四十五歳の目が細くてつり上がった「キツネ目の男」がいる。

それに脅迫テープに登場する三十代と見られる女性と小学校高学年くらいの男児。最後は犯人グループを指揮する「黒幕」的存在のリーダーの計七人だった。

後に新たに脅迫テープを声紋鑑定した結果、別の小学生女児が含まれている可能性が高まり、「かい人21面相」は奇《く》しくも尼崎連続殺人事件の主犯グループと同じ八人になる。

靖憲は、その中の「ビデオの男」に酷似しているとの理由で兵庫県警に延《の》べ四十回余も出頭を要請され、九一年には別件で逮捕されるなど厳しい取り調べを受けたという。

結局、靖憲の周囲に「キツネ目の男」らしき人物が浮上せず、捜査線上から外れたが、「当時は時効を間近に控え、疑わしいのに直接の証拠がないために放置していた〝灰色人物〟たちを軒並《のきな》み調べ上げ、一人一人潰す〝最終捜査〟を進めていた。彼もそうした中の一人だった」（捜査員）のだ。

靖憲は後に記者会見を開き、兵庫県警を〝告発〟した。「県警尼崎北署に呼び出され、五、六人の刑事からビデオだかキツネ目の男だかに似ているという些細な理由で、『犯人なのは分かってる。自白しろ』などと責めたてられた。全部で五十回くらい出頭させられ、そのおかげで目を悪くし、精神的にも不安定になった」というのが、その主張だった。

靖憲は盛んに各メディアに接触を図り、自ら隠し録りしたという取り調べ時の録音テープを聞かせ、人権を無視した理不尽な取り調べぶりを訴えた。そのテープには確かに、捜査員と思われる男の声で「お前がやったんやろ」とか「江崎社長がお前の顔を見て『お前に間違いない』と言っとるんや」などと迫《せま》る様子が入っていた。

実は、グリコ・森永事件の最終時効が近づいた一九九九年、私も彼を取材していたが、短気でイライラし、声高《こわだか》に「あの事件には全く関係ない」と主張する姿を見て、私は靖憲は「かい人21面相」ではないと確信した。

もっとも、こうした靖憲の行動に同行し会見に同席した弁護士が、後に靖憲に三億円余を恐喝された被害者となっており、靖憲の危《あや》うさはいみじくも証明されてしまった。

三十年後も綻びない結束力

しかし、捜査本部が靖憲をマークした真の理由は、「ビデオの男」に似ていたことだけではなかった。悪党仲間を募《つの》り、暴力を振るって予想外の荒技を繰り出したうえ、執拗に相手を恐喝する手口が「かい人21面相」の面々に通じるところがあったからである。

確かに前出の弁護士恐喝事件で、標的と定めた弁護士を恫喝してズボンを脱がせ〝恥ずかしい写真〟を撮影した靖憲の手口は、江崎社長を誘拐して大阪府茨木《いばらき》市の水防倉庫に監禁中、〝恥ずかしい写真〟を撮って脅迫《きょうはく》に利用した三人組の犯人に通じるものがある。

また、グリコ・森永事件は、それまで見えないところでこっそり行われていた企業恐喝を、警察当局やマスコミまで巻き込んで大っぴらに行った「劇場型犯罪」の元祖として知られる。しかも、この事件が他の類似犯罪と違うのは、そうやって世の人々を〝人質〟に取って恐怖のどん底に落としながらも、企業側とこっそり裏取引しようとしたり、株価を上下させたりして儲けるなど、犯行が非常に巧妙かつ強《したた》かである点だろう。

さらに、メディアを最大限に利用し、いろいろな形で世の中にメッセージを発信し続けて犯罪を実行しながらも、決め手となる証拠を残さず、誰も正体を突き止められないという新しいタイプの完全犯罪と言える。

ところで、尼崎市の連続殺人事件は、犯行の具体的な形態やスケールの大きさは全く違うものの、これまでの常識をことごとく覆《くつがえ》した犯行であり、被害者側が思い悩んだ末に自らの意志で行動せざるを得ない状況を作り出すという部分で、「二つの事件には全く共通点がないわけでもない」（兵庫県警幹部）という。

それになによりも、美代子と靖憲という型破りな姉弟ならできる。いや、やりかねないのである。

単独犯行を好む靖憲だが、弁護士恐喝事件で彼が共犯者を仕立て上げた時、姉と同様に、強い独立願望を持つ夢多き若い家具職人の男に美味しい儲け話を聞かせて取り込み、いろいろな名目を設けてカネを騙し取った挙《あ》げ句《く》、弁護士への暴力行為に加担させている。

これは第六章で述べる大江・川村家事件で、美代子が喫茶店経営を夢見る次女の元夫を手玉に取った手口と酷似している。

また、「マサ」のように元気で体力や活力を持て余している連中を集め、目の前の犯行に必死に取り組ませている点も同じだが、グリコ・森永事件との共通点は、そんな抽象的で曖昧《あいまい》な話ではない。

尼崎連続殺人事件で兵庫県警は、美代子の周辺に「ある程度の意志や認識を持って犯行に協力した不良仲間が三十人近くいるし、ほんの少しでも手助けした連中を含めると四十人以上に上り、ほとんどがまだ手つかずの状態」(県警幹部)と見て、徹底的な洗い出しを指示したという。

だが、「美代子の周りにはもともとファミリーの主な生活資金源だったパチプロの連中をはじめ、年金や生活保護費の不正受給を生業《なりわい》にしている輩《やから》や、そうした貧困層にカネを無理貸しして大儲けしとる闇金融グループ、一味の暴力装置とされた『マサ』の背後に連なる覚醒剤密売組織の面々など、闇社会のメンバーらが入り乱れて巣くっとった。仮にリストアップできたとしても解明はなかなか難しい」（同）というのが実情なのだ。

しかも、その中に「グリコ・森永事件で浮上した有力容疑者グループに繋がる人物がおった」（グリコ・森永事件の特捜本部に属していた元捜査員）というのである。

「オバはん（美代子）に気に入られ、自宅にも出入りしたことがある闇金融グループの男が、一九八四年に江崎社長を誘拐した三人組の最も若い男に似ているうえ、『かい人21面相』のアジトとされた大阪府北東部に居住・勤務歴があって地理にも明るく、自動車解体技術を持ち、産業廃棄物処理業者とも交流があるなど、犯人像にうってつけなんや」

とは前出の元捜査員。さらに、こう続ける。

「しかも、『かい人21面相』ではないかと疑われたK元組長のもとには、郷土愛や仲間意識が強く、逆に組織社会の落ちこぼれで、現在の仲間に捨てられたら行くところがない連中が集まっていて、その意味では尼崎事件の〝疑似家族〟と酷似しているわけや。闇金融の男は、K元組長配下で、『事件師』グループのリーダー格の男のもとに出入りしていた形跡があるから、まんざらガセネタと笑えないでぇ」

というから、尼崎連続殺人事件の闇はなかなか深いようである。

グリコ・森永事件の不可解さを象徴するのが、犯人グループの人脈・背後関係の怪しさと、それに引き換え、三十年以上経っても綻《ほころ》びないような強い結束力である。

犯人グループの背後関係が政財界の大物から暴力団、右翼団体、エセ同和行為者、仕手筋《してすじ》、闇の紳士たち、左翼系過激派崩れ、自然農法グループ、新興宗教団体の幹部信者……とどんどん広がり、闇社会のオールスターキャストの様相を見せ始めたことは、拙著『闇に消えた怪人——グリコ・森永事件の真相』(新潮文庫)で述べた通りである。

そうした噂が噂を呼び、ドロドロに汚れたイメージばかりが広がり、さらにそれが悪の幻影をより大きく見せるようになる。その混乱と脅《おび》えの繰り返しを眺《なが》めながら、おそらく「かい人21面相」はどこかで「してやったり」とほくそ笑《え》んでいたはずである。

もともとは江崎グリコや江崎家への怨念《おんねん》から始まったと見られる犯罪だったが、戦争の傷痕や被差別部落・在日朝鮮人など差別問題の影がチラつく中で、戦後の成功企業への復讐劇の匂いを漂《ただよ》わせる大胆な企業恐喝事件となっていったのだ。

また、「かい人21面相」の結束力の強さは尋常ではない。犯行動機が怨恨《えんこん》ならば、志《こころざし》半《なか》ばのままではメンバーの不満が爆発し、直《ただ》ちにまた犯行に走り出しそうである。逆にカネ目的で金品を奪っていたら、どこかで大金を遣《つか》うなど不自然な兆候《ちょうこう》が現れるだろうし、奪えていなかったら仲間割れを起こすなど綻びが生じる可能性が高いはずだ。

特に小学生だった男女児童は、仮に何も事情が分からないままに脅迫文を読み上げただけだったとしても、成長するにつれてどこか疑問や不信感を抱く時が来るし、もし子供が真相を知ったら、絶対に黙ってはいられないはずだ。

ところが、事件から三十年近く経った現在でも、全く何の兆候も動きも見られない。いったい、どうしてなのか。

「捜査本部は当時、『かい人21面相』を家族か〝疑似家族〟的なグループと睨んでいた。そこで新興宗教団体や右翼系政治結社、左翼系過激派グループなど高い結束力を誇る組織に的《まと》を絞《しぼ》り、二十四時間行動確認し、周辺の人間関係まで徹底的に調べたんや」（捜査幹部）

そうした中に、前述した左翼系過激派崩れや自然農法グループが絡み、京都、大阪府に跨《また》がる山間地に開設された約五千平方メートルの共同農場の存在が浮上した。そして、そこには数十人の左翼系学生が家族的結束力を誇り、有機野菜作りや鶏の飼育などで自給自足生活を送っていたのである。

また、それ以外にも京都府南部から大阪府北東部を活動拠点とし、K元組長の下で暗躍する「事件師」グループの存在が浮き彫りになり、美代子、靖憲姉弟の周辺にたむろする悪党仲間に繋がっていくのだから、事件というのは恐ろしい。

そして、美代子の〝大切な人〟であるMは、虎蔵周辺にいる古いやくざではなく、むしろ美代子を取り巻く悪党仲間たちの背後に蠢《うごめ》き、グリコ・森永事件で捜査員たちがその存在を注目した「事件師」など犯罪グループの延長線上に存在する、と言ったほうが適切かもしれない。

Mは、新しいタイプのやくざだったのだ。

美代子はMと何度か男女の関係を持ったが、残念ながら「モンスター」の後継者を孕《はら》むことはできなかった。

しかし、Mの一言一句が、強固な意志が、そして、率先《そっせん》して見せる行動力が、血となり肉となって、美代子の体内を駆《か》けめぐる感触が伝わってくる——ことを、前出の美幸は美代子自身の口から何度も聞いて知っていた。

いささか乱暴な言い方をすれば、三枝子が自分の子供として生んでくれた角田優太郎は角田家の名前を残し、形を継《つ》いでいくなど〝親子・家族ごっこ〟を楽しむのにはちょうどいい存在であったが、「モンスター」の真の後継者とは言い難いものがあった。

美代子にとって、誰のタネ（父親）で、どの腹（母親）から生まれたのかなどはどうでもよくなっていた。いつしか、そうした人間関係のしがらみから超越した存在を目指し、そうした化け物になりつつあった、と言っていいのかもしれない。

もちろん、美代子の体内に初めから「モンスター」の魂《たましい》が宿《やど》っていたわけではない。

それは、「モンスター」の雛《ひな》であった美代子を紆余《うよ》曲折《きょくせつ》を経ながらも育て上げた母親が亡くなり、その直前に養子縁組して義妹となった三枝子が公私ともに美代子の腹心の座に就いた一九九八年に、彼女の体内に宿った、と言っていいだろう。

美代子の母親は最後には、友人の美幸から聞いたらしく、美代子が変身した理由や新しい考え方、生き様を理解し、表立っては動かなかったものの、それとなく寄り添って助言するなど、〝支援者〟になっていたのである。

そして、美代子は最初の家族乗っ取りとなった九八年の猪俣家騒動に突入する。

それは、Mらの手で徐々に育成されつつあった「モンスター」の雛が見事に巣立ち、この世に降臨した瞬間であった。

第三章

最初からエンジン全開

「何しとるんや。早うせい。さっさと運ばんかい」

たおやかな琵琶《びわ》湖の水面に接し、国宝・彦根《ひこね》城の雄姿を仰《あお》ぎ見る滋賀県彦根市の住宅街の一角で、瀟洒《しょうしゃ》な住宅の前に止められた無粋なトラックに、家具や段ボール箱に詰められた所帯道具類をせっせと積み込む家族の姿があった。

その傍《かたわ》らには、小学校高学年の男子児童を連れた中年女が突っ立っていて、時折、嘲笑《ちょうしょう》を浮かべて家族を見回しながら、ダミ声を張り上げて怒鳴っていた。

一九九八年六月二十九日、同市内で家族四人幸せそうに暮らしていた猪俣《いのまた》家が、まるで夜逃げでもするかのように追い立てられ、今まさに引っ越し支度の真《ま》っ只中《ただなか》であった。

猪俣家の当主はもともと尼崎市に本社を置く金属加工会社に勤務していたが、彦根市にある滋賀支社に配属されたのを契機に、八〇年にこの地に家を新築した。

「お子さんは二人いて、優しくて仲のいい兄妹でした。県立の進学校の野球部で活躍したお兄さんは優秀な方で、広島の大学を出て関西の木材関係の会社に就職したと思います。尼崎出身のご両親も最初は同居して六人で住んでたんですが、二年ほどでお父さんが亡くなり、体調を崩したお母さんも『こっちとは水が合わない。気に入った病院もなくて』と、九〇年代半ばに尼崎に戻りました。でもまさか、夜逃げするようなことになるとは……」

とは一家と付き合いがあった近所の主婦。さらに、こう漏《も》らす。

「一家は『尼崎のほうに移って兄弟の世話になる』というようなことを言ってましたが、あの様子で本当に大丈夫なのかなと、皆で心配していたんです」

猪俣家の当主は、今回の急な転居について付近住民らに詳しい事情はいっさい語らなかったが、ある時ふと、こう漏らしたことがあるという。

「お袋のせいで、こんな目に遭《お》うたんや……。カネを騙《だま》し取られてしもうた」

そして、偉そうに次々と家族に命令を発している中年女を憎々しげに睨《にら》みつけ、大《おお》仰《ぎょう》に指を差しながら、こう言った。

「そうや。騙したんはあの女。角田美代子っていうんや」

いったい、猪俣家の母親の身に何が起きたのか。そして、そこに美代子がどう関わっているのか――。そのことを説明する前に、話の順序は全く逆になってしまうが、この問題の後日談から話しておくことにする。

他人の家に喰らいついて、人間ブルドーザーのように根こそぎ家庭をなぎ倒し、財産をしゃぶり尽くす。気に入った住人は連れ去って自分の〝疑似家族〟に加え、気に入らない者は死に至らしめる。文字通り、モンスターが通り過ぎた後の惨状《さんじょう》の如《ごと》く、いや、それ以上に無残にも跡形もなく破壊するのが、美代子流のやり方と言っていいだろう。

美代子にとって〝最初の犯行〟となった猪俣家乗っ取りで、すでに早くもその兆《ちょう》候《こう》ははっきりと現れていた。つまり、猪俣家は後に、完膚《かんぷ》なきまでに叩《たた》き潰《つぶ》されることになるのだが、この日の引っ越し騒動時にはまだ、そこまでは予想する者はいなかった。

ごく簡単に結論だけを言えば、「モンスター」を引き込むきっかけを作った猪俣家の母親は、引っ越し騒動から約九ヵ月後の九九年三月に亡くなり、高校球児だった自慢の孫（当主の長男）も結婚を目前に控えながら、転居から一年後には不審な死を遂《と》げている。

〝魔の手〟は猪俣家の本家だけに止《とど》まらず、当主の弟たちの一家、それも四国の高知県にある嫁の実家にまで伸びて、各家族を蹂躙《じゅうりん》し尽くした。ある者は変死を遂げ、ある者は行方不明となり、はたまた、ある者は角田家に養子縁組させられて、残りの人生を誤った。ちなみに後に美代子の長男・健太郎となり、自らも犯行に連なって逮捕された人物は、猪俣家四男（当主の弟）の三番目の息子だった。

いかなる災厄が猪俣家に襲いかかったというのか。

「あのババア（美代子）に高価な壺や美術品、高級呉服を買わされたそうや」とか「母親が騙されて多額の借金を背負《せお》い込み、一家はその連帯保証人にさせられたんや」などと、猪俣家没落の原因についてはさまざまな噂が乱れ飛んでいたが、そもそもの端緒《たんしょ》は九八年三月、母親の姉に当たる女性が亡くなり、その葬儀が営《いとな》まれたことにあった。

その当時、母親は彦根市の長男（当主）一家のもとを離れ、離婚して尼崎市のアパートで一人暮らしをしていた三男と一緒に生活していた。そこには時々、神戸市に住んでいた次男や尼崎市居住の四男も姿を見せていたし、近くに住む母親の姉も顔を出しては何かと世話を焼いていたという。

その母親の姉が急に亡くなったというわけだが、その女性が美代子の母親の兄（前述したやくざの虎蔵の兄でもある）のもとに嫁いだ美晴《みはる》（仮名）であり、美代子が「若い頃から『美晴おばちゃん』と呼んで慕《した》っていた」と称する伯母であったのだ。

その「美晴おばちゃん」の葬儀が済んで十日ほど経ったある日、猪俣家の母親と三男が住むアパートに親族が集まっていたところに突然、美代子と思われる女性がやくざ風の男たちを引き連れ、数台の車で乗りつけたという。

「最初はドタドタという音と、『こら、早う、どかんかい』という女のダミ声が聞こえたけど、あとは静かになって……。何やら話し合いをしてたらしく、夕方、女が帰る時には息子さんたちが並んでペコペコ頭下げとったわ」(アパートの元住民)

いったい、何があったのか。アパートの部屋の中の話なので、今一つ分かりにくいところがあるが、アパート住民をはじめ近所の人々の話を総合すると、こうだ。

美代子と思われる女性と知り合いの男女、やくざ風の男たちがしばらくの間、そのアパートを頻繁に訪れ、話し合いというより糾弾《きゅうだん》集会のようなことをやっていて、怒鳴り声や何かを叩いたり引き擦《ひず》ったりする大きな音が聞こえたという。

そのうち、母親が狭《せま》いトイレの中に閉じ込められ、助けを求める声が聞こえたため警察に通報。話を聞いて逃げることを勧めたが、本人は「私が出て行ったら、残された息子がどうなるか分からん」と泣き喚《なわめ》くため説得できず、駆《か》けつけた警察官も引き揚げた。

その翌日、気づいたら部屋はもぬけの殻《から》となり、母親と三男はもとより、美代子と思われる女性や取り巻き連中も誰一人いなくなっていた。それ以来、母親と三男の姿を見かけた住人はおらず、一連の事件が報じられて初めて、美代子の仕業《しわざ》であることを知ったという。

こうした経緯を長々と書いていても分かりにくいだけなので、本書では後の捜査や取材に基づいて、ごく簡単にまとめてみたい。もっとも、この猪俣家をめぐる問題は美代子が引き起こした〝最初の犯行〟とは思えないほど巧妙で緻密《ちみつ》、かつ徹底的に行われており、後の尼崎連続殺人事件の原点とも言うべき形態・様相を呈《てい》していながら、警察の消極的な姿勢が災《わざわ》いして全く事件化されていなかった。その分、事実関係や状況・背景など関係者の説明に若干の食い違いが生じ、曖昧《あいまい》な点があることをあらかじめ断っておきたい。

この猪俣家で起きた問題がそれほど複雑怪奇であり、当事者にも予測がつかない事態になっていたことを意味している、とも言える。

さて、突如、「美晴おばさん」の葬儀に現れた角田美代子は、その格式や宗派、参列者の人選など諸式全般にことごとく因縁《いんねん》をつけ、猪俣家の一族を集めて猛烈に抗議を始めた。

その言い分をよく聞くと、最初に「美晴が亡くなる数日前に病死した美代子の母親の葬儀には誰一人参列しなかった猪俣家の親族が、美晴の葬儀にはなぜ全員が顔を揃《そろ》えとるんか」といった主張であった。「本当は美晴おばちゃんは好きではない。彼女はもともと私のオカン（母親）の仕事（売春宿を兼ねた小料理屋勤務）が気に入らんから、「猪俣の母親と二人で散々馬鹿にして、悪口ばかり言うとったんや」とも言っていることから、初めから因縁をつけることが目的だったと考えるほうが合理的である。悪名高いクレーマーとして知られている角田美代子の面目躍如《めんもくやくじょ》、いきなりエンジン全開と言えよう。

他人の家庭に入り込み、頻繁に「家族会議」を開いて一族を操《あやつ》って支配し、気に入った者は養子縁組するなどして優遇し、嫌いな者は徹底的に虐待《ぎゃくたい》するなどして排除し、最終的には財産を根こそぎ奪《うば》う――。美代子が得意とする手口の原点が、この九八年に起きた猪俣家乗っ取りにあった、と見る捜査関係者は多い。そんな視点で猪俣家の問題を精査してみると、一連の事件の真相を解明するヒントが随所にちりばめられていることが分かる。

美代子は「美晴おばちゃんは角田の人間や。ウチが葬儀を仕切るのが当然やろ」とか、「角田家を蔑《ないがし》ろにしよるんと違うか。参列者の順番が違っとるで」と次々とイチャモンをつけては暴れ出し、猪俣家の四人兄弟を集めて連日のように家族会議を開かせた。

　これは、美晴が夫（美代子の母親の兄）の死後、一人暮らしの寂《さび》しさもあって猪俣家の母親のもとを頻繁に訪れていたうえ、角田家とはほとんど没交渉になっていたことから、美晴や猪俣の母親の実家が葬儀を出したことに美代子が目を付けたものだが、クレームの付け方がなかなか巧《たく》みで、そして、相当に執拗《しつよう》だった。

「美晴おばちゃんは角田の姓で死んどる。だから本来、喪主は（亡くなった夫に代わって弟の）角田虎蔵が務めるべきやろ。お前のところは美晴おばちゃんの骨を実家の墓に入れると言うとるが、冗談やないで。虎蔵叔父さんの面目潰したら、大変なことになるで」

　この虎蔵の名前を美代子がわざと出し、周辺にやくざ風の男たちを配して、自分を実物以上に恐ろしい人間に見せようとしていたことは間違いないだろう。

　実際、美晴と猪俣の母親の実家側では、親族男性の一人が葬儀の進行に行き違いがあったことを認め、美晴の遺骨を角田家側に引き渡したうえで、美代子が「私が立て替えた」と称する葬儀代の返済分と迷惑をかけた詫《わ》び代などの名目で、計四百万円の現金を美代子に渡して早期の解決を図《はか》っている。一連の事件終盤ほどではないものの、金欠病になりつつあった美代子はたちまち機嫌を直し、「お前の家は潔《いさぎよ》うカネを出して良かったで。これからは角田家と猪俣家の問題やから、お前のところは口を出すなよ」とクギを刺したうえで、この親族を〝解放〟した。

異常な縁組で一族を解体

一方で、猪俣家に対する制裁はますます厳しさを増した。母親と息子夫婦たち、特に嫁姑間や息子同士に微妙な感情の行き違いがあることを察知した美代子は、「こいつが諸悪の根源や」と母親を監禁して息子たちに叩いたり蹴《け》ったりさせ、彼らが少しでも躊躇《ちゅうちょ》し、軽く折檻《せっかん》すると、「お前ら舐《な》めとんのか」と言って息子同士で殴打させるなど、美代子は次第に猪俣家を自由自在にコントロールし始めた。

六月に入ると、彦根市の長男宅を売らせ、その売却代金の大半を「借金の返済分」と称して自分のものにしたし、母親が尼崎市に所有していた土地を売り飛ばし、神戸市の阪神電車三宮駅近くにあった次男のマンションも自分名義に書き換えさせた。

また、母親と四人の息子に加え、それぞれの妻子を呼び集め、最初は尼崎市のアパートに二部屋を、続いて西宮市の高層団地十四階に二部屋を借りて同居。各人に仕事をさせ、給与やパート・バイト代をすべて取り上げたほか、通帳・証書類はまとめて持ち去った。そして、仕事先を強引に辞めさせては退職金を搾取《さくしゅ》し、生命保険などの保険類や財形貯蓄をどんどん解約させ、戻ってきたカネの大半を奪い取った。

「毎朝、五百円玉を一枚渡されて『しっかり、稼いで来いや』と送り出され、工場の清掃とか工事現場の交通整理など日雇いの仕事をやる。当初はやくざみたいな男たちがちゃんと働いとるか見張ってて、貰《もら》った日給も全部持って行かれる。働きが悪かったり、文句を言ったら折檻や。それもババア（美代子）や取り巻き連中が暴力を振るうんやのうて、兄弟で殴《なぐ》る蹴るの乱暴をさせるんや。ありゃ、地獄の光景や」

とは、猪俣家の親族の一人が県警の取り調べで供述した内容だ。そしてこう続ける。

「稼ぎがないと、次はババアに連れられて盗《ぬす》みに行かされるんや。それもチンケな空き巣や置き引きやのうて、警備が手薄な倉庫に忍び込んで、機械や部品、食料品なんかを車に積めるだけ積んで持ち出すんや。これは堂々たる犯罪やが、いい稼ぎになって二、三日は休めるし、結果的に警察に捕まって軟禁状態から逃げ出せるからええ、と終《しま》いには我々も考えるようになってな。こうなりゃ、人間、終わりやで」

確かに、兄弟同士の殴り合いは人間性や家族愛を疑わせるような酷《ひど》いものであったが、最も人間の醜《みにく》さを浮き彫りにしたのが、子供たちによる母親への虐待であった。
「四人の息子が連日、『何で角田さんの言うこと聞かんのや。あんたが逆らうから、俺たちが迷惑するんや』と言って、母親を取り囲んで顔を殴ったり腹を蹴ったりするんです。夜中でも明け方でもお構いなし。ダイエットと称して廊下や玄関先にずっと立たされて、五〇〇ミリリットルのペットボトル一本分の水を与えられただけで、食事は全くなし。ババアの許可がなければトイレにも行けない。疲労と生理現象を我慢する限界で全身をブルブル震《ふる》わせ、『もう座らせて』『トイレに行かせて』と泣き叫ぶ母親をどつき倒す息子たちの姿は、いくら母子関係がギクシャクしているといっても、地獄の鬼も尻尾まいて逃げ出すほど醜いですよ」(親族の供述)
ところで、この当時の美代子の仲間たちといえば、内縁の夫・頼太郎と義妹の三枝子、美代子の子として戸籍に登録された優太郎、後に殺害される安藤みつゑらで、〝一味の暴力装置〟とされた李正則とその不良仲間はまだ参加していなかったし、やくざ風の男たちも時折集められるだけで、常時一緒にいるわけではなかった。
すなわち、後に発覚した谷本家事件や大江・川村家事件と違い、被害者はいくらでも抵抗したり逃走することができたと思われ、少なくとも全財産を奪われることはなかったはずである。県警の事情聴取によれば、この〝軟禁〟時には猪俣家の息子四人と、母親の実家から前出の親族男性一人の計五人の男がいたことが分かっており、美代子の暴走を止めることは決して不可能ではなかったはずだ。

「実は、一度だけ猪俣家の次男が美代子に反抗して殴りかかったことがあったんですが、ババアに『殴れるもんなら殴ってみんかい。殺してもええで。お前に殺すだけの根性あるんか』と凄《すご》まれてね。貫禄《かんろく》負けというか、私ら小市民は自分のため家族のためにも、人を殺して犯罪者になんかなりたくないんで、何もできなかったんです」

（親族の供述）

それは決して、次男の気後《きおく》れの問題だけではなかった。団地に二部屋借りて同居する際、美代子は猪俣家四兄弟の子供たちを自分と一緒に住まわせて〝人質〟にし、散々甘やかしたり、自分たちの親がいかにダメな存在であるかを吹聴《ふいちょう》して手懐《てなず》けており、彼らの身の安全を守るためには、事実上、何もできなかったというのである。

「最後は子供たちも生活費を稼ぐために働かされそうになり、特に女の子は、水商売や風俗店で稼ぐように言われて逃げ出した者もいたが、なぜか皆、追跡されて簡単に捕まる。盛り場で見張られて発見されたり、クレジットカードを使ったことで居場所を突き止められたケースがほとんどだったが、これは警察や行政または金融機関にツ

テがあるか、暴力団組織を活用したとしか思えないほど迅速《じんそく》かつ執拗、そして正確だった」（別の親族）

そうした暴力団組織との関係を窺《うかが》わせるような美代子の素振りは、猪俣家乗っ取り問題では随所に見受けられる。

たとえば「どこそこの組長を知っとる」とか、「一九九五年の阪神・淡路大震災後の炊き出しで山口組五代目（故・渡辺芳則《わたなべよしのり》組長）と懇意《こんい》になった」といった口先だけの話ではなく、猪俣家の四男に車を運転させて、大阪・ミナミの暴力団組長の姐《あね》さんに会いに行ったり、交通事故のトラブルで組長の名前を出して解決したり、といかにも胡散臭《うさんくさ》い話ではあっても、一応暴力団幹部と知り合いであることを誇示《こじ》していたのだ。もっとも、名前の出た暴力団組長とは実際にはほとんど交流がなかったことが後の捜査で明らかになっており、大胆かつ巧妙な騙しぶりであることが分かっている。

このほか、猪俣家の四男のように自分の経営する会社の運転資金約三百万円を美代子から借りたり、会社の設立資金を美代子の弟である月岡靖憲に出資してもらうなど、カネと事業欲でがんじがらめに縛《しば》りつけられたケースもあった。

ちなみに、この四男は靖憲と三枝子の中学時代の同級生で、「小さい頃から月岡と交流があり、彼が登校しなかった時は、学校のプリントとか給食のパンや牛乳を自宅まで届ける役を務めるほど仲が良かった」（中学時代の友人）という。

それが時を経て、靖憲は別の事件で刑務所に服役し、三枝子は美代子の側近となった。自分は標的にされ、息子は美代子の養子となるのだから、皮肉な巡り合わせであろう。

だが事態は、そんな悠長《ゆうちょう》な話では済まなくなっていたのである。

監禁と虐待が長く続いた母親は精神的に異常を来《きた》し、ついに認知症のような症状を見せ始めた挙《あ》げ句《く》、九九年三月に死亡した。医師の死亡診断書は病死となっているが、亡くなる前は息子や親族からも〝隔離《かくり》〟された状態で、親族から「美代子らが暴行、虐待を繰り返したために死んだ」との証言が出るなど不審な点が多く、後に県警が殺人容疑で捜査に乗り出した。が、結局、立件には至らなかった。

また、一時は美代子に気に入られ、就職先の会社を辞めさせられ、彼女の秘書兼運転手役を務めさせられていた当主の長男も、九九年十二月に不慮《ふりょ》の死を遂げる。

「やれ自殺だ、病死だ、交通事故だといろいろ言われたが、明るく活発な元高校球児で、心身ともにタフだった彼が、そんな軟弱な死に方をするわけがない。自殺を装《よそお》って殺されたというのが専《もっぱ》らの評判だった」（高校時代の野球部仲間）

「ウチには一年半ほどいたが、営業や配送の仕事を真面目にエネルギッシュにこなしており、前途洋々《ぜんとようよう》の若者だった。退社する前も『祖母がカルト宗教みたいなものに嵌《は》まって、助けに行かないといけない。もっとカネも稼がないと』と張り切っていた。結婚を約束したという相手もいたし、死んだと聞いて信じられない思いだ」（元同僚）

その交際中の女性についても、県警の調べによると、長男が退職して約一年後、彼女の両親に結婚の承諾を得るため自宅を訪れたが、様子がおかしかったため両親が追い返したという。その後、長男は人相の悪い二人組の男と一緒に女性宅を訪れ、「頼む。僕と一緒に来てくれないか。お世話になっている人から、女の人を連れてくるように言われているんだよ」などと訳の分からないことを口走ったため、怖くなった女性は拒否していた。

長男が亡くなったのはそのすぐ後のことで、西宮市の団地の部屋から謎の転落死を遂げている。これは恋人に振られて、あるいは親や親戚が祖母（猪俣家の母親）を虐待して死なせたことにショックを受けて、飛び降り自殺を図ったとの見方が強かった。

ただ、第五章で記す二〇〇五年に沖縄県で転落死した三枝子の夫・橋本久芳のように、美代子一味に自殺を強要された可能性もある。後に県警が捜査したが、無理やり突き落とされるなどの不審な痕跡は発見できなかった。

「モンスター」の襲撃は、それだけでは止まらなかった。美代子はまず、猪俣家の次男の娘と四男の息子（三男）を自分の養子にした（次男の娘は後に養子縁組を解消したが、四男の息子は美代子の長男・健太郎となり、逮捕された）。

続いて、猪俣一族をそれぞれの家族を跨《また》いで複雑な養子縁組をさせたり、長男夫妻と次男夫妻、四男夫妻を離婚に追い込むなど、常軌《じょうき》を逸《いっ》した戸籍の改変を繰り返した。

これは異常に縁組することで一族を解体し支配力を強めるとともに、将来にわたり財産を奪う際に、家族内の問題として警察当局の介入を防ぐ狙《ねら》いがあったと見られ、後の尼崎連続殺人事件の原型とも言える図式がこの時点ですでに存在していた事実が窺える。

そうした美代子の行動の根底には、もう一歩深く踏み込んだ思考法が見え隠れしている。そして、そこにはいつもMの影がチラつき、その人生哲学や人心掌握《しょうあく》術が反映している様子が垣間見える。さらに、それらの思惑《おもわく》とは別に、美代子の家族に対する反発や嘲《あざけ》りのようなものが感じられなくもない。

さて、美代子は気が弱い猪俣家の三男に集中的に母親への暴行を働かせ、精神的に追い込んで自分に隷従させることに成功したほか、脇が甘い四男の妻の実家に財力があると睨み、事業資金を融資するなど特に目をかけるフリをした。そして、その息子（三男）を可愛がり、九九年六月に自分の養子（長男）にするや否や、すかさず高知県にある四男の妻の実家に襲いかかった。

「あのババア（美代子）が四男を前面に立てて五、六人で押しかけて来て、『この男（四男）に多額の事業資金を貸したが返さん。代わりに支払え』と言ってきた。別に支払わなければならないカネではなかったが、嫁に出した娘や孫（娘の子）の身が心配で、仕方なく銀行から借金したり、生命保険を解約したりして一千数百万円を作って渡した」

とは、警察の事情聴取に対する妻の親族の供述だ。そしてこう続ける。

「それから約一年後に、娘から『暴力と理不尽な行為に耐えられんき、息子（長男）連れて逃げる』と連絡があった。何でも旦那と離婚させられ、他の兄弟と結婚させられるとか、そりゃ猪俣一家がバラバラになるような無茶苦茶な話やった。娘は完全にノイローゼみたいになっとるし、あのババアはトンでもない化け物やで」

この時に逃亡した四男の妻は、追跡者の目が光る実家に滞在するわけにもいかず、現在はある地方で旅館の仲居として働いているが、心に負《お》った傷は大きく、半病人のようになったままだという。高知県内でしばらく溶接工として働いていた息子（彼女の長男）はその後、行方不明となり、今も消息が摑《つか》めていない状態である。

一方、猪俣家の母親の実家側から唯一、〝軟禁状態〟に置かれていた（一度は四百万円を支払って〝解放〟されたものの、他の親族が心配になり戻っていた）親族の男性も九九年十一月、猪俣家の面々の狂気に満ちた様子に恐れを抱き、妻子を連れて逃走した。

この親族は、逃亡してもいつか捕まって折檻されると考え、二〇〇〇年一月に兵庫県警に出頭して、自分や猪俣家の親族たちが美代子の命令で窃盗《せっとう》事件を起こしたことを自白し、逮捕されることで自分と家族の身の安全を図ろうとした。

同時に彼は、猪俣家の母親の急死や長男の息子の転落死、そして、美代子自身がふと口を滑《すべ》らせた「何かに怯《おび》え、実家での死を望んだ」美晴おばちゃんの〝不審な死に様〟についても、自分が疑問に感じたすべてを告白し、警察に調べ直してもらおうとしたのだ。

美代子にしてみれば、いきなり最初にして最大のピンチを迎えたことになる。逆に言えば、この時に兵庫県警がきちんと捜査し、美代子を断罪していれば、後の尼崎連続殺人事件は起こらなかったわけである。一連の事件では民事不介入を掲《かか》げた香川、兵庫県警の消極的な捜査がしばしば問題になっている（詳しくは後述する）が、そうした問題点は、実はごく初期の段階から存在していたのである。

それでも県警は二〇〇〇年二月、件《くだん》の親族はもとより窃盗事件に関わった美代子や猪俣家の息子を窃盗容疑で逮捕している。が、猪俣家の面々が「角田さんはいい人や」と美代子を庇《かば》ったうえ、ほかに殺人・傷害致死容疑を裏付ける証拠が出てこなかったため、窃盗罪で起訴されただけだった。結局、美代子は懲役三年、執行猶予五年という有罪判決を受けるに止《とど》まってしまった。

かくして、猪俣家の〝軟禁〟生活には終止符が打たれたが、角田美代子という「モンスター」は事実上、自由の身になって野に放たれたのである。

「食うモンなくなったら、次を探すんや」

ところで、美代子が横浜・伊勢佐木町のラウンジ経営を三枝子に任せ、尼崎、横浜両市を往復し始めてから、九八年に猪俣家乗っ取り問題を起こすまでの間、いったいどんな生活を送っていたのか。その間に何があって、美代子が堂々たる「モンスター」に変身したのであろうか。

尼崎市内の母親の家で、内縁の夫・鄭頼太郎と同居しながらスナック経営や輸入雑貨販売業を営んでいた美代子は、一九八一年に同市長洲東通に新しく完成した賃貸マンション五階に一部屋を借りて住み始めた。最初は頼太郎と横浜から呼び戻した三枝子との三人暮らしだったが、徐々に出入りする人が増え、部屋が手狭《てぜま》になったため、八三年十二月に同じマンション二階に一部屋を賃借。さらに九五年五月に、最初に借りた五階の部屋の隣室がたまたま空いたため、その部屋も借りて、常時十数人という大所帯で生活していた。

二〇〇〇年九月、近くに新しく建設された分譲マンション八階の部屋を橋本久芳名義で購入するまで、これら賃貸マンションの三部屋に分かれ、奇妙な「共同生活」を営み続けることになる。それは、美代子が三十二歳から五十二歳までの約二十年間に及ぶ。

三人以外で早い段階から同居していたのは、第五章で記す橋本家事件の被害者である橋本母子であった。母親の橋本芳子は八七年頃に失踪《しっそう》し、二〇〇六年に裁判所で失踪宣告を受けて戸籍上は一九九四年に六十六歳で死亡したことになっている。しかし、後に別件で逮捕された親族らの供述によると、「八七年頃に暴行を受けて死亡し、遺体は尼崎市内の海に沈められた」とされ、その死は未《いま》だに謎に包まれたままだ。

長男の久芳は、二〇〇一年に三枝子と結婚、養子縁組して角田久芳となり、〇五年七月に沖縄県恩納村《おんなそん》の崖から飛び降りて五十一歳で死亡、次男の次郎も二〇一一年七月に監禁・虐待の末に亡くなり、翌一二年十月にドラム缶にコンクリート詰めにされた遺体が岡山県備前市の海岸で引き揚げられている。この橋本兄弟の死については後に、兵庫県警が美代子ら一味を殺人容疑などで逮捕し、神戸地検は自殺した美代子を除く六人を殺人罪で起訴している。

この橋本母子が美代子の家で間借り生活を始めたのは一九六〇年代だったというから、片腕となった三枝子よりも数年短く、途中で逃亡した時期もあったものの、四十年以上(最も遅い次郎の死亡までなら五十年近く)も〝同居〟していたことになる。

同じように四十年以上も前から美代子の家に一緒にいたのは、かつて美代子の異父兄と交際していた女性で、その後、美代子宅に住み込んで家政婦のような仕事をしていたとされる安藤みつゑだ。ちなみに彼女も〇八年十一月に監禁、暴行を受けて死亡している。

この面々に、一九八六年に三枝子が出産し、美代子と頼太郎の実子として届け出がされた次男の角田優太郎、猪俣家四男の息子で九九年に美代子と養子縁組した長男の角田健太郎が加わり、〇四年に美代子の叔父・角田虎蔵の養子（美代子の従兄弟）となり一味に参加した李正則、第四章で詳述する谷本家から連れて来られ、後に優太郎と結婚する角田瑠衣といった〝美代子ファミリー〟が誕生していく。

さらに、李の不良仲間たちや、橋本次郎の知人で〇六年から美代子宅に住みつき、谷本家から連れて来られた瑠衣の姉・茉莉子と結婚する仲島康司《なかしまやすし》ら取り巻き連中もいる。また一時は、後に殺害される茉莉子やその伯父の谷本隆、大江和子といった被害者や、川村博之・裕美夫妻と姉の大江香愛ら被害者でもあり加害者でもある面々も出入りしていた。

「やくざの女親分か姐さんのような女が、夫と思われる男性も、親か伯父伯母と同じような高齢の男女も呼び捨てにし、命令口調で話すなど顎《あご》で使っている感じやった。なにしろ女が外出する時には、若い衆が玄関先から廊下まで直立不動でズラリと並び、大声で挨拶《あいさつ》し、一斉に最敬礼しとったからな。どう見ても、ありゃ堅気《かたぎ》には見えんかったで」

とは同じマンションに住む男性。こうも語る。

「水商売やってたとかで愛想がいい時もあるんやが、たいていは機嫌が悪く、大声で文句言っとったで。自分とこは叫び声やら大音響で音楽流しとるくせに、近所の子らが走り回っとると『喧《やかま》しい』と怒鳴る。隣人がベランダ越しに挨拶すれば『人の家を覗《のぞ》くんやない』と激怒する。自分の車が駐車違反で取り締まりを受けたら、近隣住民に『お前ら、警察にチクったやろ』と因縁をつけ、謝罪金まで取ろうとする。物凄いクレーマーってヤツで、商店街の惣菜屋にコロッケの味やイモの分量で文句を言い、断水や停電でもしようモンなら市役所や関西電力に何日も苦情を言いに行くなど、周囲とのトラブルは絶えんかった。あれは石に躓《つまず》いてコケそうになっても、石に八つ当たりし、その道路の前に立つ家に治療費を要求しに行く女や。皆、面倒に巻き込まれるのが嫌で、誰も近づかんどころか、ババア(美代子)の声が聞こえただけで、ここそこと家の中に逃げ込んでいたほどやわ」

そんな美代子は、どんな日常生活を送っていたのか。

「日頃から若い衆を大勢連れ、阪神電車杭瀬駅前のパチンコ店で遊んだ後、近くの居酒屋やカラオケスナックを貸し切りにして、一晩中ドンチャン騒ぎしとった。もっとも、本人は宴席で騒ぐのは好きやが、酒はほとんど飲まない。いつも似合っとらん高級ブランド服を着て、ラムネを飲みながら金縁メガネ越しに皆を冷静に見つめとるんや。羽振りはいいようやが、何やってるか分からない分だけ怖いもんがあったわ」

（地元の飲食店主）

実際、この頃の美代子は兵庫や大阪、京都、滋賀、和歌山など関西各地をはじめ、名古屋や岡山、広島まで出向き、玉の出がいいとされる新装開店のパチンコ店を狙って荒稼ぎし、競輪、競馬、競艇などギャンブルに資金をつぎ込んでいた。

特に李正則が〇二年頃に美代子と知り合って同居し、行動をともにするようになってからは、パチンコ店荒らしやギャンブル場通いがエスカレート。李が引き連れていた巨漢で金髪・茶髪揃いの「金髪デブ軍団」と呼ばれる不良仲間はもとより、行く先々のパチンコ店や繁華街で知り合った不良グループをまとめ上げるなど、次々と悪仲間の組織化を図った。

ただ、いくらギャンブルの才能があっても、パチンコや競輪などの上がりだけでは、大勢の仲間の生活を支えることなどできやしない。生活費はどうやって稼いだのか。

「スナックや輸入雑貨など正業からの収入もあったでしょうが、やはり以前から続けていた売春斡旋《あっせん》などで相当稼いでいた可能性があります。それに、なんといっても裏金が大きい。美代子は天性のクレーマーぶりを発揮《はっき》して、企業や店舗などに因縁をつけてはカネに換《か》えていたと見られていますし、橋本兄弟の母親ら行方不明者の年金や、居候《いそうろう》たちの生活保護費などの不正受給もあったはずです。もう一つがシャブの密売でしょう。これは李との関係で出てきた話と見られてきたが、実は、それ以前から取引疑惑があったんです」

そう明かすのは、後に一連の捜査に関わった公安関係者。こうも言う。

「確かに『マサ』には覚せい剤取締法違反容疑で逮捕歴はあるし、二〇〇五年に一味が沖縄旅行に出掛けた時、『マサ』がシャブのフラッシュバックを起こして警察に連行され、大騒ぎになったこともある。でも、美代子自身があんなに元気でエネルギッシュでいられるのはクスリやっとるからやないかとの噂は以前から出ていたし、団地で転落死した猪俣家の長男の息子も一時は目が据《す》わっていて、いかにも挙動不審であり、祖母に暴行を加えたショックというより、シャブに狂わされていたとの見方もあったんや」

美代子のカネへの異常な執着心、常軌を逸した過激な暴力沙汰《ざた》、そしてなにより、そうした自分や配下の行為を陶酔《とうすい》したような表情で眺《なが》めている姿などは、見方によっては、純度が高い、あるいは常習性の強い薬物の影響を疑わせる特徴と言えなくもない——と指摘する専門家が存在していることは事実である。

さらに、美代子のもとに集まっている不良仲間のうち数人が、覚醒剤密売を主な資金源にしているという噂が絶えない暴力団の事務所に頻繁に出入りしているとの情報もある。

「食うモンなくなったら、次を探すんや」

一つの家族を破壊してカネを吸い尽くすと、今度はその家系を遡《さかのぼ》り、家族の周辺を探り回るなど、貪欲《どんよく》にとことん金品を奪い取る「モンスター」は、ある時、一味の者に今後の活動目標を尋《たず》ねられ、そう答えたという。その答えを聞いた〝美代子ファミリー〟の一人は思わず震え上がって、こう言った。

「角田のオカンは、ほんまの鬼、いや化け物や」

そんな美代子のおぞましいほど強力なパワーと凄《すさ》まじい執念は二〇〇〇年九月、当時住んでいた尼崎市の賃貸マンションから、わずか百五十メートルしか離れていない分譲マンションに移り住んだことで、最頂点を迎えることになる。その時、美代子は五十二歳になろうとしていた。

我が国を代表する商都・大阪と貿易港の街・神戸に挟《はさ》まれた工業地帯の尼崎。「ニコイチ」と呼ばれた文化住宅と、古い零細規模の町工場が点在する下町情緒あふれる街並み。多国籍の住民が織《お》りなす独特な文化と匂いが育まれてきた路地裏に佇《たたず》むと、美代子が新たな住処としたマンションは一際目立つ存在だった。

阪神電車杭瀬駅から徒歩約十五分。二〇〇〇年に建てられた八階建て分譲マンションは、関西の中核都市にあってはさほど豪華な部類には入らないが、「アマ」の愛称で親しまれてきたこの地にあっては、周囲を睥睨《へいげい》する「領主の城」のような存在であった。

黒澤明《くろさわあきら》監督の名作『天国と地獄』。名優・山崎努《やまざきつとむ》演じる貧しき研修医が狭くて暑苦しい汚い安下宿の窓から毎日見上げる丘の上に建つ〝白亜の豪邸〟に住む大手企業重役の息子（実はお抱え運転手の子）を誘拐し、身代金を奪うサスペンス映画の傑作である。

この作品では、犯行動機に繋《つな》がる貧富の差を象徴する豪邸と安下宿の対比が強烈で、深く印象に残っているが、前述のマンションは、まさに美代子にとって〝白亜の豪邸〟であったろうし、その最上階にあり、同マンションでは最も高額と見られる3LDK約七四平方メートルの角部屋は、彼女の「城」であったことは間違いあるまい。

一階の正面玄関はオートロックになっていて、外部の者はインターホンで住民とやりとりしないと中に入れない。エレベーターホールに続く一階フロアは、ゴージャスに映るインテリアが施《ほどこ》され、美代子の部屋も玄関を開けると廊下があって、左右両側の壁は全面鏡張りになっていて、ピカピカに磨かれていたという。

〇九年に室内に入ったことがあるという地元の飲食店主によると、壁を取っ払った広いリビングには、まるでデパートの店頭のようにガラス製ショーケースが綺麗《きれい》に並べられ、中には高価なブランディーやワインといった洋酒類、バカラのグラスをはじめとする高級食器、クリスタル製の置物など「時価数億円の品々」（美代子の弁）が飾られていた。

さらに、赤と黒を基調とした欧州製アンティーク家具が所狭しと置かれ、壁面はネオン管の電飾で覆《おお》われ、キッチンには大型冷蔵・冷凍庫に加え、ビールサーバーまで備えつけられていた。また、バルコニーには背丈のある観葉植物が並び、外周りには屋根まで届くほど高い木製フェンスが張りめぐらされ、周囲から見えないようになっていた。

美代子が「天国」と呼び、後に「殺戮《さつりく》の館」「悪魔の砦《とりで》」などの悪名が轟《とどろ》いた、この虚飾の家を美代子はどうやって手に入れたのか。

二千五百万円とも三千万円とも言われるマンションの購入価格について、美代子自身は周囲に「貿易の仕事で儲《もう》けた」とか「若い頃に横浜に貿易会社を設立し、中国に行って雑貨の輸入やっとるんや」などと正当な業務による収入で購入したように述べている。が、具体的な仕事内容などを尋ねると口を噤《つぐ》み、「どないしようか。息子夫婦には任せられへん」と見当違いなことを呟《つぶや》いて、質問をはぐらかそうとしていた。

そのため美代子が恐喝や背任横領《はいにんおうりよう》、保険金詐欺《さぎ》を伴う殺人などの犯罪行為で手に入れたカネでマンションを買ったとの風聞が乱れ飛んだが、実際はどうなのか。

まず、購入代金の原資として考えられるのは、前述した通り、一九九八年から二〇〇〇年にかけて猪俣家などから巻き上げた数千万円のカネであろう。

猪俣家四兄弟と家族が加入していた生命保険や預貯金の解約・払戻金に加え、四兄弟が強引に会社を辞めさせられ手にした退職金も「借金返済分」と称して奪われた。さらに滋賀県彦根市にあった長男宅の売却代金、神戸市にあった次男所有のマンション処分代金、前述した四男の妻の実家から得た現金一千数百万円、猪俣家の母親の実家からせしめた現金一千数百万円も獲得しており、それらは総額で七千万円以上に達したと見られる。

結局、カネの出所は美代子の賃貸マンションに同居し、十五歳の時から尼崎市内の金属工場や製紙工場に真面目なベテラン技術者として勤務し、かなりの収入を得ていた橋本久芳が住宅ローンを組んで得た三千万円余だと判明した。

久芳は翌〇一年、美代子の側近だった三枝子の夫として入籍して角田久芳となり、三枝子を受取人とする総額六千万円に上る生命保険に加入させられた。そして、〇五年七月に沖縄県の断崖で謎の転落死を遂げ、三枝子はまんまと六千万円を手にした。

さらに住宅ローンが団体信用生命保険付きのタイプだったため、残額は支払い免除となり、三枝子がそのままマンションの所有権を相続した。美代子側からすれば、まさに濡《ぬ》れ手《て》で粟《あわ》の収入増とマンション奪取劇となったが、これが後に、橋本久芳に飛び降り自殺を強要したという保険金詐取《さしゅ》目的の殺人事件として三枝子ら親族が逮捕・起訴（美代子については被疑者死亡により書類送検・不起訴処分）されるのだから、犯罪行為によって手に入れたのと同じであると言っていいだろう。

このように、まともに仕事をしないのにぜいたくな暮らしを追求した美代子は、後に共犯者となる同居人たちを正業から犯罪行為までさまざまな形で働かせ、その収入や預貯金を管理し、死亡（殺害）または高齢化した親族・同居人の年金や生活保護費を不正受給することで、奇妙な共同生活を維持してきた。

だが、同居人が増加したことに加え、ギャンブルや派手な外食などの過剰浪費によって毎月少なくとも数百万円のカネが出ていくようになって、支出が膨《ふく》らみ続けた。そのために、そうした収入源だけではとうていカネが足りなくなり、他人の家族を乗っ取って財産を根こそぎしゃぶり尽くすための標的探しを始めたわけだ。

そのままで行けば、単なる銭ゲバに過ぎず、美代子もいつかは違法行為で警察の世話になって終わる小悪党人生を送るはずであった。それがいつ、何をきっかけに、平然と冷酷非道な犯罪を引き起こす「モンスター」に変身したのであろうか。

運命的な再会と大震災

「あのバアさん（美代子）は背が百七十センチ近くあって大柄で、怖い顔をして怒鳴ってばかりいた。シャネルなど高級服や装飾品を身につけ、若い衆を引き連れてベンツを乗り回し、『何でも欲しいもの、買いやぁ』とデパート内を練《ね》り歩く豪快な姐御だった」（時折自宅に出入りしていた不良仲間）というパワフルなイメージと、「髪はボサボサで前歯が一本欠け、化粧もしない。指輪やネックレスもつけず、黒いジャージ姿で室内でゴロゴロしていることが多い」（別の悪党仲間）という〝どこにでもいそうな柄《がら》の悪いおばさん〟のイメージがあり、余計に「得体《えたい》の知れない化け物」と恐れられることになる。

後に逮捕される親族の一人も、こう供述する。

「家具や食器など高級品に執着《しゅうちゃく》を見せるし、特上寿司とか特選霜降《しもふ》り牛肉など飲食品には異様なほど関心を持っていた。遊びに行くと土産は決まって、老舗《しにせ》の和菓子か最高級サクランボ『佐藤錦《にしき》』だった。まあ、物欲と食欲は旺盛《おうせい》だったけど、さすがに性欲はなかったように思うし、怖いから誰もその気にはならんよなぁ」

ところが、そんな美代子が時折、美しく着飾って、誰にも行き先を告げずに、供も付けずに一人でいそいそと出掛けて行く時があったという。頻繁に目に付くようになったのは二〇〇〇年、分譲マンションに入居してからだと見られるが、注意深く観察していれば、美代子が母方の実家を出て賃貸マンションを借りた八一年頃から、そうした様子は窺われていたという。

「そりゃ、Mに逢《あ》いに行ったに決まっとるわ。他に一人で気取っていくところはないで」

そう苦笑するのは、美代子の母親と親しかった美幸という女性だ。

美幸はおそらく唯一、美代子自身の口からMの存在を知らされた人物である。

「美代ちゃんは虎蔵さんの事務所に遊びに行ってMと知り合い、何度か逢ってるうちに、彼のアパートでレイプされた。そん時は泣いとったようやが、後はケロッとして、その後も男のところに出入りしてたらしい。一人の女性として認められ、嬉しかったんやないか」

美幸によれば、若い頃の美代子は父親や虎蔵の影響か、やくざの存在や言動に非常に興味を持っていた。自分の家庭や学校での出来事、不良仲間を引き連れての悪行ぶりなどを相談すると称して、暴力団組員が何を考え、どんな仕事や行動をし、いかに生活しているかを知ろうと、Mや彼の周辺にいるやくざ仲間たちの話を聞き、行動を観察し続けたという。

一方、Mは衝動的に男女の関係になったものの、暴力団員としての仕事が忙しく、かつ厳しかったこともあって、ときたま逢うだけで余り深い関係にはならなかった。愛人や情婦というより自分の周囲をウロつく「妹分」的な存在として可愛がり、何かと世話を焼いてきたようである。

そして、美代子が成長するに連れて、結婚や離婚、そして再婚……と生活形態を変えたり、横浜でラウンジ経営に乗り出すなど尼崎を離れたこともあって、一時的には関係が疎遠《そえん》になったこともあったという。

Mが所属する暴力団の上部団体関係者によれば、M自身が組幹部としてステップアップし、関西以外の土地で金融や不動産取引を行うなど多忙を極めていたという。また、後にはカルト教団や新興宗教団体と繋がりを持ち、中国大陸や朝鮮半島の犯罪組織と取り引きしたり、振り込め詐欺集団を傘下《さんか》に収めたり……と活動が多岐《たき》にわたったことも大きかった。

つまり、Mからすれば、美代子に構っている暇がなくなったし、その結果、二人の関係は終わったかに思えた。

ところが、美代子が尼崎市の賃貸マンションに転居した一九八一年頃から、二人の関係は復活する。そもそも「美代子が横浜に三枝子を置いて単身、尼崎に戻ったのは、Mとの逢瀬《おうせ》を楽しむためと見ていたが、本人は否定しているし、七四年には頼太郎と内縁関係にもなっており、確認できていない」（美幸）という。

もっとも「二人は男女関係を復活させたというよりは、美代子がMに仕事や犯罪絡《がら》みの話で相談を持ちかけていたということ」（美幸）であり、たまに会ったり電話などで連絡を取り合う程度であったらしい。

だが、ここからの二人の結び付きのほうが、美代子を「モンスター」に仕立て上げるという意味では、むしろ重要な糧《かて》になったと見ていいだろう。

二人の間でいったい、どんなやりとりが行われていたのか。美代子宅で見つかった日記代わりのノートに残っていた文言や、二人の間柄をよく知る美幸ら関係者の証言などから浮かび上がってきたMのアドバイスは、こうした内容であった（前述したように、内容的には同じであるが、文言そのままではないことを付記しておく）。

「一つの家族や集団の中で、一人を集中的に可愛がり、他の一人を徹底的に迫害すると、彼らの中で自然と誰につけばいいかとか、どうすれば自分は助かるかといった感情が働き始め、放っておいても協力者や密告者が出てきて、組織の運営がスムーズになる。ただ、取り込む人間から信頼、心酔されるだけでは駄目で、時々は彼らにも恐怖心を与え、隷属することでしか生き延《の》びられないという呪縛《じゅばく》を持たせなければならない」

「標的（被害者）の家族や親族、仲間らに虐待、暴力、殺害、死体遺棄……とどんどん過激な行為を強制して続けさせれば、人々は心身ともに疲労困憊《こんぱい》して思考能力を低下させ、やがてこちらの要求通りに動くようになる。加害と被害、飽食と飢餓《きが》、婚姻と離婚といったように正反対のことを激しく繰り返しながら行えば、より効果的だ」

「連日、家族会議を開かせ、何事も会議で決めさせる形を取ることが有効だ。特に家族間で優劣を付け序列を作り、最下位の者を集中して虐待する。序列は何か理由をつけては頻繁に入れ替えると、家族全員が常に緊張感に支配される。誰か他の者を最下位に落とさなければ、自分の身が危《あや》うくなるので、自分は権力者（美代子）に絶対服従の姿勢を貫《つらぬ》き、下位の者は少しでも序列を上げるため権力者の歓心を買おうとし媚《こ》びへつらい、家族を裏切ることも平気になる。そうなると家族は敵対関係に陥《おちい》り、もはや結束して権力者に対抗する気力も知恵もなくなる」

「本質的に親は子供を可愛いと思い、守らなければならないという決意を心に秘めているものだ。だから親の面前で子供を虐待・暴行すれば、親は子を庇うために自ら権力者に対して反抗的な態度を取って、標的になろうとする。それを逆手に取って、子供に親を殴らせれば、その家族関係は瞬《また》く間に崩壊するはずだ」

「権力者（美代子）を絶対的な頂点（教祖）とするカルト宗教的なコミュニティーを作り上げることが肝要だ。血縁とか婚姻関係などもともとの家族関係を解体し、新たなファミリーの一員となることを強《し》いたり戸籍や名前を改変するショック療法が有効である」

こうしたやりとりが活発に行われるようになったのは九〇年代後半になってからで、特に九八年の猪俣家事件に取り掛かる前になって、二人は盛んに連絡し合うようになった。

それまでの美代子は売春斡旋をはじめとする風俗業や水商売、パチプロなどのギャンブル、クレーマーから発展した恐喝や詐欺、高金利のヤミ金融など〝こぢんまりした商売〟しかしてこなかった。

それがMの助言もあって大がかりな犯罪に目覚め、この頃から恫喝《どうかつ》と甘言《かんげん》で相手を取り込むノウハウを学んだり、さまざまな階層から特技や才能を持った悪党仲間を募《つの》るなど、悪事をどんどん吸収していったと見られている。

「実はこの時期、美代子は初期の不良仲間と一緒に、暴力団組長と知り合いであるなどと偽《いつわ》って、中小企業や商店、一般家庭などからカネを脅《おど》し取ったり騙し取ったりしているんや。相手が信用せず無視されたり、直《ただ》ちに警察に通報されたり、名前を騙《かた》った暴力団幹部本人が現れて土下座して謝ったり……と失敗も多く、美代子の後ろ楯《うしろだて》と見られる男が尻拭《しりぬぐ》いしたこともあったらしい。いわば、八〇年代から九〇年代は、美代子の悪党実習期間というわけや」（阪神地区の暴力団事情に詳しい警察幹部）

そうした経験が実ったのが、九八年の猪俣家問題であったといえよう。

当時、カルト教団や新興宗教団体との繋がりがあったMは、そこで学んだ詐欺的、脅迫的手法を盛んに美代子に伝授したことが予想される。猪俣家の戸籍をぐじゃぐじゃに改変したことや、猪俣家の四男と妻を離婚させ、他の兄弟と結婚させようという常人には理解し難い企《くわだ》てを考えついたのも、八〇年代後半から九〇年代前半にかけて隆盛を極めていたオウム真理教をはじめ、カルト教団ではよく聞かれる話であり、おそらく美代子はそれらの実態に精通した〝男の教え〟に従ったものと思われる。

また、猪俣家四男の息子を養子にして「健太郎」と名付け、三枝子が生んだ男子を実子として戸籍に載せ「優太郎」と名付けた。はたまた、谷本家から連れてきた瑠衣を養子にして優太郎の妻にし、「ハナ」と呼んでいる。これらは、本名とは違う名前を名乗らせ、新しい世界を構築するという目論見《もくろみ》だけではなく、男は「太郎」、女は「花子」といった名前を機械的につけることで、従来の家族制度の打破《だは》を狙ったものと見られている。

こうした狙いや手法も、実はカルト教団ではよく見られることであり、Mのアドバイスに従ったものと思われた。

カルト教団は良くも悪くも信者間に新しい濃密な人間関係を作り出すものであり、人間関係が希薄になりつつある現代社会においては有効な手段になり得るのだ。

二人の関係がその後どうなっていったのか、はたまた、Mの考え方や犯罪知識がいかに変遷《へんせん》したのかについては、事件ごとに順を追って紹介していくこととして、ここではもう一つだけ言っておきたいことがある。

それは、美代子とMの結び付きが復活し、さらに濃密な関係を築き上げていった背景には、九五年の阪神・淡路大震災の影響があった、ということである。

「あの大震災で母方の実家などに被害が出たり、その衝撃で、人生観が百八十度変わった美代子は、何としても生き抜いていかなあかんという気になったんや。半面、一人で生きて行くのが非常に心細くなって、表面上は強気の姿勢を崩さなかったけど、心の底では絶望感で一杯になったんやないか。それでますます、Mを頼る気持ちが強くなったんや」(美幸)

Mと同じ組織にいる組員は、九七年頃のMが組の仕事以外で頻繁に外出していたことを覚えていたし、Mの同年版スケジュール手帳を見ると、《MS》との表記がやたら目立っている。

そうした精神的な問題や個人レベルの話だけではない。震災後に山口組五代目組長が炊き出しの陣頭指揮を執《と》るなどしたため、特に関西では、暴力団の存在に対する意識が良きにつけ悪しきにつけ高まっていた。そのことをMから聞いた美代子は、ふた言目には「神戸から人を呼ぶで」とか、「菱《ひし》(山口組)のトップとはツーカーの仲なんや」といった具合に、相手を脅す時だけに止まらず、暴力団との関係の強さをチラつかせ始めたのだ。

それは被害者家族だけではなく、悪党仲間にも「オバはんを裏切ったら、暴力団にやられる」との意識を持たせることに繋がったのである。


ところで、美代子は日記代わりのノートに、八〇年代にMと再会したことを振り返って《運命的な再会であった……》と書き残している。

美代子の顔色や態度が変わり始めたのは、九五年の阪神・淡路大震災発生後である。また、九八年に母親が死に、猪俣家に乗り込んだ時に「モンスター」が降臨した、とも書いた。

それは、不良少女から悪女、そして「モンスター」へと少しずつ変貌を遂げつつあった美代子が、我が国犯罪史上類を見ない冷酷な凶悪事件に向かって、一気にアクセルを踏み込んだ瞬間でもあった。

そうなると、美代子が八〇年代にMと邂逅《かいこう》したことを《運命的な再会》と表する意味がいま一つ分からない。よほど印象に残る衝撃的な体験でもない限りは《運命的な再会》にならないのではないかと思ったら、実は、恐るべき出来事があったのである。

橋本久芳・次郎兄弟の母親・芳子が八七年頃に行方不明となり、〝美代子ファミリー〟の一人が兵庫県警の取り調べに対して芳子殺害を自供している件がそれであり、そこに美代子が直接関わっているとの疑惑があるのだ。

ただ、この失踪事件は芳子の遺体が発見されず、殺人や死体遺棄事件になっていない。あくまで「遺体なき殺人事件」であり、仮に今、遺体が発見されたとしても、殺人罪の時効が成立しており、立件は難しいとされている。

だが、その殺人事件は、橋本家の財産を狙って最初に邪魔な母親を始末し、後に二人の息子を相次いで殺害するという、後の猪俣家、谷本家、大江・川村家事件を彷彿《ほうふつ》とさせる犯行とも言える。もし、その〝体験実習〟として美代子自身が母親を手に掛けたとすれば、相当に衝撃的な体験であったことは間違いない。そして、それを教示したMとの再会を美代子が「運命的」と考えても、決して不思議ではないだろう。

「何としても生き抜いていかな、あかんのや」

そう呟いた美代子が、内縁の夫と関係を持たせ、子供までもうけさせるまでのことをして義妹に取り立てた三枝子、曰《いわ》く因縁付きながら実子にした優太郎、そして、まるで自分の分身のように酷似《こくじ》しているがゆえに、後に別々の道を歩まざるを得なかった弟・靖憲という〝美代子ファミリー〟を引き連れて猪俣家に向かった時、彼女の魂の中に「モンスター」が宿《やど》っていたことは紛《まぎ》れもない事実だろう。

美代子の体内に降臨した「モンスター」が暴れ出し、手がつけられなくなるのは、それからさらに五年後のことであった。

第四章

化け物どもが悪夢の跡

四国の玄関口・香川県高松《たかまつ》市の中心部から車で三十分ほど走った郊外にある同市東植田町《ひがしうえたちょう》。長閑《のどか》な田園風景が広がる高台の小さな集落の一角に、かつて周囲の住民が羨《うらや》むほど仲の良い幸せそうな一家が住んでいた。保険代理店を営《いとな》む谷本家である。

お人好《よ》しで世話好き、地元の名士として伝統芸能の獅子舞《ししまい》の保護にも熱心だった父親の明《あきら》。都会生まれのおしゃれで明朗、かつ品のいい母親の初代《はつよ》。おしとやかでピアノ演奏が得意な「お嬢様」の半面、ウェブデザイナーを夢見て英国への留学まで経験した積極派でもある長女の茉莉子《まりこ》。学業成績が優秀で香川屈指の名門校である県立高松高校に進学する一方で、小中学校時代から真っ黒に日焼けしながらサッカーやバスケットボールに興じていた陽気で活発な次女・瑠衣《るい》の四人家族である。

だが、今、そこには誰の姿もない。二〇〇三年まで一家四人が暮らし、屈託《くったく》のない笑い声が満ちあふれ、いつもショパンの調べが流れていたという美人姉妹ご自慢のマイホームは、人手に渡った。

「兵《つわもの》共がゆめの跡《あと》」とは俳聖・松尾芭蕉《まつおばしょう》が詠《よ》んだ句《く》の一節である。夢を追いかけながら果たせずに撤退・離散した者たちの名残《なごり》ならば、詩歌の一つも唸《うな》れるかもしれないが、残念ながら、ここは被害者の怨念《おんねん》と悲惨な思い出、そして、「モンスター」のドス黒い欲望の残骸《ざんがい》が染《し》みついた「悪夢の跡」でしかない。

長女・茉莉子は二〇一二年十月、尼崎市内にある母方の実家、皆吉《みなよし》ノリ宅の床下から見るも無残な亡骸《なきがら》となって発見された。同じ床下からは谷本姉妹と一緒に高松市から連れ去られた伯父・谷本隆《たかし》（明の兄）の遺体も見つかっている。

妹の瑠衣は、前述した通り、角田美代子ら尼崎連続殺人事件の犯人グループに連れ去られ、美代子の息子・優太郎と結婚し、一味のメンバーとして殺人罪などで逮捕・起訴された。

当主の谷本明は、奇跡的に生き延びていた。〇三年九月に自宅から逃げ出した後、友人や知人を頼って九州まで逃げのびるなど全国各地を転々とし、一時は行方不明となっていたが、後に偽名を使って尼崎市内の新聞販売店に隠れ住んでいることが判明した。

妻の初代は夫と形式的に離婚して和歌山県に逃げ、知人の伝《つて》でホテルの住み込み従業員として働いていたが、生活上の手続きなどもあって不用意に住民票を移したことから居場所を突き止められ、押しかけてきた一味の手で尼崎市に連れ戻された。

彼女は〇九年に肺炎で死亡したとされているが、明は「初代は、外傷性脳幹出血で尼崎市内の路上に倒れていて、病院に運ばれた後に死亡した」と主張。友人らは、彼女が美代子らの犯人グループから激しい暴行を加えられ、死亡した疑いが大きいとして兵庫、香川両県警に再捜査するように嘆願書を提出した。

まだある。谷本一家のマイホームがあった場所から近い丘陵地に建つ、古びて赤茶けた農機具小屋の床下から一二年十二月三日、初代の母親である皆吉ノリの腐乱死体が発見されたのだ。

遺体はセーターとズボン姿で靴もなく、死後約十年が経過していた。全身に殴《なぐ》られたような痕跡が微《かす》かに残っており、尼崎市内の美代子宅マンションで暴行の末に殺害され、この地まで車で運ばれたことが分かった。二メートル余の穴を掘って遺体を埋め、その上から防臭剤を混ぜたコンクリートを流し込み、隠蔽《いんぺい》工作を施《ほどこ》した形跡があったという。

幸せ一杯で前途洋々《ぜんとようよう》だった谷本家に取り憑《とつ》き、一家を地獄へ引きずり込んだ張本人は、もちろん「モンスター」と呼ばれる角田美代子であった。

「私が優柔不断で決断力に欠けていたため、まんまと悪魔に付け込まれたんだ。『優しい人』などと煽《おだ》てられ、美代子の企《たくら》みに毅然《きぜん》とした態度を取れなかったことが、こんな悲劇を生んだ。妻や娘たち、そして自分の身を犠牲《ぎせい》にしても谷本家を守ろうとした兄に、何と言って詫《わ》びたらいいか……。あまりにも自分が情けない」

美代子の毒牙からただ一人逃れ、辛うじて生き残った明は、後に兵庫県警の事情聴取に対して、涙ながらにそう訴えた。

その悲痛な声は、「化け物どもが悪夢の跡」と化した自宅のある郷土に虚《むな》しく響いた。

谷本家は代々、この地区で農業を営んできた。だが、三男だった明は高校を卒業して兵庫県に渡り、サラリーマンになった。そこで同県出身の皆吉初代と知り合い結婚、茉莉子と瑠衣という二人の子供を授かった。娘たちが保育園に入る頃、病気がちの両親と同居するため高松市にUターンし、実家で保険代理店を始めた。

「明さんは穏やかで人当たりが良く、地域の清掃活動やボランティア活動に積極的に参加したり、小中学校のPTA会長も務めた。幅広い年齢層に人望があり、各種イベントやスポーツ大会の開催、地元名産品開発など過疎化対策を絡《から》めた町おこし計画を提案し、次期市議選への出馬を求める声が周囲から出ており、本人もまんざらじゃない様子だった」

近隣の住民たちは口を揃《そろ》えて、そう語る。

そんな人柄の良さと顔の広さから年々、保険契約を交わす顧客が増えて保険代理店業務も拡大。〇二年八月には自宅近くの土地約二百平方メートルを月約三万円で賃借し、保険代理店の事務所を新たに設立するなど、ビジネスのほうも順風満帆《じゅんぷうまんぱん》だったようである。

小柄で細身の茉莉子は、同性の友人からも「可愛らしい」と人気が高かった。地元の中学校時代は吹奏楽部に所属してトランペットを担当し、「真面目で練習には積極的に参加していたし、優しくて友達思いで、後輩の面倒もよく見ていた」(中学時代の上級生)という。

自らの人生設計も「ウェブデザイナーとして世界で活躍したい」とはっきりしており、地元の商業高校を卒業後、高松市内のIT関連会社に就職し、ファッション関係のホームページ制作と管理を担当するなど、入社早々から活躍した。そして、約一年後には「仕事の幅を広げるため、海外で働きながら英語を勉強したい」と上司に強く要望して、〇二年一月から十一月まで英国に語学留学し、帰国後は再び同社で働いていた。

「外見はおとなしく見えるが、芯《しん》がしっかりして、決して信念を曲げなかった茉莉子」に対して、「小さい頃から明るくて元気一杯だった」(親戚の女性)と言われる瑠衣は小学校時代、自分よりはるかに大きな身体をした少年たちに意地悪されていた女友達を身を挺《てい》して守ったり、中学校ではバスケットボール部で仲間を率いて大活躍するなど、他人の面倒見がいい点は父親譲り、優しく愛嬌《あいきょう》があるところは母親似であったという。また、常にトップクラスの学業成績を上げて進学校に合格を果たし、谷本家の人々を喜ばせた。

「こんな田舎では『父ちゃん、母ちゃん』呼ばわりが普通だが、谷本さん夫婦は愛娘たちから『パパ、ママ』と呼ばれ、うれしそうに笑っていた。『パパさんって誰や？どこにパパさんがいるの』と冷やかすと、真っ赤になっていたのを思い出す」（付近住民）という、いかにも微笑《ほほえ》ましいエピソードが残っている。

そんな香川県の名家・谷本家が災厄《さいやく》に見舞われ、幸福な一家の生活が暗転したのは〇三年のことであった。尼崎市にあった妻・初代の実家である皆吉家から「初代の甥《おい》だった正則を預かってもらえないか」と申し出があり、その男が高松市にやってきたのだ。

男は、初代の兄・健一《けんいち》（仮名）が迎えた後妻（当時すでに離婚）の連れ子で、在日韓国人であり、厳密に言えば、谷本家はもちろん皆吉家とも血の繋《つな》がりのない人間だった。そして、彼こそが美代子一味の「暴力装置」として暴れ回り、殺人罪などで逮捕、起訴(一部は実刑判決が確定)された「マサ」こと李正則であった。

「マサは決して悪い子やないんやが、周囲の環境が悪過ぎるんや。悪い仲間が大勢おってアマ(尼崎)では素行《そこう》の悪さは絶対に直らんからな。頼むから、のんびりとした四国の高松で更生させて欲しいんよ」

「皆吉家の代理人」と称する角田美代子から最初にそう要請があったのは、前年の〇二年冬のことだった。だが明は当初、その申し出を断るつもりだった。

なにしろ、自宅には念願のIT関連企業に就職して海外留学まで果たし、成人式に母親の振り袖を着て出席し、ますます美しさに磨きが掛かるなど公私ともに充実している二十歳の姉・茉莉子と、優秀な成績で名門校に進み、将来を有望視されている高校二年生の瑠衣という年頃の二人の娘がいた。そんな温かく、素晴らしい環境の中に「尼崎のワル」を呼び込めば、か弱き羊の群れに血に飢《う》えた狼《おおかみ》を放つようなものだと考えられたからだ。

実際、その当時、友人はもとより、道でばったり会った近所の住民にまで「今度、問題の多い元甥っ子が我が家に来るかもしれん。家内(初代)の兄の元妻の連れ子なんやが、困ったことになったわ」と、暗い表情で話しかける明の姿が何度も目撃されていた。

そこまで苦悩するなら、断固として受け入れを拒否すればいいと思うのだが、そこは生来の優柔不断な性格に加え、年老いた初代の母親・ノリから直接、「明さん。頼みます。なんとかマサを立ち直らせて欲しいんや」と懇願され、断り切れなかったという。

それに正則とは小さい頃から、初代が尼崎市の実家に里帰りする度に会って小遣いなどを渡していた間柄だった。「野球部で頑張っている少年」として決して悪い印象を持っていなかったし、正則が高松市に遠征試合に来た時は差し入れを持って応援に行ったほどである。また、娘たちがかつて「お兄ちゃん」と呼んでいた正則は静かな男で、姉妹が一緒に遊んでもらった時期もあり、まんざら知らない仲ではなかったことが災《わざわ》いした。

やって来た「マサ」は、谷本家の人々の知る正則とは全く別人になっていた。問題が多い男と聞いていたが、予想をはるかに上回るどころか、想像を絶するような「トンデモナイ悪党」だった。

谷本一家の親族の一人は、こう明かす。

「家の中でメチャメチャ暴れ回るわ、谷本夫妻に殴る蹴《け》るの暴行を働いて遊ぶカネをせびり取っていくわ、そりゃ、やりたい放題やったで。挙《あ》げ句《く》の果てに、姉妹の結婚資金や保険代理店の業務を拡張するための事業資金として貯めていた約五百万円の預金を勝手に下ろして、使い込んでしまったらしい。これじゃ更生どころじゃないし、近所でも『谷本家に手に負えんワルが巣くった』と瞬《また》く間に噂が広がったため、人がいい明さんもたまらず、嫁の実家に電話で実情を説明したと聞いている。何でも、『娘たちが怯《おび》えている』と言って、一ヵ月余りで『マサ』を尼崎に送り返したんやそうな」

「モンスター」上陸ス！

もともと尼崎で悪行の限りを尽くし、三十歳近くになっている「マサ」がそんな簡単に更生するはずはなかった。むしろ、美代子はそんな李正則の世話を谷本家に押し付け、トラブルを引き起こすのをきっかけに谷本家の乗っ取りを図《はか》ったと見ていいだろう。

そのため、「マサ」が高松を去って数日後には、すかさず不穏な動きがあった。

「モンスター」が最初に、その不気味な姿を高松市に現したのは、まだ寒さが残る○三年二月下旬のことであった。

「あんたらが『マサ』の面倒を見てくれるちゅうから、信頼して任せたのに、それを途中で放っぽらかして送り返すちゅうのは、いったいどういうこっちゃ。こっちだって、今まで何とか『マサ』を更生させようと、時間も労力も、カネだってぎょうさん使ってきたんやないか。それらは皆、水の泡や。どうしてくれるんじゃ。責任取れや、エーッ」

いきなり、車三台で谷本家に乗りつけた美代子は、皆吉家の代理人兼正則の後見人と称して、十人ほどの男女を引き連れて座敷に上がり込むと、低くて太いドスの利《き》いた声を張り上げて、一気にまくし立てた。

その取り巻きの中に、当の正則の姿を見つけた明が思わず、「この男が家で暴れたり、カネを盗んだからだ」と叫んだ。それを途中で制した美代子は、こう怒鳴った。

「何言っとるんや。素行が悪いんで更生させてくれと、嫁の実家が頼んどるんやから、そこをなんとかするのが大人の対応、頼りがいのある亭主の甲斐性《かいしょう》ちゅうもんやないか。勝手にさっさと責任を放棄して、知らん顔を決め込むちゅうなら、こっちにも考えがあるで。きちんと誠意を見せてくれるんやろうな」

もともと美代子の狙《ねら》いは谷本家に因縁《いんねん》をつけ、カネをせしめようというものであり、正則の更生など眼中にない話だ。それゆえ、獲物である谷本夫妻が何を言い、どんなに抵抗しようが、全く聞く耳は持たなかった。

谷本家に正則の世話をする義務があるという主張は単なる押し付けであり、美代子はそれを土台にして、一家の乗っ取りを図ったに過ぎなかったのだ。

その日から美代子ら一党は谷本家を占拠し、傍若無人《ぼうじゃくぶじん》の振る舞いを始めた。翌三月、谷本明が多額の慰謝料を支払って初代と離婚することを条件に一度は尼崎に引き揚げることを決め、初代と茉莉子、瑠衣の三人を連れて高松を離れた。が、初代が高松市に戻ったのをきっかけに、ゴールデンウィークが終わり、行楽客の賑《にぎ》わいが消えた五月中旬になって、美代子ら一党が再び襲来。今度は同年十月までの半年近くにわたって居座り続けた。

美代子以外のメンバーは、当事者の正則と彼が率いる不良仲間、美代子の内縁の夫・鄭頼太郎《ていよりたろう》ら「パンチパーマに刺青《いれずみ》やソリを入れた、やくざ風の面々」（近所の住民）が入れ替わり立ち替わり参加したほか、美代子の側近で義妹の角田三枝子ら〝美代子ファミリー〟、初代の母親・ノリや健一など皆吉家の面々まで加わり、常時十人前後が谷本宅に住み着いた。

そして、そこを根城に周辺を「これ見よがしに、肩で風を切るように跋扈《ばっこ》」（同）したという。美代子は尼崎では、商店街や飲食店、学校など至る所で猛烈に抗議したり苦情を言いたてる「名うてのクレーマー」として知られていた。高松市に来ても、市役所やスーパー、うどん店などありとあらゆる場所で因縁をつけトラブルを起こしていた。それらの役所や店の人々がどういう対応をしたのかで、その後の美代子らの言動が全く違っていた。

脅《おど》しに屈した相手にはとことん食らいつき、難くせを付け続けては責任を追及したが、警察に通報するなど毅然とした態度を取った人々は皆、難を逃れていた。

谷本宅では連日、美代子ら一味が「大事な甥っ子が更生せえへんやないか。責任取らんかい」などと一家を責めたてては暴れ回り、窓ガラスは割れ、茶碗からイスまで投げつけられて壊れ、怒号と悲鳴が一日中響き渡った。最後にはやれ「慰謝料」だの「養育費」だのと言いがかりを付け、あからさまにカネを要求した。それは明らかに、法的な根拠も大義名分もない全く理不尽な申し立てであった。

しかし、「人が好くて何事にも強気に立ち向かえず、優柔不断と言われる明さんは、『申し訳ない。私の力不足でした』と謝罪してしまった」（親族の男性）という。ことを穏便《おんびん》に済まそうとする彼の弱腰姿勢が仇《あだ》となったのだ。

「あいつらはますますエスカレートした。朝から大暴れして怒鳴り散らし、脅し取ったカネを懐《ふところ》に昼間こそ競艇やパチンコ店に繰り出すため静かになるが、夜はいつもドンチャン騒ぎの宴会だ。家族を吊《つ》るし上げ、ネチネチと苛《いじ》めたり、暴行を働いて、それをサカナに笑いながら大酒を飲んでいた。毎晩午前三時頃まで谷本さん一家の『ごめんなさい』とか『許してください』と泣きじゃくる声が響いていたし、その悲鳴をかき消すためか、大音響で音楽を流し、カラオケに興じたり、庭では派手に花火を打ち上げていた。そんな修羅場《しゅらば》が三ヵ月ほど続き、我々のほうがノイローゼになりそうだった」（付近の住民）

「悪魔（美代子）が立ち去った後、無人になった谷本家を親族が総出で掃除したんです。そうしたら、ふすまや障子はすべて破られ、扉もテレビもパソコンもメチャメチャに壊されてました。床にはガラスや陶器の破片から紙屑《くず》、生ゴミまで散乱し、足の踏み場もなかった。キッチンは汚れた食器や残飯が山積みになり、冷蔵庫の中はゴミ溜めと化して腐臭を放っていました。まるで廃墟のような様子に、皆で『台風や竜巻に遭《あ》っても、あそこまで酷《ひど》くはならんやろう』と啞然《あぜん》とするばかりでした」（親戚の男性）

　こうした声があちこちから噴出したほどだから、まさに「地獄の日々」（明の証言）であったことは間違いないだろう。そして、苦しい境遇から逃れたいという焦《あせ》りが「なんとか要求に応じて一刻も早く出て行ってもらいたい」と、親族へのカネの無心に走らせることに繋がった。

明は五月下旬、自宅に親類の者たちを呼び集めて、切羽詰《せっぱつ》まった表情でこう懇願した。「どうしてもカネがいるんだ。頼む。集められるだけでいいから融通《ゆうずう》してくれんか。もちろん、必ず働いて返すから。なんとか頼むわ」

高松に帰郷後、自ら経営に乗り出した保険代理店の営業成績は順調で、公私とも羽振りがいい生活ぶりだったし、これまで一度も借金をしたことがなかった明だけに、この唐突な申し出は親戚一同を驚かせた。

だが、兄弟など一部の親族は、正則が高松にやって来てすぐの〇三年二月頃に一度、明から資金援助の申し込みをほのめかされており、その際に「妻の実家が金銭トラブルに巻き込まれたらしい」という家庭事情を薄々知らされていた。さらに、一族が誇る地元の名士で市会議員にも望まれる人物でもあった明への信頼度は高く、親族が話し合って明に融資する形で資金を提供することになった。親類が寄ると触ると語り合う言葉はこうだった。

「明ならしっかりしとるから、大丈夫だな」

ただ、明が憔悴《しょうすい》し切っていて、ただならぬ様子に感じられたうえ、借金の理由が「妻と離婚するために、手切れ金を支払わなければならない」とか、「妻の親族が多額の借金を抱えてしまい、その連帯保証人になっている」などといかにも曖昧《あいまい》で、かつ二転三転したことに引っ掛かりを覚えた親族がいたのは事実である。

それでも明と同様に人の好い谷本家の人々は皆、「退職金の一部約七百万円を都合した」とか「田畑を担保《たんぽ》に金融機関から五百万円借りて渡した」「子や孫のために貯めておいた二百万円の預金を取り崩した」などと快《こころよ》く協力を申し出て、多額のカネを瞬く間に工面《くめん》してしまった。

「後ではっきりと、明が美代子一派に家を乗っ取られ、カネをせびり取られていたことが分かった。親族が集まった時も、襖《ふすま》の陰に数人の男女が潜《ひそ》み、聞き耳を立てていることに気づき、『おかしいな』とは思っていた。でも、なんとなく、やくざの存在を感じたので、さっさとお金で済ませてしまおうということになったんです」

親族の一人はそう振り返る。

谷本夫妻は無理やり離婚させられ、親族が工面したお金は夫から妻に慰謝料という形で支払われ、そのまま全額が美代子に流れた。夫妻はその後も自宅で同居しており、法律上の手続きは済ませたが、実際は偽装離婚と言っていいものだった。さらに二人は、美代子一味の者に自動車の運転免許証を取り上げられ、二十四時間ずっと監視下に置かれた。

美代子は、谷本宅に交代で数人の見張りを残すと、後のメンバーを引き連れて、パチンコ、麻雀、競艇などのギャンブルや飲食、ショッピングなどで連日のように一日中遊び歩き、谷本家から奪い取ったカネを湯水《ゆみず》の如《ごと》く浪費した。

マサが見た借金地獄

谷本一家はどうして、それほど苦労をしてまで「マサ」の面倒を見なければならなかったのだろうか。いくら美代子一味が恐ろしい形相で強引に迫《せま》ったとしても、はたまた、言葉巧《たく》みに一家に食い込み、囁《ささや》きかけてきたとしても、「ウチには関係ありません」ときっぱりと断ってしまえばいいように思うのだが、そこには何らかの裏事情が潜んでいたり、何か断り切れない理由が存在していたのではないか。

その正確な答えを得るためにも、妻・初代の実家である皆吉家が、いったいどんな家庭だったのかを知る必要があるだろう。

後に遺体となって発見された皆吉ノリは、親類の話を総合すると、もともと鹿児島県の沖永良部《おきのえらぶ》島出身で、一九五〇年代に尼崎市に移住。警察官だった夫と知り合って結婚し二男二女の子宝に恵まれたが、夫は定年退職後、早くに病没したという。

「小柄だけど、どことなく品があり、いかにも育ちが良さそうでのんびり、ゆったりとした感じでした。大正琴《たいしょうごと》を嗜《たしな》んでおられ、その優雅な音色がよく流れていました、大変にきれい好きで自宅はいつもきちんと整理整頓され、家の周りは大好きな草花であふれていたことを覚えています」（近所に住む老婦人）

そんな円満そうな皆吉家に異変が起きたのは、二〇〇二年の終わり頃と見られる。

その頃から、ノリが一人で暮らしていた尼崎市の自宅で深夜、「ドンドン」と激しい音を立ててドアを叩いたり、何か怒鳴っているような大声が頻繁に聞こえるようになった。

近所の住人が恐る恐る様子を窺《うかが》うと、やくざ風の男たちがたむろしていたり、「カネ返せ」とか「逃げ隠れしても無駄や。いることは分かっとるんや」などと騒いでいることが多く、《カネ返せ！》などと書かれた紙があちこちに張られていたという。

その前後から、ノリの姿は全く見かけなくなり、必ず参加していた沖永良部島出身者の集まりにも顔を出さなくなっていた。自宅はいつ何度訪ねても不在で、春過ぎからは誰の目から見ても明らかなほど空き家の気配が濃厚となった。

その後の兵庫県警の捜査で、ノリが暮らしていた住宅の家賃は〇三年以降も毎月、滞《とどこお》りなく支払われていることが判明。振り込んでいたのは三枝子と、初代の娘で後に角田優太郎と結婚する瑠衣で、それは、ノリが健在であるように見せ掛けるための偽装工作であった。

三枝子と瑠衣は後に、実際は失踪（死亡）していたノリの預金口座に振り込まれる年金や健一の年金など、少なくとも計七百九十四万円を不正に引き出し使っていたとして窃盗容疑で逮捕・起訴され、有罪判決を言い渡された。が、県警の狙いが「ノリは親族間のトラブルで殺害され、地中に埋《う》められた」という犯罪への関与の立証であることに疑いを抱く者はいなかった。

皆吉家に何があったのか。そして、角田美代子は皆吉家とどう関わっているのか。

実は、美代子と皆吉家における最大の接点は、ノリの長男・健一とその後妻となった龍子《たつこ》（仮名）にあった。そして、健一の義理の息子、すなわち龍子の連れ子こそ、後に美代子のボディガード役を務める暴れ者の李正則、通称「マサ」である。

県警によれば、健一は警察官として交番に勤務していた時期もあったようだが、短気で堪《こら》え性がないうえ、大酒飲みで博打《ばくち》狂いだったといい、わずか二年足らずで職を辞した。まさしく「どうしようもないダメ男」（健一をよく知る親類）である。

「競馬や競輪、競艇、麻雀と博打は何でもありで、あれじゃ、カネがいくらあっても足りないよ。給料が入っても、その日のうちにスッカラカンになって帰るような男や。酔っては飲み屋の女の子や客にまで手を上げるわ、酒を浴びせるわで、どこに行っても入店お断りの口や。警棒みたいなモンを振り回すこともあったでぇ」(尼崎市内の飲食店店主)

そんな彼は、尼崎市立の小学校で校務員として働いていた〇一年頃、中学時代の後輩だった鄭頼太郎とばったり出会い、彼から内縁の妻として紹介されたのが角田美代子だった。

やがて角田家に出入りするようになった健一は、家族ぐるみで歓待を受け、気がつくと悪党仲間の一員となっていた。酒浸《さけびた》りのギャンブル人生は相変わらずで、翌〇二年には美代子の勧めもあって校務員の仕事を辞め、美代子の自宅マンションに移り住んだ。

「そんな悪党でも最初は、美代子の型破りの恐ろしさや想像を絶する暮らしぶりについていけず、何度もマンションから逃げ出しているが、その都度〝美代子ファミリー〟に追跡されて連れ戻され、厳しい折檻《せっかん》を受けていたようだ」(捜査関係者)

それでも健一はちょくちょく姿を消し、〇三年には一年近くも失踪した。彼に危ない仕事や犯罪もどきのあくどい仕事をさせて生活費の一部を稼《かせ》がせていた美代子は、健一が不在の間、今度は弟の健二《けんじ》（仮名）をマンションに呼び寄せ、健一に代わって生活費を稼ぐように命じた。ちなみに、皆吉家は後に、この健二が変死（病死扱い）し、妹も行方不明になっており、家族全員が不可解で理不尽な状況に追い込まれている。

その健一のもとに後妻として入っていたのが、美代子の以前からの知り合いで、美代子と〝同じ匂《にお》い〟を持つ女として付き合っていた龍子だった。龍子が尼崎市内で経営していたスナックに、健一が客として訪れたことが、二人が出会うきっかけであった。

「龍子ママは色気と如才《じょさい》なさで人気があり、店は結構繁盛していたんやが、健一という男が旦那面《づら》して出入りするようになってから、商売はいっぺんに傾いてしもうた。なにしろ、タダ酒飲んでは店で暴れる。ギャンブルや他の飲み屋で作った借金が山ほどあり、回収業者が店まで押し寄せる。終《しま》いには店の売り上げをくすねて遊びに行く有り様で、店は続かんけど、店潰《つぶ》したら生活できへん。ママは着物や家具など売れるものは全部売ったし、親戚縁者や知り合いなど考えつくところにはすべて借金して回ったけど、間に合わんわな」

龍子と親しかった元同業者は、そう語る。

龍子は在日韓国人で、もとは東大阪市の紡績《ぼうせき》工場で縫製工見習いとして働いていたが、地元を仕切っていた暴力団の幹部と知り合って理《わり》なき仲になった。そして「不幸になるからやめとき」という周囲の反対を押し切って結婚、一九七四年に一人の男児を生んだ。

その男児が「マサ」である。

「旦那ちゅう人は男気があって、姿形もなかなかいい男やったが、なにしろ骨《ほね》の髄《ずい》までやくざモンだから、カネや稼業、女、出入りなど、龍子さんの苦労は絶えなかったようや。向こうの実家との折り合いもうまくいかず、結局、子供を生んですぐに離婚してもうて、尼崎に戻ってきたんや」（当時の事情に詳しい知人）

生まれたばかりの正則を連れて尼崎に戻った龍子が、乳飲み子を抱えて生きていけるところは水商売の世界しかなかった。それでも持ち前のバイタリティーと、性格的に水商売が合っていたのか、阪神電車杭瀬駅近くの飲み屋街・五色横丁でスナックを経営するまでになった。そして、正則が小学生になった頃に、店の客だった健一と所帯を持ったのだ。

龍子が嫁いだ先の皆吉家では、後に義母のノリが尼崎市内の美代子宅マンションに監禁されてリンチを加えられ、水や食べ物などを制限されるなど酷い虐待《ぎゃくたい》を受けた。さらに、美代子一味が長女・初代の嫁ぎ先である高松市の谷本家に乗り込んだ際は、「娘の嫁に行った先の連中に話をつけるのは母親の役目やないか」と美代子に迫られ、八十近い年老いた身なのに無理やり尼崎市から谷本家まで連れて行かれた挙げ句、美代子らが居座った数ヵ月間、そこでも暴力の標的にされ、飲食や排泄《はいせつ》まで制限されるなど虐待されたという。そして、美代子一派が高松市から引き上げる時、ノリは孫の谷本茉莉子・瑠衣とともに尼崎に連れ戻され、再び暴行と虐待が始まり、ついには衰弱死させられたのだ。

築六十年の老朽化した皆吉家の実家は、その後健一名義になり、彼も一時暮らしたが、事実上美代子一味に奪われ、一二年十月には茉莉子ら三人の白骨遺体が掘り出されている。

しかも、ノリ自身の遺体は自分の持ち家の下に埋められることさえなかった。自分が死ぬ前に一家離散に追い込まれた娘の嫁ぎ先である谷本家近くの農機具小屋まで車で運ばれ、その空き家の床下二メートル余もの穴に埋められた。

そうした監禁や暴行、死体遺棄などの凶悪犯罪を率先して行ったのが、離婚したとはいえ長男夫婦の連れ子、つまり、一時は孫でもあった「マサ」だというのだから、ノリが目の当《ま》たりにした光景を「地獄」と言わずして何と言うべきか。

「マサ」が美代子の手で悪党に仕立てられ、犯罪者への道を突き進んでいた時、母親の龍子は覚せい剤取締法違反容疑で逮捕されており、息子の身を守ることも、彼が立ち直るための手助けも、何もできなかった。そのため、龍子は一連の事件に直接は関係ないが、自らの素行の悪さもあって、被害者とも言えない。そうした見方は果たして正しいのか。

「確かに彼女は美代子の知り合いではあったが、事件には直接関係ない。ただ、ダメ亭主の健一が次々と拵《こしら》えてくる借金で店も家もすべて失い、いよいよカネを借りる相手ものうなって、恥も外聞もなく、別れた前夫の実家に行って借金を頼み込んだんや。土砂降りの雨の中を幼い正則の手を引いて、ずぶ濡《ぬ》れになりながら土下座までしたのに、実家の連中は声一つ掛けずに門前払いしたというんやから、人情も親子の情も何もないやんか」

とは、当時の龍子の窮状を知る友人の女性。さらに、こう続ける。

「そんな龍子に向かって、泥酔した亭主（健一）は『なんや、一円も都合つけられんかったんか。役に立たんやっちゃな』と怒鳴りつけて足蹴にし、正則を板の間に正座させて、訳の分からん説教を延々と続けたというんや。近所の住民が見かねて止めに入っても、全く聞く耳を持たないばかりか、暴れ回って手がつけられんかったそうや。そんな地獄絵図を『マサ』はしっかりと瞼《まぶた》に焼きつけとったんやから、そりゃ、悪くもなるわな」

今回の事件は加害者と被害者が混在し、立場をクルクルと替えるのが最大の特徴である。その意味で、被害者側か加害者側かよく分からない龍子も、「事件に巻き込まれた悲劇の主人公」の一人と言っていいのかもしれない。

高校球児から殺人カンパニーへ

「マサ」こと李正則は、大阪のやくざと在日韓国人の龍子の間に生まれ、暴力団組員や非行少年、売春婦らが跋扈する尼崎市の歓楽街で育ったことはすでに述べた。体重が百キロ余ある巨体、全身に刺青を入れ、〝一味の暴力装置〟と称されたが、「かつては素直でいい子だった。あのどうしようもない両親（健一と龍子）が彼をワルにしたんや」（小学校時代の同級生）というのが、彼の周辺にいる人々の専《もっぱ》らの評判であった。

正則が小学生の頃、一家は連日押し寄せる借金取りから逃れるため、狭《せま》いアパートや老朽化した借家を転々としていた。彼の目には莫大な借金を拵えながら全く反省せず、酒を飲んでは暴れる父親、嘘八百を並べ立て偽《いつわ》りの涙を流して借金取りを煙《けむ》にまく母親、そして、そんな自堕落《じだらく》な生活に疲れ、やがて覚醒剤などのドラッグにのめり込んでいく一家の悲惨な末路が映っていたに違いない。

そうした最悪の家庭環境の中、「借金取りに依頼されたやくざから身を守る」という名目で、正則は各地の親類・知人宅に預けられ、最後は夏休みの間だけといった具合に、ごく短期間ごとの〝たらい回し〟状態になったという。

「実は、正則が中学生と高校生の時の少なくとも二回、高松の谷本家に身を寄せていたことがあるんや。母親が義妹の嫁ぎ先に無理やり頼み込んだんやろうが、当時の正則はがたいはデカく強面《こわもて》ではあったが、大好きな野球に打ち込む純な男やった。香川でも野球の強豪校に推薦で入って、硬式野球部の中心選手として期待されていたんやが、借金取りが谷本家や高校まで来て、逃亡中の父親が息子のところに現れないかと見張っていたらしく、彼は二年生になる頃に突然、愛知県内の野球名門校に編入したんや」（高校時代の友人）

「愛知でも、途中から入ったのにあっという間に野球部のレギュラーになって活躍し、『監督を甲子園に連れて行くんや』と大言壮語《たいげんそうご》して、実際に愛知県予選でベスト

16ぐらいまで進んだほどだった。いっぱしのワルぶって、合宿所のおばさんが作った食事を見て、『なんや、また今日もシケ飯かいな』なんて悪態ついて叱られていたけど、少々体調が悪くても学校に通って来ていたし、関西弁をしゃべるのが面白いんで人気があった。〝主軸打者として活躍する関西弁の転校生〟として地元紙に紹介されたこともある。息子の試合をスタンドで応援するお母さんの姿も何度か見かけたと思うよ。本人はこっそり観ているつもりらしいが、なにせ派手な女性だったから、すぐに分かったよ」（高校時代の同級生）

正則は高校を中退した後、なんとか尼崎市の製鉄会社に就職したが、健一が勝手に正則を保証人にして借金を重ねたことから、職場にその借金取りが押しかけてきたため、わずか二年足らずで退社を余儀《よぎ》なくされている。

「正則が本格的にグレ出したのはその頃からや。いくら真面目に働いても、全部、健一の借金のカタに持って行かれるし、仕事も生活も邪魔されて続かないんやから、そりゃ、面白くないわな。会社辞めてすぐやったか、確か二十歳を過ぎた頃にシャブでパクられ、刑務所に二、三年入っとったと聞いたで。息子の成長を楽しみにしとったお母さんはガックリしてすっかり落ち込み、自分もクスリに手を出すようになったと聞いている」

とは、その頃の「マサ」を知る近くの飲食店店主。こうも言う。

「それがムショから出てしばらくしてから会ったら、背中に派手な和彫りの墨を入れ、一丁前のやくざみたいな顔をしとったんで驚いたわ。その刺青が終いには首から足首まで全身に広がって恐ろしかったわ。すっかり立ち直ったお母さんも、『ウチの息子ったら、墨入れるのに三百万円も使ってもうて本当に困るわ』と自慢気に話しとるから始末に悪いわ。その後何があったかは知らんが、チンピラ仲間を率いて、健一が隠れ住んでいると言われた皆吉家に殴り込み、玄関先や窓ガラスなんかをメチャメチャに壊していったと聞いた。自分の人生をダメにした義父だけは許せんと相当、恨《うら》んどったんやろう」

美代子はそんな「マサ」の存在を当然、知ってはいたが、二人が初めてきちんと顔を合わせたのは〇二年頃で、健一が美代子のマンションに転がり込んだため、行き場を失った正則も美代子宅に同居するようになったという。

彼は高校を中退して就職したのだが、「真面目に生きようとしていた『マサ』が元義父の借金や素行の悪さのために転落していく姿を目の当たりにした角田のババア（美代子）が、自分の人生を重ね合わせて同情し、応援したんやないか」（正則の元不良仲間）という説がまことしやかに流れていた時期もある。

ほかにも「美代子が内縁の夫の先輩に当たる健一に、少なからぬ金額のカネを貸し、その取り立てにいった隠れ家で『マサ』を見て、一目で気に入り配下の者として引き取った」（地元の金融業者）とか、「角田のオバはん（美代子）が、自分と似たような境遇を歩み、同じような生業《なりわい》で生きてきて、妙にウマが合った龍子から懇願され、正則の面倒を見るようになった」（近所の住人）など、さまざまな説がある。

ただ、美代子と出会った後も、「高校時代に覚《おぼ》えたシンナー遊びが自暴自棄《じぼうじき》の人生でエスカレートし、覚醒剤をはじめドラッグに溺れるようになった。そのクスリを買うカネに困り、高利の金融業者から借金を繰り返すうちに雪だるま式に膨《ふく》れ上がり、借金返済を求めるやくざに追い込みをかけられるようになった。それで完全に行き場を失った『マサ』が、美代子のところに転がり込み、『今日中にカネを用意しなければ殺されるんや』と泣きついた」（皆吉家の親族の一人）という事実はあったようである。

また、「刑務所に『マサ』が入っとる時、龍子はちょうど覚醒剤所持、使用容疑で逮捕されとったんで、そんな母親に代わり、弁護士の手配やら、少しでも罪を軽くするための支援活動などに奔走《ほんそう》したのが美代子やった。出所する『マサ』の身元引受人になり、直接面倒見たのが、義妹の三枝子やったんや」（捜査員）という。

そのことを後に知った正則が、いかに美代子に感謝したかは想像に難くあるまい。

「それからの正則は、裕福でぜいたくな暮らしを謳歌《おうか》しているように見える美代子にどんどん傾倒し、彼女のマンションに入り浸《いびた》り、やがてはそこで暮らすようになった。もともとやくざ的な生き方に憧《あこが》れていたし、経済的にはもとより物理的、精神的にも美代子への依存度が増し、気がついたら父親への恨みは募《つの》る一方やったし、その反動もあって、美代子にはズッポリと心酔していたわけや」（皆吉家の別の親族）

父親に嫌われ、自堕落な母親には突き放されて育った美代子が、似たような境遇の「マサ」にシンパシーを抱き、温かく見守っただろうことは十分に考えられる。ただ、美代子の「マサ」に対する姿勢は、その一方で非常に厳しかった。

「〇二年頃に正真正銘《しょうしんしょうめい》の悪党を目指していた美代子が、自分に忠実な下僕にして一味の凄《すさ》まじい暴力装置として『マサ』を育て上げるため、徹底的に彼をしごいたんや。一連の事件の被害者と同様に、『マサ』もマンションに監禁して暴力を振るい、暴力団の名前を出して『逃げ出したらどうなるか、分かっとるやろ』と脅した。別行動していた弟の靖憲をわざわざ呼び戻し、一ヵ月余にわたって一緒に〝洗脳〟した結果、彼はほとんどすべての犯行に実行役として関与し、美代子に『マサ、行け。殴れや』と命じられれば、巨体を活かして、どこでも誰にでも突っ込んでいくようになった。目一杯暴力を振るい、遺体をドラム缶に入れ、コンクリート詰めまでする最強の〝殺人サイボーグ〟となったわけや」

兵庫県警幹部は、角田三枝子ら一味の供述をもとに、そう打ち明ける。

結局、正則が正式に〝美代子ファミリー〟に加わったのは〇四年になってからだった。正則が美代子の腹心として相応《ふさわ》しいか否かを見極めたうえで、彼女が営んでいた輸入雑貨販売業「スミダカンパニー」をもじって、後に世間から「殺人カンパニー」と呼ばれるようになった悪党一味への参加をようやく認めたのである。

美代子は正則を、母方の叔父で暴力団事務所に出入りしていた角田虎蔵のもとに預け、やくざ修業を積ませたうえ、その叔父と養子縁組させて法律的にも角田一族（美代子の従兄弟に当たる）としたことは、すでに述べた通りである。

ただ、美代子の狙いは単に、気に入った若者への肩入れだけではなかった。

警察当局の調べでは、美代子は遅くとも〇二年までには、虎蔵周辺にいる暴力団関係者に依頼し、皆吉家の所有する財産や親族の現状などを密かに調査させていたことが分かっている。そして、皆吉ノリ所有の不動産や現金、高松市の谷本家をはじめとする親族の財産など、正則の世話に多少の経費が掛かっても十分に見合うだけの資産があることを突き止めた。そのうえで、正則をあちこちで暴れさせ、その成果や適性を十分に見極めてから"美代子ファミリー"の一員として引き取った様子がありありと窺える。

正則が高校生の頃にすでに健一と離婚していた龍子は、息子を美代子に託《たく》して姿を消し、以後は行方不明のままだ。そうした怒りも手伝って、「マサ」が最初の標的として牙《きば》を剝《む》いたのは、何の未練《みれん》もなくなった皆吉家であり、皆吉家の不動産や健一の退職金などカネ目の物をあらかた吸い尽くすと、今度は叔母の嫁ぎ先の谷本家に狙いを定めている。

美代子が狙った家庭に甘言を用いて近づき、いろいろと因縁をつけては恫喝《どうかつ》し、暴力を振るってカネを搾《しぼ》り取る「家族乗っ取りビジネス」を推進していった実態は、事件ごとに詳《つまび》らかにしていくが、「マサ」は、そのビジネスになくてはならない存在となった。

「モンスター」の四国上陸は、たまたまではなく、起こるべくして起きたのだ。

現に、健一は美代子自身から「正則を世話する代わりに、皆吉家の資産を分割し、そこから教育・生活費を支払え」と要求されていたし、その要求がなかなか実現しないと見るや、今度はノリの数年分の年金支給額約九百万円をあらかじめ美代子に渡すように命じ、不足分は健一ら二人の兄弟が働いて支払うように求めた。

美代子はMからこっそり紹介された暴力団幹部らを間に入れ、金融業者や暴力団関係者と話し合いを持ち、健一が拵えたギャンブルや飲食代などの借金をひとまとめにし、大幅に減額させたうえで、「私が話をつけて、全額肩代わりしてやったんや」と語っていた。

こうした美代子のやり方は、暴力団の債権回収戦術とほぼ同じだったが、健一ら皆吉家の面々はまんまと騙されて、感謝こそすれ疑いは全く抱いていなかった。

現に小学校の校務員をしていた健一は、〇二年十一月、美代子の勧めで、定年を前倒しして退職し、退職金約千七百万円を受け取ったが、うち約一千百万円を「ややこしい連中への借金を整理するため」との名目で美代子に渡している。つまりは〝美代子の親切〟に騙され、まんまと大金を奪い取られていたわけだ。

家族を分断させる悪知恵

そんな美代子に騙され感謝の気持ちすら抱いたのは、二〇〇三年に一家を乗っ取られた谷本家の人々も同じであり、カネの無心のため親類宅を回った明は、盛んに「家族が皆で返済しなければならない借金がある」とか「妻の兄が借金でやくざに追われた際、助けてくれた恩人なんや」と説明していたという。親類の一人は「なんとなく、人の好い明さんがあの女（美代子）に騙されているような感じがしたが、彼の様子があまりに一生懸命なのでつい黙《だま》り込んでしまった」と、後に語っているほどだ。

そうした谷本夫妻に対して、美代子の怒鳴り上げるダミ声はますます迫力を増し、一回目の訪問時も凄まじかったが、五月の再訪問以降になると特に夫婦に向けた暴力は過激さが加わって、谷本一家はもとより、親戚一同や近隣住民をも恐怖で支配しつつあった。

「夫婦に対する虐待、特に〝恥ずかしい姿〟を周囲に見せつけ、嘲笑《ちょうしょう》させるいじめは目を覆《おお》うばかりだった。塀越しに外から丸見えの庭に夫婦を立たせ、ホースで水責めにし、『カネを持って来ないとこうなる』と娘たちにボコボコに殴らせる。上品な奥さまだった初代さんを上半身裸で正座させ、長時間にわたり説教した挙げ句、わざと目を離して逃走させる。ろくに食事を与えずガリガリに痩《や》せ細った奥さんが這《は》うようにして近所に逃げ込み、『助けて。何か食べさせて』と泣きつくのを笑って見ているわけだ。『カネが集まるまで帰って来るな』と素っ裸にした夫婦を金策に回らせたこともあるんや」（近隣住民）

そんな光景を目撃した住民が谷本家の庭を見ると、パンチパーマで刺青入りのやくざ風の男たちが直立不動《ちょくりつふどう》する中で、美代子らしい女が中央に仁王立《におうだ》ちしていて、思わず目が合った住民に向かってニヤッと笑ったというからおぞましい。

だが、こうした羞恥《しゅうち》プレー以上に周囲の人々を震え上がらせたのは、美代子が娘二人を洗脳し、両親に暴行を働かせるなど家族の分断を図ったことだという。

「本当は親思いの優しい姉妹で、当初こそ身体を張って両親を守っていたんだが、やくざ風の男たちに囲まれ、暴力への恐怖心を植え付けられるうちに、あのババア（美代子）にすっかり洗脳されてしまったようだ。いつの間にかババアの言うことを信じるようになり、『お前らの親父は責任感がない。出来が悪いから、思い切り殴ったれや』と命じられ、率先《そっせん》して、明さんの顔が腫《は》れ上がり耳が千切れるほど殴っていた」

親族の一人が涙ながらにそう明かし、こう続ける。

「瑠衣はババアに完全に取り込まれ、親類が咎《とが》めても『角田さんの言っていることが正しい』と聞く耳を持たなかった。最初は『ごめんね』と泣きながら父親の頭や顔を殴りつけていた瑠衣がやがて、やくざと腕を組んで外出するようになり、終いには家族の監視と密告役を引き受けるようになった。ババアが『いずれ私の面倒を見てや』と言って、途中からはほとんど乱暴せずに特別扱いし、家族間で優劣を決めて虐待するなど、家族の絆《きずな》を引き裂いたこともある。陽気で頑張り屋だったのに、どこかで心が折れてしまったに違いない」

「茉莉子さんだけはあの女に抵抗して、その分、酷い目に遭っていたと聞いている。親族が集まった庭で裸にされ、やくざみたいな男たちに殴られたり悪戯《いたずら》されたりして、『お前らも言うこと聞かんかったら、こうなるんやで』と見せしめにされたらしい。職場でも年の初め頃から『親族の関係で質《たち》の悪い取り立て屋が来る』と暗い顔で語り、詳しい事情は『聞かないで』と言葉を濁《にご》していた。結局、彼女は生き抜けなかった。嫌な予感が当たってしまった」（元同僚）

美代子の手口は被害者家族を長期間〝監禁〟して思考能力を低下させ、子供に親への暴力を強要する方法で家族の絆や秩序を崩壊させたうえで、自分を妄信させる雰囲気を作り上げるというもので、暴力団などの犯罪組織やカルト教団などでよく見られる手口だ。

谷本家でも最初に居座った時に、世帯主夫婦や親族に暴力を振るい、家族を家に閉じ込めて満足に食事や水を与えず、呼び出した親族の目前で愛娘二人に親を殴らせて、「両親は頼りにならない。親より美代子のほうが信頼できる」と思うように仕向けた、と見られている。

「そんな甘いもんやないで。いろいろ差《さ》し障《さわ》りがあるんで、詳しくは言えんが、男には顔が変形するほどボコボコに殴りつけ、抵抗する気持ちを失せさせるほど暴力への恐怖心を持たせる。女には若い娘はもちろん年配の女性にも、皆で執拗《しつよう》にレイプを繰り返して従順に言うことを聞かせるのが、あいつらの常套《じょうとう》手段や。やくざそのもののやり方や。谷本さん夫婦や娘たちの変わりようが、何よりの証拠やろう」

兵庫県警の捜査員はこっそりとそう打ち明けた。

このように徹底的に暴力を振るうことで相手を屈伏《くっぷく》させ、言うことを聞かせるのは暴力団の手法であり、美代子がそれをMから伝授されたことは彼女の記述などから明らかだ。

〇三年三月から五月に一度、美代子が尼崎市に戻ったのは、谷本家を吸い尽くす前に皆吉ノリを完全に手中に収めるなど、皆吉家側の処理を万全にしておく必要があったのであろう。さらに「密かにMと連絡を取っていたのではないか」（美幸）と思われる気配もあった。

暴力団関係者によると、谷本家事件が起きた〇三年二月から十月までの間、Mは自分が属する暴力団のシノギの関係で頻繁に首都圏に出向いており、関西を留守にすることが多かった。それゆえ、美代子はMとなかなか会えなかったが、電話などで連絡を取り合っていた形跡がある。

そんな美代子一味の目的は、あくまで生活・遊興資金の獲得にあった。

ただし、いくら温厚な人が多い谷本一族の面々でも、おのずと支払える金額には限度があり、家族や親族に対する一味の金銭要求方法はどんどん過激になり、巧妙になったものの、なかなか成果は上げられなかったようである。

「保険代理店を経営しPTA会長まで務めた明が裸で、頭から血を流し顔が変形するほど激しく暴行を受けた奥さんを背負って集落内を金策に回っただけでも驚きだったが、資金提供を拒《こば》んだ親族宅の周辺で早朝から拡声器を使って大声で『カネ返せ！』のシュプレヒコールされたのには、さすがに参った。あのババア（美代子）が連れてきたやくざみたいな連中は、自分たちの悪行を隠すどころか誇示《こじ》しようとしているところが怖い。大勢の目前で皆で家族に乱暴を働き、明さんの手足をガスバーナーで炙《あぶ》り、娘たちの手で顔にタバコの火を押し付けさせる。あいつら鬼や、化け物なんや」

（親族の一人）

「親族を集めた場に美代子自身が現れて、猫撫《ねこな》で声で『ねぇ、皆さん。明さんにお金を貸して上げてぇ』と優しく迫ったかと思えば、『明を叩け。叩いて性根《しょうね》を直すんや』と髪を振り乱して叫ぶ。かと思うと明の目前に札束を叩きつけ、『これが欲しいんか。カネに困っているんやろ。土下座せいや。貸したるで』と怒鳴りつける。少しでも明が逆らえば娘たちが殴りつけ、『死にたきゃ殺したる』と夫婦二人で庭に穴を掘らされる。親族が警察を呼ぼうとすると明本人が包丁を構えて突進する。へたな芝居を観せられてるのと同じや」（別の親族）

谷本家乗っ取り期間も終盤になると、美代子らは金目のものがあると見るや、なりふり構わずに奪いに来るようになっていたという。

「明の仕事先や知人宅、二人の兄が勤める建材会社まで押しかけ、『カネ返せ』と要求したり、角田のババアがまるで殿様の巡察のように取り巻きを連れ、一族の田畑を見回り、『ここは誰が持ってる土地や』などと近所の者に尋《たず》ねているのを見て、このままじゃ全部奪われてしまうと、慌てて明や一族の者から権利書を預かって隠したんや」（同）

親族でも毅然とした態度で美代子らの要求を撥《は》ねつけた者は、散々嫌がらせを受けたり、「ワシらは谷本一族をメチャメチャにするために高松に来たんや。一家を食い潰したら、次はお前のとこや」と脅されたものの、結果的には難を逃れた。だが、谷本夫妻に同情を寄せるなど少しでもスキを見せた者は、美代子一派にとことんしゃぶり尽くされた。

特に明のすぐ上の兄の谷本隆は、「真面目でお人好し。困った人がいれば放っておけない性格で、缶コーヒー一本貰《もら》っただけで連日、炎天下でソフトボールの審判役を引き受けるなど損ばかりしている人」（家族）とあって、事件に巻き込まれてしまった。

隆は〇三年六月、「弟が困っている。助けてやらんといかん。話をつけてくる」と用意した現金三百万円を持って明宅に出向いた後、そのまま自宅に戻らなかった。「情にもろく、特に我が子のように可愛がった二人の姪の身を案じ尼崎まで付き添った」とか「家族思いで優しいところを付け込まれ、気づいたら明に暴行を働くようになっていた」、「美代子一味が自宅まで押し寄せそうになり、自分の妻子三人に危害が及ぶのを防ぐため、あえて弟宅に寝泊まりした」など、親族の間の見方もさまざまだった。いずれにせよ、二〇一二年に尼崎市の皆吉家住宅の床下から白骨死体となって発見されている。

途中、何度も尼崎はじめ関西との間を往復したものの、まるで餌《えさ》を食い尽くした野獣が興味を失って去って行くように、美代子らが高松を離れたのはその年の十月であった。

その際、茉莉子・瑠衣姉妹と、姪の身が心配で付き添いを申し出た伯父の隆を率いての〝凱旋《がいせん》〟となったが、そのうち茉莉子と隆が死亡し、民家の床下に埋められる運命を辿《たど》ることになる。「モンスター」に気に入られた瑠衣だけが高校を中退して、〇七年一月、美代子の次男・優太郎と〝できちゃった結婚〟し、同月に長女、翌〇八年九月に長男と二人の子供を出産して「一応、外形的な幸せ」を摑んだかに見えた。が、結局は養子縁組した三枝子や正則とともに、「殺人カンパニー」の一員として獄に繫がれることになる。

当主の明は〇三年八月、心身の衰弱が著《いちじる》しかった妻の初代を、「お前のせいで一家がメチャメチャになったんや」と折檻するふりをして県外に逃がした。初代は〇七年十二月に和歌山県すさみ町で一味に見つかり、尼崎に連れ戻されて三ヵ月後の〇八年三月、頭に重傷を負って大阪市内の病院に運び込まれ、〇九年六月、転院先の尼崎市内の病院で死亡した。

〇三年九月に友人の手引きで何とか逃亡を果たした明は、無心して得たカネから一万円だけを持って各地を転々とし、美代子らがいなくなった高松市に一度戻って保険代理店の業務を第三者に引き継いだ後、二人の娘と兄・隆の安否を気遣い、いつか美代子の悪行を暴くために尼崎市内の新聞販売店で働きながら潜伏生活を送った。

高松の谷本家は、美代子らの手によって、文字通り一家離散に追い込まれた。

結局、美代子ら一味が半年余の高松滞在で谷本一家と親類から毟《むし》り取ったカネは、健一の借金返済分に加え、正則の教育・生活費と保護放棄による謝罪金、初代との離婚に伴う慰謝料、美代子ら一味の手続き代行手数料や業務休業補償金などさまざまな名目を合わせて、五千万円余りに上った。

後の捜査で、茉莉子が作成し、明が逃亡時に「俺が消息不明になったら警察に届けてください」と密かに友人に託したA4判十数枚の文書が発見されたが、そこには美代子の要求に応じて現金を用意した親族らの名前や日付、金額などがこと細かに記されていた。また、自宅にあったピアノや高級家具などを売却した金額や皆吉ノリの年金支給額までびっしりと綴《つづ》られており、換金処分した資産分を合わせた合計額として《5800》という数字があった。これが美代子に支払ったカネの総額と見られている。

この他にも、谷本家と親族が共有していた土地や建物の権利書、明が経営していた保険代理店の売り上げや預貯金類などもすべて、美代子一味に奪い取られていた。まさに「モンスター」は蹂躙《じゅうりん》の限りを尽くした、と言っても過言ではあるまい。

こうした谷本一家の惨状は、親族はもちろん、多くの隣人や友人、知人が知っていた。その中には当然、警察に通報した人々も大勢いた。知人の一人は言う。

「ヤツらはおおっぴらに悪行三昧《ざんまい》を繰り広げていたんで、おそらく町じゅうの人が谷本さん一家が酷い目に遭っている姿を目撃していると言っていい。やくざ風の男たちに直接脅された住人もいるし、会社に押しかけられカネを要求された取引業者もいた。いったい、警察は何をやっていたんだ」

香川県警が二〇一三年四月に公表した内部調査による検証結果によると、美代子らが谷本家に居座った〇三年二月以降、県警本部や高松東署など県内五警察署に寄せられた通報や相談は二十八件三十六回に上っていたことを確認した。それも、「美代子と見られる女から『文句あるなら、家に火をつけるぞ』と脅された」とか「一味のやくざ風の男から谷本家に軟禁され、カネを要求された」など事件性が高い通報が多く含まれている。県警は「個別の親族間トラブルと認識し、対応に積極性を欠くなど不適切な点があった」と認め、謝罪した。

ほかにも明は、〇三年八月から九月にかけて高松東署で三回事情を話して供述調書を作成され、耳が千切れ、顔や腕が腫れ上がっている写真を撮影されたが、明が娘を庇《かば》って被害届を出さなかったため、捜査は行われていない。また、娘が傷害などの容疑で逮捕されることも覚悟した明が、〇四年一月、同じ高松東署で被害を訴えた際は、署員に「暴行の日時や場所、負傷程度が分からず立件は難しい」と受理されなかった。

兵庫県警も〇四年に尼崎市に移住した明から相談を受けたのをはじめ、明や茉莉子の友人らから十回は通報・相談を受けていたことを公表、少なくとも六件の通報・相談への対応が不適切だったことを認めている。こうした警察当局の面子《メンツ》や縄張り意識、組織防衛重視の姿勢、つまりは怠慢《たいまん》が被害を予想以上に拡大し、事件を深刻化させたことは否めまい。

ただ、美代子側が「身内同士で暴行を働けば、身内を摘発することになる被害届は出しにくいし、警察も事件化しにくい」（警察幹部）と考えて犯行に及んでいることは間違いない。実際、明は、通報を受けて自宅を訪れた警察官に対し、「娘が自分を殴って逮捕されるのは耐えられない」と考え、「単なる親子喧嘩で事件じゃない」と説明したりしている。

また、恫喝を伴う金銭要求についても、美代子は同行した明の義兄・健一を前面に出して、「借金のトラブル解決を親族に依頼しているだけだ」と説明させており、警察の民事不介入という方針を巧みに利用して、捜査・摘発をすり抜けてきたという。

この時、谷本家を占拠して暴れ回ったメンバーは、美代子をはじめ、初代の母親のノリや健一ら二人の兄、後に行方不明になる妹など皆吉家の面々、美代子の内縁の夫・鄭頼太郎、腹心の義妹・角田三枝子、従兄弟の李正則と不良仲間などで、ほかにも悪党グループが入れ替わり立ち替わり出入りしていたことが分かっている。

それは、警察当局が二〇〇三年当時、直ちに摘発に動いていたら、少なくとも後述する橋本家や大江・川村家などを巡る一連の殺害・死体遺棄事件は起きなかったし、谷本茉莉子や谷本隆、皆吉ノリも死なずに済んだ可能性が高いことを示している。

その意味でかえすがえすも、警察当局の腰の重さが悔《く》やまれてならないが、果たして、警察当局の消極的姿勢は民事不介入方針だけが原因なのであろうか。警察内部の裏金作りや暴力団との癒着《ゆちゃく》など不祥事が相次いで発覚する中で、兵庫、香川両県警の姿勢についても一度、徹底して追及する必要があるのではないか。それほど不可解な警察当局の対応ぶりと言える。

それにしても、角田美代子はよくもここまで冷酷非道な犯行を繰り広げることができたなというのが、誰しも抱く率直な感想だろう。

彼女の目当ては、メンバーを引き連れてぜいたくな暮らしを送るための資金稼ぎであることは間違いない。だが、その人間とは思えないような悪辣《あくらつ》な手口には、暴力団直伝の冷たさや執拗さ以外に、〝家族〟という存在に対する憎しみや敵意のようなものを感じさせる。

角田美代子という「モンスター」はこの後、仲間内を含めどれだけ多くの人々の生き血を啜《すす》り、どこまで肥大化し、そしていつ、滅《ほろ》びの時を迎えるのであろうか。

第五章

一億円残して転落死した兄

琉球《りゅうきゅう》の海はどこまでも広く、青かった。

沖縄本島中部・恩納村《おんなそん》にある景勝地・万座毛《まんざもう》――。三十メートル余の高さを誇る断崖絶壁と白砂のビーチが人気を呼び、一年間を通して大勢の観光客で賑《にぎ》わっている。

その観光名所で、二〇〇五年七月一日午前九時前、家族や友人ら合計九人で関西から遊びに来ていた男性が崖下に転落し、即死した。

転落死したのは尼崎市在住の塗装工、角田久芳《すみだひさよし》。美代子の片腕・角田三枝子と〇一年に結婚し角田家に養子に入ったが、その前は橋本《はしもと》久芳と名乗っていた。

「記念写真を撮ろうとして、誤って足を滑《すべ》らせたんや」

家族らのそんな説明を鵜呑《うの》みにした沖縄県警は、目撃者探しや生命保険加入の有無確認と金額の照会などといった調べもろくにしないまま、事故死と断定した。

だが、万座毛周辺の土産物店経営者らに少しでも話を聴いていれば、これが単純な事故死ではないと思われる材料が、すぐにゴロゴロと出てくる。

「あの変な集団は〝事故〟があった前日の夕方四時頃にも一度、現場でいろいろと見学していました。それでいて翌日の朝九時前にゾロゾロと集団でやって来た。まだ早くて観光客は来ない時間帯ですよ。それで、『昨日もいらしてましたね』と声をかけたら、五十代くらいのリーダーっぽいオバさんが『今日は写真だけ撮りに来たんや。昨日はうまく撮れんかったからな』と答えたけど、前日のほうが天気もよく写真日和《びより》だったと思うけどね」

とは地元の土産物店従業員。こう続ける。

「それでいて一時間以上経ってから別の女性が来て、『人が崖から落ちた。下に降りるにはどうすればいいか』と妙に落ち着いた様子で尋《たず》ねたんです。普通、家族なり友人が高い崖から落ちたら、大慌てで『救急車呼んで』とか『救助隊か警察に連絡して』と、飛んで来るはずでしょ。後で殺人事件だと聞いて、『あぁ、あの連中は前日に下見して、当日も人がいなくなった頃を見計らって突き落としたんだ』と妙に納得しましたよ」

久芳には合わせて三件、金額にして六千万円余の生命保険が掛けられ、受取人はすべて妻の三枝子になっていた。しかも、美代子らが集団生活している尼崎市内の分譲マンションは久芳名義で、住宅ローンには金融機関が加入する団体信用生命保険が付いていたため、彼の死でローンの残額約三千万円が補填されて返済免除となり、相続人の三枝子は一円も払わず、マンションの所有権を含め一億円近い資産を手に入れた。

「ほんまにムチャクチャやで。久芳は仕事中に機械に挟《はさ》まれて死んだと美代子から聞かされており、その説明を我々は今までずっと信じとった。沖縄旅行とか生命保険に加入していたという話は全く知らんかったで」

尼崎連続殺人事件が明るみに出て、橋本久芳の変死も注目された後で、橋本家の親族がそう憤《いきどお》っていたほど、久芳の死は速《すみ》やかに、そして、こっそりと処理された。

下を覗《のぞ》き込めば目も眩《くら》むばかりの断崖絶壁の上で、一人の男性を取り囲むように大勢の男女が立っている……。〝事件モノ〟を扱ったテレビの二時間ドラマなら、犯人が刑事たちにすべてを告白して逮捕されるか、断崖から海に身を投じるラストシーンに打ってつけの情景だが、久芳の場合は、いずれのケースにも当て嵌《は》まらなかった。

それどころか、そこはまさに殺人現場であり、想像しただけで身の毛がよだつ恐るべきシーンが展開されようとしていたのである。

この時の美代子は、自らの浪費癖もさることながら、同居する〝疑似家族〟がどんどん増えたことで、遊興費はおろか生活資金にも窮《きゅう》するようになっていたことが、兵庫県警の調べで分かっている。毎月数百万円が飛ぶように消えていく異常な家計では、谷本家から吸い上げた数千万円のカネなどはあっという間になくなってしまったのだ。

そのため、悪党仲間の若者たちをバイトで働かせ、わずかばかりの報酬であっても次々と吸い上げたり、積極的に恐喝や詐欺《さぎ》、窃盗などの小さな犯罪行為に走らせ、荒稼ぎを企《たくら》んだりした。

しかし、いずれにしても実入りはごくわずかにしかならず、大口の収入には繋《つな》がらない。やむを得ず分譲マンションを担保《たんぽ》に借金を重ねるなど、角田家の財政は火の車で、〝自転車操業〟状態に陥《おちい》っていった。

かといって、〝家族乗っ取りビジネス〟に相応《ふさわ》しい資産家の家庭は、そう簡単には見つからない。そこで思いついたのがなんと、同居する悪党仲間に多額の生命保険を掛けたうえで死亡させ、保険金を詐取《さしゅ》する——という〝おぞましい犯行〟であった。

そうした悪巧《わるだく》みをまるで「悪魔の囁《ささや》き」のように、相談に来た美代子の耳元に告げたのがMであることは、彼女の残したメモ類などから明らかだった。

「キタのホテル内にある高級和食店で、Mの兄貴が（美代子と見られる）恐ろしげな婦人と食事をしながら話し合っている姿を見かけたことがある。親密そうに談笑していたというより、女のほうは深刻そうな顔をしていたように思うで」（同じ系列の暴力

団幹部）

「二人と見られる熟年カップルが、ミナミの飲み屋で酒を飲みながら話している姿を何度か目撃したことがある。女のほうは何か熱心にメモを取っていたように見えた。（尼崎連続殺人）事件が発覚するまで女が美代子とは知らなかったんで、何気なく見ていたが、あれが悪巧みの現場やったと思うと、ゾクゾクするで」（関西の暴力団系金融業者）

標的とされた久芳は、美代子が率いる〝美代子ファミリー〟や取り巻きの悪党仲間などの中では、唯一と言っていいほど真面目にきちんと仕事をしていた人間だった。

橋本家は、久芳と次郎の兄弟のほかに母親の芳子と姉一人の四人家族で、前述の通り一九六〇年代から角田家に間借り生活をしていた。「橋本家は最初、角田家の近所に住んでいて、芳子さんはよく子供を連れて美代子の実家に遊びに行き、一緒に食事したり仲良くしていたと思う。あの兄弟も、美代子のことを『ネェちゃん』と呼んでまとわりついていた」（付近住民）と言うが、同居するようになってから様相は一変した。

久芳は中学を卒業後、十五歳で尼崎市内の金属加工工場に勤務。「主に有刺鉄線を使ってフェンスを作る仕事をしており、何事にも一生懸命に取り組む好青年だった」(元同僚)という。次郎も中学卒業後、溶接工として働き始めたが、美代子は兄弟の給与を差し押さえ、時々、「稼ぎが悪い」などと言って暴行を加えるようになったという。

久芳は八二年七月に突然退社し、市内の製紙工場に転職した。この出来事についても、元同僚らの話を総合すると、本人に退職する理由は全くなく、周囲の事情でカネが入り用になり、退職金をもらうために辞めたのではないかと言われている。

芳子は八七年頃に行方不明となり、後に美代子一味の一人が県警の取り調べに芳子の殺害を自供したが、遺体は発見されないままであることは前述した通りだ。この芳子殺害も、美代子がMの助言を受けて踏み切った可能性が高いが、すでに殺人罪の時効は成立し、迷宮入り事件となっている。

また、橋本兄弟の姉(長女)は母親の失踪から十年後の九七年頃、「こんな恐ろしい家には住めないから逃げる」と言い残し、美代子のマンションから姿を消した。その後の消息は不明のままだが、九州で見かけたとの目撃情報もあり、生存している可能性もある。この姉は美代子が母親を殺害したことに気づいたか、猪俣家乗っ取りに向かって走り出す美代子の姿に恐怖を覚えたのではないかと見られる。

久芳と次郎の兄弟二人は美代子の暴力に震《ふる》えながらも角田家に残り、久芳は〇一年に三枝子と結婚したが、「実際に夫婦として生活しておらず、カネ目当ての名目上の夫婦だった」（角田家の親族の供述）とされる。

一方、次郎のほうはやんちゃでムラっ気が多く、酒を飲んで暴れたり、女性にちょっかいを出すなど素行《そこう》に問題があった。また、溶接工として優れた技術を持ちながら、そうした性向が災《わざわ》いし、「こんなことやっててもつまらない」などと嘯《うそぶ》いては勤め先を転々としたし、何度も美代子のもとから逃走するなど、生活が落ち着かなかった。

しかし、美代子はそんな次郎のほうが、おとなしく品行方正《ひんこうほうせい》な久芳より可愛かったようである。美代子は、真面目でお人好《よ》しの久芳に的《まと》を絞《しぼ》り、こう言って説得に掛かったことが、後に逮捕された〝美代子ファミリー〟の一人の供述で明らかになっている。

「皆を助けるために、崖から飛び降りてくれんか。お前が死なないと、三枝子や頼太郎が死ぬことになるんや。頼むわ」

〇五年になると、谷本家から奪い取ったカネも使い果たし、生活費にも窮乏《きゅうぼう》するようになっていた。そこで生活費を捻出《ねんしゅつ》するための家族会議を頻繁に開き、美代子らが金策に走り回ってもなかなかうまくいかず、日々の生活に窮している現状を延々と説明した。久芳だけではなく、三枝子や頼太郎らにも生命保険を掛けていることをほのめかし、なんとなく「誰かが事故に見せかけて自殺を図《はか》り、その生命保険金で生活費を捻出する以外に皆が助かる道はない」と思い込ませるような雰囲気を醸成していった。

その家族会議に出席し、後には沖縄旅行に同行した〝疑似家族〟の一人は、県警の取り調べに対して、「久芳には、事前に自殺を承諾させてから旅行に行った。今思えば、本当に悪いことをした」と供述している。が、

「お前一人を死なせやせえへん。暮らしを守るためなら、三枝子も、私だってあんたの後に続くで。皆、家族のために体を張っとんのや。分かってくれや」

と迫《せま》る美代子をはじめ〝家族〟たちの姿は、自殺教唆《きょうさ》どころか強要、いや未必の故意の殺人と言っていいものであった。なにしろ、妻の三枝子は美代子の片腕だったし、美代子を恐れている悪党仲間たちも助け船を出すどころか、自分の身を守るためにも進んで人の背中を押しかねない輩《やから》ばかりだ。唯一、味方してくれそうだった弟の次郎は、その当時、東京に逃亡中で角田家にいなかったから、まさに孤立無援であったのだ。

そもそも久芳は、〇五年の初め頃から美代子に自殺を迫られていた。

最初はそれとなくほのめかされる程度だったが、三月になると突然、美代子が何か気に入らないことがあって怒り出し、興奮して思わず叫んだふうを装《よそお》って、久芳に「交通事故にでも遭《あ》って死ねや」と言い放ったのだ。

それは次第に現実味を帯び始め、「自転車に乗って交差点に飛び出して車に轢《ひ》かれろ」「事故を装うんや」といった具体的な指示に変わり、大した理由もないのに三日間絶食させたり、暴行を加えたりして、自殺を拒《こば》めない状況に追い込んでいった。それでも躊躇《ためら》う久芳に対し、美代子は「お前も男なら、意地を見せろや」と怒鳴りつけ、沖縄旅行に出発した後も、仲間たちと組んで飛行機内やレンタカー内などあらゆるところで、まるで念仏《ねんぶつ》かお題目のように「崖から飛び降りろ」と言い続けたことが〝美代子ファミリー〟の供述で分かっている。

ほんの些細《ささい》なきっかけから他人の家庭に巧みに入り込み、それぞれの家族の絆《きずな》を断絶させ、恐怖で支配し、すべてを食い尽くす……。そんな美代子流犯行は九八年の猪俣家事件から本格化したと見られているが、それは、八一年に再会したMからいろいろと教わっているうちに習得していったものだと言っていいだろう。そして、交流歴四十年余の「幼なじみ」とも呼べる古い仲間でさえ、美代子にとっては食い尽くす対象＝獲物でしかなかったのだ。

尼崎市内に〇四年頃から、美代子らが少なくとも月に一回は顔を出す贔屓《ひいき》の飲食店がある。

よく訪れるメンバーは美代子と内縁の夫・頼太郎、健太郎と優太郎の息子二人と次男の妻になった瑠衣と孫二人、義妹の三枝子、従兄弟の李正則といった〝ファミリー〟に加え、瑠衣の姉の茉莉子とその夫となった仲島康司《なかしまやすし》、そして、橋本久芳と次郎の兄弟も姿を見せた時があったらしい。彼らはいつも店内中央にある三つのテーブルを占拠し、大騒ぎしながら飲食を楽しんでいたという。

従業員らの証言によると、久芳と見られる男性が来店したのは最初の頃だけで、美代子と三枝子、頼太郎が揃《そろ》うメインテーブルに座り、一緒に楽しそうに酒を飲んでいた印象がある。ただ、〇五年夏に美代子が「明日から皆で沖縄に行くんや」と言って、いつにも増して馬鹿騒ぎした日以来、久芳の姿は見かけなくなったという。

橋本次郎は常に陽気で騒がしい酒で、正則の隣に座って大はしゃぎしている姿をよく見かけたが、ある時、美代子に「喧《やかま》しいわ。いい加減にしいや」と一喝され、その場にいた全員がシュンとなったのを記憶しているという。

この従業員らの記憶はきわめて正確である。久芳・次郎の兄弟と茉莉子はその後、美代子一派の手で粛清《しゅくせい》され、この世の人ではなくなっていたし、残りの常連メンバーのうち、優太郎と瑠衣の間に生まれた二人の子供を除く全員が逮捕され（美代子は県警本部内で死亡し）たため、当然のことながら、今では誰一人顔を出さなくなった。

そして、「どこにでもいそうな仲が良い家族」（従業員）と映った面々は、驚くべきことに、誰一人として美代子と血の繋がった者はいなかったのである。

逃亡の末に港の海に沈んだ弟

瀬戸内海はいつも静かで、温かい水面が穏やかに光っていた。

橋本久芳が死んだ沖縄県恩納村から東北に約一千三百キロも離れた岡山県備前市日《ひ》生《なせ》海岸。釣り人とおいしい魚を求めるグルメ客、海水浴を楽しむ家族連れなどで賑わう鄙《ひな》びた港町が、物々しい雰囲気に包まれたのは二〇一二年十月三十日のことだった。

兵庫県警の捜索で海底に横たわっていた直径約六十センチ、長さ約九十センチのドラム缶が引き上げられ、中からコンクリート詰めにされた男性の遺体が出てきたからだ。

男性は前年夏から行方不明になっていた溶接工、橋本次郎だった。

美代子の内縁の夫・頼太郎や従兄弟の李正則ら事件関係者の供述によると、次郎は二〇一一年七月頃、酒に酔って暴れたうえ、美代子が自宅マンションに同居させ可愛がっていた大江・川村家事件（第六章で詳述）の川村夫妻の長女（中学生）の胸を触るなど悪戯《いたずら》したことから、美代子が激怒。まず、自らが折檻《せっかん》したうえ、正則ら六人に激しく暴行させ、「お前みたいな馬鹿タレはこの中に入っとけ」と、バルコニーの鍵が掛かる監禁部屋に約一週間にわたり閉じ込めた。

監禁時は水や食事はほとんど与えず、正則らが暴行を続けた。が、次郎が逃亡を図ろうとしたため、両手を広げて丸太に縛りつけて身動きできなくしたり、両手に手錠をかけ、両足はロープで縛り、口には粘着テープを貼った挙《あ》げ句《く》、首に水の入ったバケツを吊《つ》り下げるなど監禁方法がエスカレート。最後の五日間は成人用のおむつを着けさせられ、飲食物は全く与えられずに衰弱死したと見られる。こうした状況はすべて美代子に報告されたうえ、扉の開閉など美代子の承認なしには一切できないようになっていた。

七月下旬、次郎の死を聞いて美代子は、「何とかせい」と正則らに遺体の処理を指示。マンションから尼崎市内の貸倉庫に運び出し、ドラム缶にコンクリート詰めすることを正則が提案し、頼太郎と次郎の友人である仲島康司と三人で行った。

ところが、詳しくは次章で記すが、二〇一一年十一月に大江和子《かずこ》の長女・香愛《かえ》が大阪府警に出頭したことから、やがて和子の遺体が発見され、美代子が和子に対する傷害致死などで逮捕される可能性が出てきた。その和子の遺体はとりあえず、橋本次郎の遺体が入ったドラム缶を置いた貸倉庫に運び込んでいたため、このままでは次郎を死なせた事件をはじめ他の犯行も発覚すると考えた美代子の指示で、十一月三日夜には尼崎市内の別の飲食店にメンバーが集まって善後策を協議することになった。

美代子はじめ頼太郎、健太郎、優太郎、瑠衣、正則、仲島康司の〝美代子ファミリー〟七人が顔を揃え、腹心の三枝子は孫の世話のためマンションに残った。また、次郎死亡時に、優太郎は車の運転免許を取得するため岡山県新見《にいみ》市で合宿教習を受けていて不在だったが、対策を講じるために急遽《きゅうきょ》、呼び戻された。そこでの最優先課題は、大江・川村家事件以外の犯行の発覚を防ぐために隠蔽《いんぺい》工作を急ぐことであった。主なメンバーは逮捕される可能性があるため、各自のアリバイ工作など弁明一切の口裏合わせを話し合った後、次郎の遺体を別の場所に早急に移すことなどを協議した。

そして、美代子が大江和子事件の共犯者である川村一家を自殺に追い込もうとして失敗し、兵庫県警に逮捕された十一月四日の夜には、次郎の遺体が入ったドラム缶を貸倉庫から運び出し、以前に旅行に行ったことがあり、地理に明るい岡山・日生漁港の海に投棄することを決めた。翌五日、美代子から後を託された頼太郎と健太郎、優太郎、仲島の四人が次郎の遺体が入ったドラム缶を車に積んで日生漁港に行き、車をバックで岸壁ぎりぎりまで着けて、後ろからドラム缶をそのまま海中に投棄した。この時、正則は県警の事情聴取を受けており、捜査員の尾行がついている可能性があったため参加しなかったという。

「家に帰ったら死体の入ったドラム缶があったんやから仕方ないやん？　オトウ（頼太郎）一人じゃ捨てられへんから、ちょっと手伝っただけや。岡山まで運んで捨てたから、絶対バレへんと思ってたんやけど、やっぱアカンな」

自分が捕まる直前、まるで何事もなかったかのようにそう嘯いていた優太郎の言を俟《ま》つまでもなく、遺体を遺棄した四人と正則は、そうタカを括《くく》っているところがあった。が、行き当たりばったりの犯行を隠し通せるほど、世の中と警察は甘くはなかった。

次郎の遺体を投棄した際の目撃者はいなかったが、その前に美代子一行が日生海岸を旅行する姿を大勢の人々が目にし、覚えていたのだ。

「なにしろ、田舎《いなか》の港町には不釣り合いの一行やから、よう覚えているわ。女親分と秘書みたいな女二人とやくざ風の男が四、五人ぞろぞろ歩いていれば、そりゃ目立つわな」

とは地元の飲食店主。こうも言う。

「女は『姐《あね》さん』とか『おねぇ』と呼ばれ、ふん反り返って偉そうにしてたわ。手首まで刺青《いれずみ》した大男と二人で『港には車で乗り入れることができるか』とか『あの辺りに夜来る人はいるのか』なんて変なことばかり聞いていた。『夜は真っ暗だから、釣り人もおらん』と答えたが、今思えば、あの時から死体を捨てる場所を探していたんやないか」

「姐さん」が美代子で、秘書風の女性が三枝子、大男が李正則であることは容易に予想がつく。ただ、その時点ではおそらくまだ、大江和子はもとより橋本次郎も〝殺害〟されていないから、投棄する予定の遺体は別の誰かだったのかもしれない。

ところで、次郎はこれまでに美代子のもとから三回逃亡を図っていた。

一九六〇年代から角田家で間借り生活を送り、八〇年代後半から美代子のマンションで同居してきた次郎は当初、美代子を「ネェちゃん」と呼んで慕《した》っているように見えた。

ところが、九七年頃、美代子一味の自堕落《じだらく》な生活や美代子の弟・靖憲の暴虐な振る舞いなどに恐ろしさを感じたのか、兄・久芳と二人で熊本県に逃げ出した。この時、二人を連れ戻しに行く美代子が漏《も》らした「私から逃げるヤツは絶対に許さへん。どこまでも、何年かかっても、カネがいくら掛かっても、必ず追いかけて連れ戻すからな。それが私の女の意地というヤツや」との言葉に、さすがの悪党仲間たちも震え上がったという。

その一味から、「オカンに対し、あいつだけは何を言っても許される」と認められていた優太郎も、「いつも行動を監視され、何をするにもオカンの許可が必要やった。一言でも逆らおうものなら、瑠衣は裸にされ往復ビンタ、孫だって平手打ちされたほどや」と断言する。美代子が後継者として側に置いていた瑠衣でさえ、逮捕後には「逆らうどころか母さんの言動を止めただけで暴行される側になるので、何も言えなかった」と明かしている。

最初は〝いい関係〟を築いて標的を安心させ、やがてスキをついて因縁《いんねん》を付け暴力への恐怖を背景にしゃぶり尽くすのが美代子流の極意だとすれば、その手口は、家族同然の幼なじみである橋本兄弟にも適用された。

一度は連れ戻された橋本兄弟だが、おとなしく美代子の言いなりになった久芳に対し、次郎は〇四年に東京に逃げた。

その際、次郎は知人にこう漏らしている。

「オカンが気に入らないと、『マサ』に命じてボコボコに殴られるし、何か失敗すると、真冬なのに裸でベランダに出され、水を掛けられるんや。凍《こご》え死ぬで」

その時は豊島区の知人宅に潜伏して溶接工として働いていたが、〇五年に次郎の潜伏先に突如、美代子らが現れ、久芳の転落死を伝えて強引に次郎を尼崎に連れ戻した。

この時、次郎は勤め先の同僚に「兄の葬儀に帰ってくる。俺は殺されるかもしれないけど、ケジメをつけなければならない」と意味深長な言葉を残している。

ちなみに、この仕事先には、翌〇六年初めから美代子のマンションに転がり込み、〇七年二月に、美代子の命令で谷本茉莉子と結婚することになる仲島康司がいた。将来への不安を漏らす仲島を関西に連れて行き、美代子に引き合わせたのは次郎だったのだ。

〇七年十月、次郎は三たび、美代子のもとから逃亡を図った。

この時は知人に、「あの家出たいねん。もう耐え切れんわ。逃亡資金貸してくれ」

と泣きついて二十万円を借り、茉莉子らの母親・初代の兄に当たる皆吉健二《けんじ》と一緒に夜行バスに飛び乗って逃げた。

以前の潜伏先にいた知人の紹介で足立区内にある居酒屋二階の空き部屋に転がり込んだ二人は、さっそく、次郎が溶接工、健二が塗装工をしながら共同生活を始めたが、健二が真面目に働いて貯金し、やがて別にアパートを借りて転居していったのに対し、次郎は酒を飲んでは騒ぎ、また女癖も悪く、居酒屋二階の部屋を追い出された挙げ句、職場も転々とするなど自堕落な生活に戻ってしまった。

〇九年夏に美代子と正則、瑠衣ら五人が次郎の新しい潜伏先を突き止め、神戸ナンバーの黒いワゴン車で乗り込んできて、そのまま次郎のマンションに一ヵ月ほど居座った。

彼らは健二の居場所も突き止めて、一緒に連れて帰ろうとしたが、いくら次郎が土下座しようが、正則がすごもうが、瑠衣が泣き喚《わめ》こうが、彼らの世話を焼いた都内の知人たちが健二を庇《かば》って居場所を明かさなかったため、最後は美代子が「大阪に帰って出直すわ。大変なことになるで」と捨てゼリフを残して去ったという。

この時の様子について、知人男性の一人はこう明かす。

「健二は、連中のことを『やくざやないけど、教祖みたいな女のドンが率いる集団なんや』と説明していたが、確かにやたら態度がデカい女に、体はデカくて全身に刺青を入れとるが気が小さそうなチンピラと、クスリのやり過ぎで目がぶっ飛んでる若い女って感じの連中だった。『大阪じゃ、あんなのが怖いんか。大したことない』って笑ったよ」

この男性は、いくつも修羅場《しゅらば》を潜《くぐ》っているとかで度胸がありそうだったが、瑠衣は交番の前でもすごんだり、半狂乱になって泣き叫んだりするなど、確かに覚醒剤の使用を疑わせる行状が目についた。この知人は、健二に美代子あてに電話を掛けさせ、「これ以上、自分を追いかけたら、知っていることを警察に全部しゃべる」と言わせた。すると張り込んでいた怪しげな連中の姿も見えなくなった。

知人は健二に詳しい説明を求め、警察への通報を促《うなが》したが、彼は「家族が人質に取られているようなものなので」と詳細を語ろうとしなかった。そうこうしているうちにガンを発病したといい、一〇年二月に足立区の病院で亡くなってしまったのだ。

一方、尼崎に連れ戻された次郎は、前述したように、美代子の秘蔵っ子にちょっかいを出して逆鱗《げきりん》に触れ、暴行・監禁の末、一一年七月に死亡した。彼には何回も生命が助かり、人生をやり直すチャンスがあったのに、自堕落な性格と生き方で死ぬ運命を辿《たど》ることになった。

豪華な室内に刻まれた経文

美代子が〝家族乗っ取りビジネス〟を本格化するまでの資金源は、一味を引き連れてパチンコで一万円単位の小銭を稼ぐ「パチプロ」と呼ばれる職種であった。後はせいぜい、「金縁メガネでカール髪のクレーマー婆」として知られた猛烈なクレーマーぶりを発揮《はっき》しての恐喝や詐欺などの小悪行であったようである。

「特に『開店プロ』といって、新装開店のパチンコ店を狙ってオープン前から列を作って並び、玉の出がいい台に陣取って打ち止めまで打ちまくる。いい情報が入ると、『マサ』に不良仲間を集めさせ、店前に並ぶバイトまでさせていたと聞いています。テリトリーも関西一円だけではなく、中国・四国、九州、北陸、甲信越、東海など各地を車で荒し回っていたため、地元の常連客と揉《も》めたり、暴力団に絡《から》まれるなど、トラブルも多かったようです。でも、あのドスの利いた声と態度で乗り切るどころか、店や相手客に土下座させ、謝罪金まで取っていたと専《もっぱ》らの評判です」(美代子らをよく知るパチンコ店主)

それが、八七年の橋本芳子失踪事件で〝体験実習〟し、九八年の猪俣家乗っ取りで味をしめた。さらに、李正則の母親が後妻に入った皆吉家、その皆吉家の娘が嫁いだ高松市の谷本家へと次々と襲いかかり、大金をせしめたことですっかり調子に乗り、人生を狂わせてしまったと見るのが合理的だろう。

家族同様の橋本家を誑《たぶら》かし、〇五年に「領主の城」とも言える分譲マンションをタダ同然で手に入れたまでは良かったが、美代子本人が「この部屋は全部で二億円はするで」と豪語したほど家具や食器などにカネをつぎ込み浪費した（実際はさほど高価な品々ではなかったようだが、飲食物には惜《お》しげもなくカネをかけたし、とにかく見栄を張るため大量の物品を購入した）ことや、絶対君主を気取り、乗っ取った先の家族から気に入った息子や娘を養子としてファミリーに加えるなど、「扶養家族が増え過ぎた」（逮捕された親族の供述）ことで、生活資金や遊興費がいくらあっても足りなかったのが実情であった。

この尼崎連続殺人事件ではいったい、何人の生命が消えていったのであろうか。特に、一味の〝暴力装置〟と言われた李正則を手なずけた〇二年からの約十年間に、美代子の行動はどんどん過激になり、加速度的に殺戮《さつりく》を重ねていった。

そして、それは美代子が作り上げた「〝疑似家族〟による王国」が崩壊していくことも意味していた。美代子が高松市より茉莉子、瑠衣の姉妹や谷本隆を連れて〝凱旋《がいせん》帰郷〟してから逮捕されるまで、角田家に起きた慌ただしい出来事を次のように年表にまとめると、彼女が大切に考えてきた〝家族〟が櫛《くし》の歯が欠けたように消えていく様子がよく分かる。

警察当局によると、これまで表面化していない事件もあり、尼崎市在住の七十代の男性など、分かっているだけでもまだ数人は行方不明者がいる模様だし、犯罪協力者としてリストアップした悪党仲間たちのうち、少なくとも二十数人は手つかずのまま残っているという。これはまさに、我が国の犯罪史上類《たぐ》いまれな凶悪犯罪に発展する可能性を秘めていると同時に、悪党一味が生き抜いていくための淘汰《とうた》の記録でもあるのだ。

【尼崎連続殺人事件関連年表（谷本家事件以降）】

03年10月　美代子らが谷本茉莉子と瑠衣、谷本隆を連れて尼崎市に引き上げる。

	皆吉ノリが美代子の自宅マンションで暴行の末に死亡。
	皆吉初代の兄・健一が美代子のもとから逃走。
04年1月頃	谷本隆が暴行の末に死亡。
3月	茉莉子が美代子のもとから逃走し、大阪府内に潜伏。
	李正則が角田虎蔵と養子縁組し、美代子の従兄弟に。
8月	逃走中の谷本明が偽名で尼崎市に潜伏生活を開始。
05年7月	角田（橋本）久芳が沖縄・万座毛で転落死。
7月頃	美代子らが橋本次郎の潜伏する都内のアパートに現れ、連れ戻す。
06年初め	仲島康司が次郎の紹介で美代子宅に同居。
12月	逃走中の茉莉子を明石市で捕らえ、連れ戻す。
07年1月	瑠衣が角田優太郎と結婚し、長女を出産。
2月	仲島と茉莉子が美代子の命令で結婚。
8月頃	皆吉健一が美代子のもとから再度逃走。
10月	次郎が皆吉健二とともに美代子のもとから逃走。
12月	逃走中の初代が和歌山県で捕まり、連れ戻される。

08年3月　初代が頭部に重傷を負って大阪市内の病院に収容される。
7月　仲島と茉莉子が沖縄に逃亡するが連れ戻される。
9月　瑠衣と優太郎に第二子（長男）誕生。
11月　安藤みつゑが監禁、暴行の末に死亡。
12月　茉莉子が監禁、暴行の末に死亡。
09年4月　美代子が阪神電車にクレームをつけ、川村博之と知り合う。
6月　初代が転院先の尼崎市の病院で死亡。
8月　逃走中の次郎が都内で捕まり、連れ戻される。
10年4月　川村が阪神電車を退職。
11月　川村が美代子の指示で妻・裕美と離婚。
11年4月　裕美を除く大江一家が川村のマンションに同居、自宅が空き家に。
6月　大江和子が尼崎市に連れ去られ、虐待開始。
7月　次郎が監禁、暴行の末に死亡。
9月　和子が虐待の末に死亡。
10月　大江香愛が監禁中のマンションから逃走、11月3日大阪府警に出頭。
11月4日　美代子と川村を香愛への傷害容疑で逮捕。
5日　次郎の遺体が入ったドラム缶を岡山県の海に投棄。
7日　兵庫県警が貸倉庫で和子の遺体が入ったドラム缶を発見。
26日　和子への死体遺棄容疑で美代子ら5人を逮捕。
12年2月8日　和子への殺人、監禁容疑で美代子ら4人を再逮捕。
《大幅に省略、以下主な項目のみ掲載》
10月13〜15日　兵庫県警が尼崎市の皆吉ノリ宅を家宅捜索。床下から茉莉子、隆と安藤の三遺体を発見。
30日　一味の自供通り、岡山県備前市日生の海で次郎の遺体が入ったドラム缶を発見、引き上げ。
11月7日　次郎への死体遺棄容疑で美代子ら8人を逮捕。
12月3日　一味の自供通り、高松市の農機具小屋で皆吉ノリの遺体を発見。
5日　次郎への殺人、逮捕監禁容疑で美代子ら7人を再逮捕。
12日　美代子が兵庫県警本部内で怪死。
（※＝以降、美代子は書類送検、被疑者死亡で不起訴処分となる）

13年2月3日　※茉莉子への殺人、監禁容疑で李正則、鄭頼太郎ら7人を再逮捕。

3月6日　※安藤への傷害致死、監禁容疑で正則、頼太郎ら7人を再逮捕。

5月21日　※角田（橋本）久芳への殺人容疑で正則、頼太郎ら6人を再逮捕。

6月26日　※久芳の保険金詐欺容疑で三枝子、正則ら6人を再逮捕。

9月25日　※初代への傷害致死等の容疑で正則ら7人を再逮捕。

この年表を見るだけで、角田家をめぐる離合集散は大波に揺られる小舟というより、まるでジェットコースターのように一気に落ちていくように見える。

美代子一味が〇三年十月、高松市の谷本家を散々〝蹂躙《じゅうりん》〟した挙げ句、茉莉子と瑠衣の姉妹と伯父の隆を連れて尼崎市へ帰ったことは、第四章で述べた通りだ。が、正則を更生させる計画はもちろん、初代の兄・健一の借金肩代わりにしても、どこまで本当の話であったかは定かではない。その証拠に、一味が尼崎市に戻ってすぐ、多額の借金の主であり、美代子に散々お世話になったはずの健一は、美代子のもとから逃亡を図っている。

しかも、息子の責任を一身に背負《せお》い、谷本家の親族たちに借金返済への協力を呼びかけたり、正則の更生を懇願した初代の母親・ノリも、一ヵ月も経たないうちに、美代子の自宅マンションで暴行を受けて死亡していた。

ノリは、高松市へ同行する前から正則らに激しく暴行されていたことが分かっているし、年金などを三枝子や瑠衣に勝手に下ろされ、生活費や遊興費に流用されており、不肖《ふしょう》の息子とその出来の悪い連れ子（元孫）を持ったとはいえ、何ともかわいそうな人生と言わざるを得ない。

谷本家や皆吉家の資産のあらかたを手に入れた後は、ノリも健一も、美代子一味かならすれば〝用済みの存在〟でしかなかったのであろう。

美代子自慢の自宅マンションは、玄関やリビングルームなどは高級家具が置かれ、ゴージャスな雰囲気なのだが、奥には薄暗い和室がある。そこは障子がボロボロに破れており、監禁部屋として使われていたらしく、被害者の怨念が室内に籠《こ》もっているかのようで、異様な雰囲気が漂《ただよ》っていた。実際、障子や壁紙の一部に般若心経を記したような黒っぽい血染めのシミが残っていて、県警によれば、時期的に考えても、皆吉ノリが救いを求めて書き綴《つづ》ったものである可能性が高いといい、被害者遺族の涙を誘っていた。

また、「我が娘のように可愛がっていた姪っこ姉妹をそのままにしておくわけにはいかない」と家族に言い残して、茉莉子・瑠衣姉妹と一緒に尼崎市に渡った伯父の谷本隆は、美代子らにすれば、まさしく〝邪魔な存在〟でしかなかったはずだ。

それゆえ、一味が尼崎に戻ってすぐの〇三年暮れから〇四年正月にかけて、自宅マンションで正則らによって頭や手足に激しく暴行を受け、衰弱死していた。そして、遺体は尼崎市の皆吉家の床下に埋められ、発見された時は胸と腕はすでに白骨化し、頭や手足の一部に強く何度も殴打されたと見られる内出血や痣《あざ》の痕跡が散見できたものの、顔や足のほとんどが白蠟化《はくろうか》して身元がすぐに分からず、DNA型鑑定でようやく判明するほど変わり果てた姿になっていた。

さらに、背の高い観葉植物と葦簾《よしず》、フェンスに囲まれ、外から見えにくくしてあるバルコニーには、外部から鍵の掛かる物置が二棟設置され、監禁小屋として使われていた。

その一棟に次郎が監禁され、リンチの末に死亡したと見られる。もう一棟の監禁小屋には監視カメラが付けられ、内部を観察できるようになっていたという。次郎が死亡する約二年半前には、そこに仲島茉莉子と安藤みつゑが収容され、次々と死んでいったのである。

肉親や警察にも見捨てられた女

一連の事件では、どの被害者も皆、相当に酷《ひど》い目に遭ったと見られているが、その中でも最も悲惨な目に遭ったとされるのは、高松市から尼崎市に連れ去られた谷本茉莉子であろう。優しいが芯がしっかりしていて、決して自分の信念を曲げなかった茉莉子は、美代子から目の敵《かたき》にされ、ことあるごとに激しい暴力を受けた。

高松市にいる時も、美代子は「この子はできるね。私の後継者にしたい」と可愛がった妹の瑠衣と明確に区別する意味もあって、ことさらに茉莉子にはきつく当たった。

父親と金策に回り、土下座して借金を申し込んだが、大した成果がなく帰宅すると、美代子らに厳しく折檻され、皆の前で裸にされ、辱《はずかし》めを受けることもあったという。父親の協力を得て何度か逃走を図ったが、高松港のフェリーターミナルで乗船する寸前、あるいは市内の神社に隠れているところを追っ手に発見され、連れ戻されていた。

〇三年三月、美代子は明と初代が離婚することを条件に一度、初代と姉妹を人質として連れて尼崎に引き上げたことはすでに書いた。その際、退職を申し入れた勤務先の好意で茉莉子は大阪府内の営業所に勤めることになった。そこでは、家庭の事情を薄々知っていた同僚らに逃亡を勧められたが、決断できずに好機を逸《いっ》し、数ヵ月で退職することになった。

それでも、立て続けに母方の祖母・ノリと伯父の隆を死なせてしまった茉莉子は、〇四年三月に美代子のもとから逃走し、大阪府内に潜伏した。

彼女は〇六年十二月までの二年十ヵ月間、大阪府内の京阪電車沿線にある飲食店でフルタイムで働きながら六畳一間のマンションで生活。室内には何もなく、身はガリガリに痩《や》せ、肩や背中に何かで焼かれたような跡があるなど、いかにも〝訳あり〟の様子だったが、一緒に東京ディズニーランドへ遊びに行く女友達もでき、幸せなひとときを送った。

ところが、〇六年十二月に運転免許証の更新時期を迎え、念のため女友達二人に付き添ってもらい、尼崎市から最も遠い明石市の運転免許更新センターまで出向いたが、美代子一味の監視網を誤魔化《ごまか》すことはできなかった。瑠衣が家出人として茉莉子の捜索願を出し、さらに同センターにも「姉を捜しているので連絡を」と要請していたため、連絡が入り美代子らが駆《か》けつけた。なんと、警察は茉莉子を助けるどころか、結果的には美代子一派に協力までしていたのである。

付き添った女友達は精一杯抵抗し、同センターに掛け合ったり明石署にも相談に行ったが相手にされず、結局、瑠衣らが茉莉子の身柄を連れ去るのを阻止できなかった。

茉莉子にしても、実の妹がいくら洗脳され、美代子のことを母親のように慕うようになっていたとはいえ、そこまでされるとは思っておらず、ショックで茫然自失《ぼうぜんじしつ》となった。

すっかり絶望した茉莉子は後日、マンションに荷物を取りに帰った際、女友達や同僚らが何とか逃がそうと動き回ったのに対して、まるで別人のように淡々とし、逃げる素振りさえ見せなかったという。そして、その引っ越し時のやりとりが、茉莉子と女友達らの今生《こんじょう》の別れとなった。

〇七年一月、瑠衣と優太郎が結婚して長女を出産したこともあり、茉莉子も美代子の指示を受け、次郎の紹介で美代子宅に寄宿《きしゅく》していた仲島という青年と結婚した。

その後、皆吉家の長兄、さらには橋本次郎と皆吉家の次兄が美代子のもとを逃げ出し、和歌山県で発見された母親の初代が連れ戻されるや否や、頭部に重傷を負って大阪市内の病院に運び込まれる騒ぎがあり、恐怖を感じた茉莉子は逃亡を決意。やはり暴力に耐えかねて逃げようと考えていた仲島と〇八年七月、手に手を取って逃げ出した。

茉莉子としては好き合って一緒になった相手ではないが、妹にまで裏切られて人間不信に陥《おちい》り、目の前にいる〝夫〟を信じるしかなかったのだろう。

二人は東京を経て、仲島の出身地である沖縄に逃げたが、友人宅に潜《ひそ》んでいるところを追っ手に見つかり、捕まってしまった。美代子らは厚かましくも、仲島の実家に数日間居座って飲食を提供させ、さらには迷惑料などの名目で金銭まで要求したが、警察に通報されたため、慌てて二人を連れて沖縄を離れたという。この時、なんとか故郷の人々の協力を得て魔の手から逃れることができていたら、茉莉子の生命は助かり、仲島も犯罪者の仲間入りをしなくて済んだのかもしれないと思うと、かえすがえすも残念でならない。

尼崎に連れ戻された二人は、自宅マンションのバルコニーに設置された監禁小屋に閉じ込められ、美代子の指示でまず、互いに殴り合いをさせられた。仲島は素直に指示に従う素振りを見せて約一週間で小屋から解放されたが、すべてに絶望した茉莉子は、仲島の説得も聴かず反抗的な態度を取り続けたため、正則ら〝美代子ファミリー〟から凄惨《せいさん》なリンチを受け続けた。長期間にわたり水分や食事の制限を受けたうえ、木の棒や鉄拳で親族全員から繰り返し殴打され、〇八年十二月に死亡した。

後の捜査で、美代子が監視カメラを通じて茉莉子の衰弱していく様子を克明に把握し、ニヤニヤ笑いながら暴行や虐待の指示を出していたことが分かっている。その時の美代子の心境がいかなるものであったかは、本人が死んでしまった今、神のみぞ知ると言うしかあるまい。ただ、長年すぐ近くで美代子の言動を見てきた三枝子は、取り調べに対し、「姉さん（美代子）は自分を裏切ったり、馬鹿にした者は絶対に許さないし、必ず凄《すさ》まじい罰を与える人だから……」と身を震わせて語ったという。

また、美代子のマンションから押収した数百枚の写真の中には、殴られて顔を腫《は》れ上がらせた茉莉子が室内に裸で立たされているなどの虐待シーンが多数含まれていた。

美代子にとって妹の瑠衣は、家柄も学歴もない自分を「お母さん」と呼んで慕ってくれる貴重な存在だった。香川県屈指の進学校に在学する成績優秀でスポーツ万能な美人女子高生で、素直で活発な育ちのいいお嬢さんが髪の毛をヤンキー風に染め、自分を助けて悪事に手を染め、自分を守るために警官にも食ってかかるのだから、可愛くて仕方ないのもよく分かる。

そんな瑠衣に対し、何事にも理知的で反骨精神が旺盛《おうせい》な茉莉子は、美代子が最も嫌うタイプの女性だったのかもしれないが、それにしてもリンチのやり方が残虐過ぎた。

「モンスター」襲撃以来、茉莉子にとって良かったと言えることが、茉莉子が子供の頃によく遊びに行っていた母親の実家に、敬愛する伯父と一緒に〝埋葬〟されたことだけだったとあっては、あまりにもかわいそう過ぎるだろう。

一方、美代子は、両親を殴打させるなど徹底して洗脳した瑠衣を、尼崎では「ハナ」と呼んで秘書の役目を与え、「将来は自分の跡継ぎにしたい」と言うほど寵愛《ちょうあい》した。が、それは代わりに美代子の命令に絶対服従を要求され、常に言動は監視下に置かれ、自由な時間や思考などなくなることを意味している。夫となった優太郎は、名前の通り優しく楽天的な性格だが、母親にはとうてい立ち向かえそうにない。

そんな二人が唯一、美代子に逆らったのが結婚だった。もともと二人の結婚に美代子は反対していたが、相思相愛の二人は、子供を作ることで結婚にこぎ着けたのだ。そして、美代子は周囲の想像以上に二人の孫を可愛がった。

後に逮捕された美代子が「瑠衣は事件には関係ない。すべて自分一人でやったこと」などと供述したが、それは瑠衣を庇うというよりは、孫の世話をする人間がいなくなることを心配しての供述だったと見られている。

ところで、茉莉子と瑠衣の母親・初代はどうしていたのか。

初代は前述したように、〇三年八月に夫だった谷本明の機転で高松市の谷本家から逃げ出した後、同市内の友人宅や大阪市の女性保護施設などを経て、和歌山県内のホテルで住み込みの仲居として働いていた。もちろん偽名を使ってである。

だが、〇七年十二月に自家用車を購入するため住民票を移動したことなどから、所在が美代子側にバレて、駆けつけた瑠衣や正則らによって尼崎に連れ戻されてしまった。

転入届を提出すると、以前の住民票は新住所を記載したうえで除票として保存される。他人はさておき、瑠衣ら家族の立場なら住民票を取得できるため、新住所が発覚したのだ。

美代子は逃亡者の追跡には異常なほどの執念を見せる。先に述べた通り、〇四年に茉莉子が逃走した際は、運転免許証の更新手続きを見越して、兵庫県内の運転免許センターなどを監視していたという。それで、茉莉子が友人たちの車でわざわざ遠くにある明石市の免許更新センターを訪れたにもかかわらず、簡単に連れ戻されてしまった。

ほかに橋本兄弟や皆吉兄弟、仲島ら大勢の人々の行方《ゆくえ》を独自のルートを駆使《くし》して捜し出し、隠れ場所を突き止め、ほとんど連れ戻している。

このように、運転免許証の更新手続きや住民票移動のチェックなど、理屈のうえでは誰もが可能なことでも、そう簡単に思いつくものでもないし、実際にはなかなかやれるものでもない。つまり、美代子の周辺にはそうした業務を日頃からこなす警察関係者か、弁護士など司法関係者、戸籍などを扱う行政関係者、はたまた日常的にそうした追跡業務を行っている暴力団関係者など専門家たちがいて、何らかの形で協力しているのではないかとの疑惑さえ湧き上がってくる。

初代については、二〇一二年十一月、連れ戻されてから頭に重傷を負って病院に収容された後、尼崎市内の病院に転院して亡くなるまでの経緯や死因に不審な点があるとして、友人らが香川、兵庫両県警に徹底的な再捜査を求める嘆願書を提出しているが、その真相がどこまで解明できるかという点はあまり期待できそうにない。

また、〇三年秋に高松市から逃げ出した谷本明は、九州をはじめ各地を転々とした後で、尼崎市内に潜入した。これまで美代子一味から暴行を受けたり、金品を奪われたりしたことを香川、兵庫両県警に通報、相談してきたが、事件として認定されなかったため、「美代子は高松や尼崎以外の場所でも必ず事件を起こすに違いない。あの連中の近くで様子を見ていれば、ボロを出すかもしれない」と考え、偽名を使って新聞販売店で働き始めた。

大江・川村家事件で美代子が逮捕された後、明は兵庫県警に出頭し、これまでのことを洗いざらい打ち明けた。美代子ら関係者が取り調べに対して口を噤《つぐ》む中で、明の出現は捜査を進展させた。翌一二年夏には、尼崎市内の工事作業員宿舎に隠れていた皆吉健一が警察当局によって発見され、事情をすべて話したことで、事件は一気に全容解明へと向かった。

優柔不断な性格から平和で幸せな一家を離散に追いやったと猛省する谷本明。何度も殺されそうになり、自ら傷を負いながら、冷たい対応で全く頼りにならない警察に通い続けた父親の執念が、何としてでもバラバラになった家族を守ろうとした父親の真の家族愛が、〝疑似家族〟を育み、守ろうとする鬼畜《きちく》の所業《しょぎょう》を粉砕《ふんさい》した瞬間であった。

用済み「ご意見番」の末路

ところで、茉莉子とほぼ同時期に美代子の自宅マンションのバルコニーに設置された監禁小屋で死んだ女性がいる。

　安藤みつゑ。美代子の兄の元交際相手とされ、橋本兄弟同様に、角田家に四十年以上も同居しながら「お手伝い」呼ばわりされ、家政婦のような仕事をこなしてきた人物だ。

「角田家で絶対君主の美代子に対してへり下った様子を見せず、敬語を使わず、本音でズバズバ話せる人がいるとは聞いていたが、兄貴の恋人とは初耳や。ゴリっぱちと兄貴（長男）は年齢が離れとるし、前からそんなに交流があったわけやないから、元交際相手がゴリっぱちと何十年も一緒に暮らしとるなんて考えられへん。もしそうなら、何か〝訳あり〟やないか」

　そう語るのは、序章に登場した美代子の幼なじみの小森だ。

　兵庫県警の取り調べに対して、逮捕された〝疑似家族〟たちの答えは概《おおむ》ね、こうなっていた。

「〇八年十一月頃、みつゑさんが瑠衣の子供を強く叱ったことに美代子が激昂し、自ら激しく殴打したうえで監禁小屋に閉じ込めといたら、死んでもうたらしい。長年、美代子に仕えてきた最も古いお局《つぼね》さんみたいな女性がそんな目に遭うなんて信じられんわ」

だが、九月に待望の男子の孫が誕生して〝お祝いムード〟真っ盛りだったたし、いくら孫を溺愛《できあい》していたとはいえ、「モンスター」らしからぬ所業と言わざるを得ないだろう。

「実は、あの悪党仲間の中に、美代子と暴力団の間を繋ぐパイプ役のような存在がいたことは分かっとるんやが、それが誰なのか不明のままなんや。それがみつゑさんやったら、美代子に対する態度のデカさやタメロも理解できるんやけどな」

そう打ち明けるのは警察関係者。さらにこう言う。

「兄の恋人か何か知らんけど、みつゑさんと虎蔵が親しかったという証言はいくつも出ておるし、虎蔵の暴力団事務所に何度か出入りしとったという目撃情報も摑んどる」

実際、美代子らがアジトとして使っていた分譲マンションは、三枝子の夫だった橋本久芳が〇五年七月に沖縄で転落死するまでは所有権を持ち、住宅ローンを組んでいたのだが、その際、連帯債務者としてみつゑの名前が記載されていた、というのである。

その名前は久芳の死後、マンションの所有権が三枝子名義に変更された際に消えているが、単なる「お手伝い」が債務者として名前を連ねることなどあり得ないし、少なくともその当時、久芳と同様に多額の生命保険を掛けられた形跡もない。

それならいったい、その事実は何を意味しているのか。

「いくら捜査しても分からんかったんやが、誰かバックにいる人物の意思で、そこに名前が出てきたとしか思えんのや。代理人として睨《にら》みを利《き》かせてた、といったところや」

みつゑがそんな力と人脈を誇る「ご意見番」的人物だったとすれば、彼女はなぜ殺されなければならなかったのか。まさか暴力団と繫がっているような人物を、孫を強く叱ったぐらいでリンチにかけるとは思えない。

ここで登場するのが美代子の母親の知人で、美代子の相談相手にもなってきた前出の美幸という女性である。彼女曰《いわ》く、こういうことになる。

「みつゑは、美代子とMが付き合っていたこと知っとる角田家の中では数少ない一人や。皆の前ではおくびにも出さんかったが、それだけ信頼されていた証《あかし》とも言える。それを粛清したとすれば、少なくとも、みつゑとMの関係に問題が起きたということやないか」

〇八年頃から大江・川村家事件が始まる〇九年頃にかけては、確かに美代子とMの間の連絡があまりうまくいっていなかった時期と言ってよかった。

だが、それは暴力団幹部として重要な役目に就《つ》いたMが、組織拡大と資金集めのために関西から首都圏、九州を走り回るなど多忙を極めていたことに主たる原因があると思われた。その一方で、大勢の愛人や情婦を抱えていたMに対し、美代子が心の奥底で密かに嫉妬《しっと》していたのではないかとの見方もある。

だが、Mの教えをかなり身につけてきた美代子が、実際に問い合わせなどを行う必要がなくなってきたことや、美代子のことを熱心に考えなくなったMへの反発もあって、彼の助言に素直に耳を傾けなくなったことが、考えられる最も有力な説であろう。

「〇八年秋頃は、角田家のマンションに行くと、みつゑさんと見られる七十歳前後の女性が暴行を受け、疲れ果てた様子で立たされている姿をよく見かけた。あの虐待ぶりを見る限り、孫を叱ったなんて些細で単発的な話やないで」（角田家に出入りする悪党仲間）

前出の美幸も、こう明かす。

「何があったか分からないが、みつゑがMと仲違いして、パイプ役を果たせなくなった。つまり、用済みになったんやないか。しかも、Mの悪口を言ったり美代子との関係をほのめかして揶揄《やゆ》したんで、美代子がキレてもうたと考えるのが、最も説得力ある説明や」

前掲の年表を見るまでもなく、この時期の〝美代子ファミリー〟は人の出入りが激しく、結束力を誇るメンバーが何やら揺れ動いている感は否めない。それを〝疑似家族〟の揺らぎと見るか、それとも美代子がメンバーを冷静に分析し、将来に向けて淘汰していると見るかは解釈の分かれるところだろう。

ただ、人の心の移り変わりに対して独特の嗅覚《きゆうかく》を持ち、Mの手ほどきもあって、物事の裏の裏まで読み切る冷静な判断力を身につけた美代子には、被害者たちの断末魔はもとより、その背後に忍び寄る〝滅《ほろ》びの足音〟が聞こえてきたはずだ。

長年の付き合いがあり、犯行グループの一員でもあった安藤みつゑや橋本兄弟を殺害したことには、それだけ重い意味がある。

美代子がどうしても何かを淘汰する必要があったとすれば、それは〝疑似家族〟の中ではなく、己の身体——血であり肉であり——や心の行く末を選び出すことであったろう。

そして、人間の心と体は、それぞれの意志や思惑にかかわらず、やがて時の移り変わりとともに自然淘汰されていく運命のもとにある。

角田美代子。この希代の「モンスター」の寿命も、いよいよ風前《ふうぜん》の灯火《ともしび》となりつつあるということであろうか。

第十八章

母親を虐待死させ無罪主張

それはあまりに悲しく、あまりに虚《むな》しく寂《さび》れた光景であり、世間で「悪魔に乗っ取られた」と囁《ささや》かれるのに相応《ふさわ》しい佇《たたず》まいであった。

尼崎市の住宅街の一角に建つ三階建ての小洒落《こじゃれ》た住まい。広さは優に一五〇平方メートルはあるだろうか。一面、明るいクリーム色に塗《ぬ》られた壁や、薄茶色の桟《さん》で縁取られた可愛らしい出窓。二つの玄関に掲げられた表札には、くっきりと《川村《かわむら》》《大江《おおえ》》の文字が刻まれ、いかにも幸せそうな二世帯住宅を連想させる。

だが、今は無人の空き家となっており、小さな庭に植えられた草花は萎《しお》れ、朽《く》ち果《は》てていたし、玄関先に据《す》えられた郵便受けには新聞やダイレクトメールなどがギュウギュウに詰め込まれ、雨に打たれて半《なか》ば腐《くさ》りかけていた。

「ここは、あの事件で亡くなった大江和子《かずこ》さんが購入していた土地に、次女夫婦が一軒家を建てたのよ。夫婦には娘さんが二人いたから、三世代の家族が仲良く暮らしていた。それがまさか、あんなことになるなんて、思いも寄らなかったわ」（近所に住む主婦）

あの事件とは、起訴状によると、大江和子の長女・香愛《かえ》と次女・裕美《ゆみ》、次女の元夫の川村博之《ひろゆき》の三人が角田美代子と共謀。二〇一一年七月から九月にかけて、尼崎市のアパートに和子を監禁し、頭を殴《なぐ》るなどの暴行や虐待《ぎゃくたい》を加えて衰弱死させ、遺体をドラム缶にコンクリート詰めにして尼崎市の貸倉庫内に遺棄《いき》した、というものだ。

これは、美代子一味による尼崎連続殺人事件の〝最後に起きた犯罪〟ながら、一一年十一月に一連の事件では初めて発覚。他の事件が続々と明るみに出る中で、血縁関係がないどころか全く縁もゆかりもない第三者の一家に乗り込んで崩壊させ、美代子自身が積極的に関与するなど、これまで見られなかった手口がどう断罪されるか世間の注目を集めた。

神戸地裁で二〇一三年九月から一ヵ月余にわたって行われた裁判員裁判で、三人は起訴事実を大筋で認めたものの、美代子との共謀について「同じ立場でやったことではない」などとそれぞれ異議を申し立てた。弁護側の主張は、犯行当時三人は美代子の精神的支配下に置かれ、心神喪失状態で刑事責任能力はなく、無罪であるというものだった。

最終意見陳述で、姉の香愛は「当時は角田がすべての行動規準であり、暴力以外の手段を選択できなかった」と述べ、妹の裕美も「あの時はすべて異常だった。美代子の理不尽な指示や価値観に疑いを持っておらず、異常な精神状態だった」と主張した。

また、川村も「角田の言いなりになり、家族間で罵《ののし》り合い、殴り合った。あの女はもういないと思っても、身体が（美代子に支配された恐怖を）覚えていて、未《いま》だに拭《ぬぐ》い切れない。この手で義母の生命を奪った自分が憎い」と声を震《ふる》わせた。

実際、裁判所が選定した精神鑑定で、三人は《美代子元被告の虐待などにより明らかな精神障害はないが、元被告の指示に無抵抗に従う「学習性無力感」（逃げようとして失敗し、拷問《ごうもん》など罰を受けると、逃げるのは不可能と学習し、無抵抗になっていく心理状態）という心理状態に陥《おちい》って、行動を制御する能力が完全に失われていた》などとする結果が出た。つまり、《被害者への暴行などの際、美代子元被告の強い支配下にあり、正常な善悪の判断ができない状態であった》との結論を出したことになる。

しかし、細井正弘裁判長は三人の被告に責任能力があったと認定し、香愛に懲役三年・執行猶予四年、裕美に懲役二年・執行猶予三年の猶予刑を、川村には懲役三年六月の実刑判決を言い渡した——ということは、《まえがき》の冒頭で記した通りである。

この一連の事件に対して裁判員裁判の判決が出るのは初めてだったが、公判における最大の争点はなんといっても、主犯の角田美代子一味の暴力がもたらす恐怖と、甘《かん》言《げん》がもたらす誘惑によって〝洗脳〟され、心身ともに彼女らに支配されていたとされる三人の被告に、果たして責任能力があったかということに尽きるだろう。

司法当局（神戸地裁）の判断はいったい、どうだったのか。

細井裁判長はまず、三人の被告の責任能力を見極める精神鑑定について、「精神障害によって行動制御能力や善悪の判断能力が喪失、または減退していたかを判断するのが通例である」と指摘。そのうえで、「（今回の）鑑定は精神障害ではない心理学的要素である『学習性無力感』から責任能力を導き出そうとしており、採用できない」と判示した。

そして、三人は「命令に反する行動を取るなど自律的思考を完全に失っていたわけではない」などとして全員の責任能力を認め、「学習性無力感」という鑑定結果に基づき被告の責任能力を否定した弁護側の主張を退《しりぞ》けた。

さらに、犯行の首謀者を美代子と断定し、三人には被害者の一面があると指摘したものの、三人ともに「元被告を恐れながらも、（元被告宅で垣間見《かいまみ》た高価な調度品などから）裕福な暮らしに憧《あこが》れを抱き、自らの意思で関わりを持ち続けた」として、娘の香愛と裕美の犯行は「元被告に依存して生きようと選択し、影響下から逃れようとしなかったことが原因」と断じた。また、唯一実刑判決を受けた川村については、「家族を守るために勇気を持って元被告に意見していない。そして、元被告の影響から逃れようとしなかったために、香愛、裕美両被告が犯行に加担することになった」と厳しく指弾している。

そのうえで、香愛に対しては「自首した結果、事件が摘発された」と情状酌量《じょうじょうしゃくりょう》し、裕美は「苛烈《かれつ》な虐待を受け、体力からも犯行時の関与は限定的である」ことを考慮して、執行猶予付き判決としたのである。

この温情判決に対して、大江の親族や友人はもとより、刑法学者や弁護士ら法律の専門家の間からも激しい非難の声が上がった。

しかも、三人の被告、特に判決後に涙を浮かべ、深々と頭を下げて退廷した二人の娘がすぐに控訴したことで、巷《ちまた》には憤《いきどお》りの声が噴出した。

「控訴ってどういう意味や。何の罪科《つみとが》もない実の母親に寄ってたかって乱暴を働き、生命を奪っとって『無罪や』言うんか。そりゃ誰かて、自分たちの生命は惜《お》しいし、あの鬼ババアは化け物やわ。だから重罰にせいとは言わんが、無罪はないやろ。東京の妹さん宅に避難していた和子さんは、連中に無理やり連れ去られて監禁され、身内にリンチされたんやで。それでも娘らを庇《かば》って死んでったそうやんか。あまりに酷過《ひど》ぎるやないか」

　事件の状況や大江和子の様子を、裁判や報道を通じて伝え聞いた知り合いの女性たちは、誰もが憤懣《ふんまん》やるかたないといった表情で、そう口を揃《そろ》える。

　一連の事件では、どの犯行もそうなのだが、中心になって被害者を手にかける実行犯は首謀者の美代子とその取り巻きの悪党仲間であると思われがちだが、実際に犯行に及んでいるのは被害者の配偶者や子供ら親族であることが圧倒的に多い。

　それを精神鑑定で、「美代子による洗脳とか暴力支配に対する恐怖心によるもの」という結論が出され、裁判所がそれを認めてしまうと、すべての事件の実行犯、すなわち犯行に加わった親族全員が、きわめて軽い刑罰に処せられる結果になることは間違いない。

　問題は処罰の軽重だけでは済まない。被告側がすべての責任を美代子に被《かぶ》せて自らの保身を図《はか》るため、事件の真相や背景事情が見えなくなってしまう。つまり、こんな冷酷かつ卑劣《ひれつ》な犯行がなぜ、堂々と続けられたのかという問題の核心部分がうやむやなまま終わってしまうのだ。

この大江・川村家事件は一連の事件の〝最後の犯行〟と言われるだけに、美代子自身が直接手を出して暴行を働いたり、大勢の人間がいる前で率先して実行犯を焚《た》きつけたりして、犯罪の構図が比較的分かりやすくなっている。しかも、それ以前の犯行では、被害者自身やその家族と複雑かつ多岐《たき》にわたる養子縁組を繰り返し、金銭などをめぐるトラブルを家族・親族間の内部問題としてすり替え、民事不介入方針を堅持する警察当局による捜査を防ぐなどの対策を講じてきたが、この事件では美代子はなぜかそうした〝法的手段〟を何一つ講じておらず、捜査が彼女の身に迫《せま》ることは容易なはずであった。

それなのに傷害致死罪に問うのが精一杯で、「類似事件を参考にすれば、懲役八年程度は求刑すべきだが、検察内部で『重過ぎる』との声が大勢を占め、懲役五年前後を求刑するのがやっと」（検察関係者）というから、被害者の死亡時期がかなり前で、加害者の一部が後に別の事件で殺害されているという複雑な事情を抱えた他の事件の行方《ゆくえ》が思いやられるのは当然だ。

それもこれも、序章で述べた如《ごと》く、美代子がいっさい何も語らず、一通の供述調書すら残さないままで怪死してしまったからにほかならない。そのため、残された犯行グループの誰もが自分たちの身の安全を図って、美代子による巧《たく》みな洗脳ぶりや、暴力とカネを背景とした恐怖の支配関係を声高《こわだか》に叫ぶだけで、決して事件の真相を語ろうとはしなくなった。今まさに、すべてが深い闇の中に葬《ほうむ》り去られようとしているのだ。

そうした事態を嘆いているだけでは、何の問題解決にもなるまい。

被告人たちの刑罰にどう反映させるかはさておき、我々はまず、一連の事件でいったい何があったのかを把握することが肝要だ。そして、それらはなぜ発生し、どうして発覚もしないで不法状態を続けることができたのかをきちんと検証し、類似事件の再発防止に努めなければならない。

第三章の猪俣家のように嫁姑問題を含む家族間の軋轢《あつれき》が存在する家庭、第四章の谷本家のように優柔不断で外聞を気にするような世帯主や、皆吉家のように酒癖が悪くギャンブル狂の世帯主がいる家庭、第五章の橋本家のように家族間にまとまりがなく長い物に巻かれやすい体質を持つ家庭、本章の大江・川村家のように起業などの夢を持ちながら、住宅ローンや子供の教育費など現実問題がネックになって叶《かな》えられない父親がいる家庭など、世間ではいくらでもあるだろう。

そう考えれば、この尼崎連続殺人事件はいつ、どこの家庭でも十分に起こり得、巻き込まれ得る犯罪なのだから。

ところで、この大江・川村家事件では、美代子という名うての「モンスター」はどうして、これまで積み重ねてきた犯行のルールを破り、散々学んできた手練手管《てれんてくだ》を控え、堂々と自らの手を血で染めるような真似をしたのであろうか。

美代子による一連の犯行がカネ目当てで行われていたことは、兵庫・香川両県警などの捜査結果を待たずとも明白だ。美代子とその取り巻きである悪党仲間が、皆で「面白おかしく、ぜいたくな生活」を送るためには、多額の資金を稼がなければならないという事情が存在していたことは厳然たる事実である。

これは後の警察当局による捜査で判明したことだが、この大江・川村家事件の際、美代子の経済状況はかなり逼迫《ひっぱく》していたと見られている。○三年の谷本家乗っ取りで五千万円余、○五年には転落死した橋本久芳の生命保険金約六千万円など多額の〝収入〟があったものの、それ以降は目ぼしい実入りはほとんどなかったのだ。

一方、美代子自身や、最大時で十五人余を数えた「悪党仲間」たちは連日、派手に飲み食いしたり、ギャンブルに興じるなど遊興三昧《ざんまい》の生活を送っていたし、正則ら不良仲間が愛用していた覚醒剤や脱法ドラッグ類の購入代金、Mや虎蔵ら暴力団関係者への情報提供代や〝みかじめ料〟などはかなりの金額になっていたと見られる。

やくざという人種は、原則として善意で行動することはなく、組織のトップの号令でも掛からない限り、ボランティア活動はしない。すなわち、美代子とMの関係——男女関係、師弟関係を問わず——も、必ずしも安くはない金額の報酬を支払うか、美代子一味の行動がそれら暴力団組織の利益に繋《つな》がるかしない限り、決して成立しないものなのである。

遊興費からみかじめ料まで、これらの出費額は増加の一途を辿《たど》っており、毎月数百万円のカネが右から左へと流れていったと推計されている。

　こうした危機的状況を裏付ける客観的な資料として、〇八年四月と十一月の二回、自宅の分譲マンション（名義は角田三枝子）を担保《たんぽ》に、金融機関から合計二千二百万円を借り入れた事実がある。ほかにも、美代子が知り合いの金融業者から数百万円を借金したなどの情報がいくつもあるが、闇金融業者同士の内々の話であり、裏付けは取れていない。

　それでも、金欠病を患《わずら》った美代子が早急に新たな資金源を確保しなければならない状態であったことは間違いない。そこに現れた標的こそ、川村だったのである。

　大江・川村家事件を振り返ると、一味の狙《ねら》いが川村家の自宅が建っていた尼崎市の土地を乗っ取り、売却して換金することにあったことは明白だ。その土地や建物の存在を知ってからは、連日の家族会議で不動産売却を協議し、所有権者の一人だった大江和子を都内の妹宅から連れ去るなど、やり方が露骨《ろこつ》になっていたからである。

その悪巧《わるだく》みを実現するためには何よりも、土地の共有者の一人で、美代子の要求に頑《がん》として応じない母親・和子の存在が邪魔であり、速《すみ》やかに〝排除〟する必要があった。

ただ、これまでは大胆に見えてもかなり慎重に行動していた美代子がなぜ、警察当局に捕まる危険性が高まるのを十分に承知していながら、犯行を急いだのであろうか。

美代子が川村・大江家に乗り込むきっかけになったクレーム事件が起きたのは、二〇〇九年四月のことだった。前述したように、兄の元交際相手で四十年以上も美代子と〝同居〟してきた安藤みつゑが監禁、暴行の末に死亡したのが〇八年十一月。その直後の十二月には、高松市の谷本家から連れて来られた仲島茉莉子も監禁、暴行、逃亡を繰り返した末に殺害されており、それからまだ四ヵ月も経っていなかった。

しかも、美代子が大江家に土足で踏み入る前後には、前出の茉莉子や、安藤と同じく四十年以上も〝同居〟してきた橋本次郎ら悪党仲間が次々と美代子の元から逃亡を図って連れ戻される騒ぎが起き、〝疑似家族〟の結束力に陰《かげ》りが見え始めた様子が窺《うかが》われる。

いくら金銭的に切羽詰《せっぱつ》まっていたとしても、「急《せ》いては事をし損《そん》じる」とのことわざもあるように、ここで焦《あせ》っては被害者に逃げられ、警察当局に逮捕される恐れがあることぐらいは十分に分かっていたはずである。

ところが、大江和子を監禁し虐待している最中の一一年七月、美代子は自分の言うことを聞かなくなった〝疑似家族〟の一員である橋本次郎を監禁、暴行の末に殺害している。

次々と〝殺人〟などの凶悪犯罪を繰り返したことで慣れが生じ、「警察には捕まらない」と驕《おご》り高ぶったか。一味の懐《ふところ》事情が悪化し、メンバーが続々と逃亡を図ったために焦りが生まれたか。一連の犯行はカネ目当て以外に、自分が恵まれなかった家族や家庭への復讐《ふくしゅう》劇的な要素が含まれているとの見方もあるが、そうした狂気に苛《さいな》まれて暴走し始めたのか。

それとも何か、別に大きな要因があったのであろうか。

いずれにしても、美代子の心の奥深くに何か複雑な、そして物凄く微《かす》かな「滅《ほろ》びの予感」のようなインスピレーションが働いたのではないか。私にはそう思えてならない。そうでなければ、あれだけ冷酷卑劣な犯行に、自ら率先して突っ走ることなどできないだろう。

美代子に何があったのか――を探るため、まずは大江・川村家事件を検証してみよう。

マッチポンプで乗っ取り

美代子が大江・川村家に食い込んだきっかけは、一家の主である川村の勤務先であった阪神電車に、彼女が血相を変えて乗り込んできたことであった。

「孫が乗ったベビーカーが出屋敷駅で電車のドアに挟《はさ》まれた。大事な孫がケガでもしたらいったい、どないするんや」
○九年四月、ドスの利《き》いた凄味《すごみ》のある声が駅のホームに響き渡った。
美代子が、息子の優太郎夫婦の間にできた生後半年ほどの長男を乗せたベビーカーが、乗車していた阪神電車のドアに挟まれたと因縁《いんねん》を付けたのだ。

「確かに閉めかけたドアに挟まれそうな人がいたので、もう一度ドアを開けた。だから、ベビーカーが挟まれる事態は起きなかったはずだ」

件《くだん》の電車の車掌はそう説明したが、「名うてのクレーマー」の美代子が素直に耳を傾けるはずもなかった。地元商店街や近隣のレストランでは密かに「角田のババアが近づいてきたら、構わないからシャッターを閉めろ。姿を見かけたら、目を合わさんようにしろ」との合い言葉が交わされるほど、何かにつけて因縁を付け、謝罪を要求したりカネを脅《おど》し取っていたという。

この時、クレーム処理を担当したのは、出屋敷駅を管轄下に持つ東部列車所の助役を務めていた川村で、彼は二人の上司とともに、美代子の対応にあたった。

「壊れたベビーカーはな、スウェーデン製で二十万円もしたもんなんや。将来ある子供のもんが駄目になるいうんはよくないから、全部弁償せんかえ」

そう言ってギロッと睨《にら》みつけた美代子の鋭《するど》い眼光《がんこう》に、三人は思わず震え上がった。

こうしたトラブルの場合、阪神電車の規定では三万円を上限とする修繕費しか出さないことになっている。三人は美代子側と二十数回も話し合いを持ったが、埒《らち》が明かず、最後は「従兄弟のマサ」と称する巨漢の男・李正則《りまさのり》が美代子の付き添いとして現れた。

「この子はな、前はやくざやったんや。おとなしそうに見えるけど、怒らせたら何をするか分からんでぇ」

美代子は傍《かたわ》らの「マサ」を指差しながらそう言うと、ニヤッと笑った。

これは美代子が相手を恫喝《どうかつ》する際の常套《じょうとう》手段であった。

三人は謝罪するため何回も美代子の自宅を訪問し、時には土下座までしたが、なかなか話し合いはつかず、物別れに終わった。

「このままではどうにもならん。言う通りにしないと厄介《やっかい》なことになる」

そう考えた上司は、二人で自腹を切って十八万円の現金を用意し、会社の修繕費と合わせて美代子に渡すことを決め、同年八月、ようやく示談《じだん》が成立した。

しかし、問題はこれで終わらなかった。

「最後に三人で食事でもして、すっきりとした気持ちで別れようや。何事もきっちりしたほうがええでぇ」

美代子からそう持ちかけられた三人だが、何やら嫌な予感がして、仕事などを理由にして延び延びにしてきた。が、あまりにしつこく要求されたため、その年の暮れになって、三人は誘いに応じ、尼崎市内の飲食店で一席を設けた。

美代子はフルコースの牡蠣《かき》料理に舌鼓《したつづみ》を打ち、美酒に酔い痴《し》れて、大満足だったらしく、「もう一軒行こう。二次会はカラオケや」と言い出した。

三人は「機嫌を損ねたら面倒なことになる。今日一日の辛抱や」と誘いに応じ、結局、その日は明け方まで付き合った。勘定はすべて二人の上司が自腹で支払ったが、最後には一人の所持金が底《そこ》を突き、川村から二万円を借りて支払う羽目になった。ご機嫌になって泥酔した美代子をタクシーで送り出した三人は疲れ切っていたが、「これで終わりや。エラい目に遭《あ》ったけど、これで済んでよかったわ」と言い合って家路についた。

ところが、後日、美代子に呼び出された三人はいきなり、こうねじ込まれた。

「あんたら、川村さんにカネを払わすなんてどういうことや。それでも上司かいな」

二人はひたすら謝るしかなく、その場で川村に二万円を返したが、これは次なる恐喝へのステップに過ぎなかった。

実は、美代子は酒席につくのは大好きだが、酒はほとんど飲めず、酒に酔ったフリをして三人のやりとりをすべて聞いていたのだ。そして、事前に川村に二万円を渡しておいて、「必ずカネは取り返したるから」と言っていたのだ。

お人好《よ》しで気の弱いところがある川村に、美代子は密かに狙いを付けていた。交渉中も真面目に取り組んでいた川村だけに、こっそりと「お前、感心やないか。応対しとる最中に一回も時計を見んかったで」と耳元で褒《ほ》めちぎり、懐柔《かいじゅう》を図った。

美代子の意外な一面を知り、自分が少し認められたような気がした川村は、やがて美代子の術中に嵌《は》まり、気がつくと、まるで魅入《みい》られたように彼女の言いなりになっていた。そして、グズグズしていて二万円を返すのが遅れると、一転して美代子から

「二重取りやないか。詐欺《さぎ》や」と追及を受けたのだ。このマッチポンプぶりが彼女の真骨頂《しんこっちょう》だった。

「勝手に弁償したことやカネの二重取りが会社に知れたら、あんたらクビやろ。阪神の役員を知っとるから、話したろうか」

三人を呼びつけて、そう脅し上げた美代子は、特に上司の一人が三宮駅長昇任の内示を受けていることにさりげなく触れ、「えらいこっちゃな」と凄んだ。

本人以外は知らされていない人事情報までチラつかせたことで、「このオバはんは社内に凄い人脈を持っている。敵に回すとまずい」と思わせた美代子の要求に、三人は従うしかなかった。三人は言われるままに会食やカラオケを年明けまで数回繰り返したが、やがて「このままではまずい」と感じた上司二人は上層部に相談し、交渉の席に会社の顧問弁護士が出てくるようになった。すると、美代子はさっと身を引いたのだ。

この時から美代子の獲物は実直で無防備な川村に絞《しぼ》られた。彼女はまず、ひ弱な獲物を阪神電車という会社組織から切り離しにかかった。

交渉中から川村に目をつけていた美代子は、彼だけを飲食に誘ったり自宅に招いたりして、家族構成やら将来の生活設計やら、いろいろと話を聞いた。徐々に川村の心の中に入り込み、そうこうしているうちに川村も次第に心を開くようになり、やがて二人の間には奇妙な信頼関係が芽生え始めていた。半年後には、「夫婦で喫茶店を開きたい」という自分の夢を滔々《とうとう》と打ち明け、妻の裕美を伴って角田宅を訪れるまでになっていた。

川村の年収は六百万円余で、ぜいたくはできないが、まずまずの暮らしを送っていた。尼崎市内にマイホームを建て、娘二人は小学校に通い、将来が楽しみだ。出世は早いほうではないが、助役の座に就《つ》くなど順調だし、会社にも生活にも不満はなかった。

ただ、漠然と「このままの人生でいいのだろうか」と感じる時があったし、なんとなく「妻と二人で洒落た喫茶店でも経営したい」との夢を抱いていたこともあり、そうした家庭や仕事上の悩みとか、さまざまな思いを素直に口にするようになっていた。

彼は、たまたま美代子と喫茶店で話し合いをした際、思わず「こんな喫茶店が持てたらいいな」と呟いた。どこまで本気か分からないぼんやりした気持ちであり、フッと漏《も》らしただけだったが、そこを美代子に付け込まれ、こう囁かれた。

「アンタ、ほんまはサラリーマンなんか嫌なんやろ。会社辞めて喫茶店やりいな。

（JR）三ノ宮駅前にちょうどいい物件を持っとるから貸してあげるわ」
いる。

「アンタ、ほんまは〇〇なんやろ」というのが、美代子が相手をたらし込む常套句であり、このセリフは、九八年の猪俣家事件で猪俣家の四男が「アンタ、ほんまはもっと事業したいんやろ」と唆《そそのか》されたのをはじめ、他の事件でも何度か登場している。

川村の妻の裕美は、夫が退職金を元手に喫茶店開業を考えていることをうすうす知っていたが、それまではっきりと聞いたことはなかった。

そもそも裕美は、その話には猛反対であった。夫は気弱なくせに山っ気たっぷりの性格であることを知っていたし、なによりも、まだ相当額の住宅ローンが残っているうえ、生活費はもとより娘二人の教育費など、これから大きな出費が待ち構えていることを知っていたからだ。

裕美自身、インターネットを活用した商品の通信販売を副業として営《いとな》み、日々の暮らしや交際費の足しにしていたほどである。

だが、この喫茶店開業話をきっかけに、二人の間がおかしくなり、やがて離婚話に発展する。川村も当初、一家の生活をバラバラにしてまで店の経営に取り組もうと思っていたわけではなかったのだが、その夢を煽《あお》ったのが美代子であった。

川村を自宅マンションに何度も招き、豪華な家具や小物類を見せたり、優雅な生活ぶりを感じさせ、「私も海外から雑貨を仕入れて売っとるけど、結構儲《もう》かるで。店の経営はええで。あんたもやりぃな」と盛んに勧めた。また、「男ならやるときゃやらな。決断せえや」と散々煽り立て、同時に子供たちにはケーキやブドウなどの果実を贈るなどして、「言葉は荒っぽいし、性格はきついが、情け深くて人の気持ちが分かる信頼できる人なんだ」と思わせるようにしたし、なにより派手な生活に憧れを抱くように仕向けた。

それでいて、川村が「妻が反対しているから退職できない」と漏らすと、鬼のような形相に豹変《ひょうへん》して、「何言っとるんや。男が一度言い出したことは、絶対に実行せんかい。そんないい加減な男やったら、もうええわ。その代わり、会社におられんようにしたるわ」と怒鳴り始めた。落ち込んだ川村がクヨクヨと悩み始めると、今度は「何、しょぼくれてるんや。全面的に支援したるがな」と笑顔を浮かべて優しい言葉をかけた。「開店するなら、こんなのいるやろ」と高価なティーカップを買ってくれたこともある。

それらの言葉を聞いて、川村の心底に《もしかしたら、角田のオバはんは資金援助してくれるかもしれんな。夢が実現するかもしれんな》という〝スケベな下心〟が浮かび上がったことは事実で、後に川村は取り調べに対して、そう答えている。川村の心に「感謝の気持ちが大きくなっていった」（本人の供述）と大きな変化をもたらしたことは間違いなく、この時、すでに川村の心は半ば〝洗脳〟されていたと言っていいだろう。

また、彼がどうしても頭が上がらないという妻の裕美に対しても、美代子は川村の代わりに「妻やったら、夫を支えんかい。全面協力せにゃあかんやろうが」と叱咤《しった》してくれ、最後にはとうとう副業として、かなりの利益を上げていたネットワークビジネスをやめさせるなど、退路を断つ荒技《あらわざ》に出たという。

川村は単純に歓迎の意を表したが、美代子は裕美からも夫の退職をめぐって相談を受けており、一方で夫に独立を煽り、また一方で家計を案じる妻の話を聞くなど、双方から情報収集して、自分の密かな企《たくら》みが成就《じょうじゅ》する機会を窺っていたのだ。

止《とど》めは退職金だった。中途退社だと退職金の金額が大幅に減ることを心配する夫婦に対して、美代子はにっこり笑って、こう請《う》け負《お》った。

「大丈夫や。私に任せておき。会社から退職金をたんまり貰《もら》えるように交渉したるわ」

美代子の執拗《しつよう》で巧みな交渉ぶりを知っているだけに、頼もしく感じる一言であった。

結局、美代子は会社側から川村の退職金として約一千万円を引き出した。

通常は、標的からカネを引っ張るのが目的なら、その資金源を奪《うば》うような真似はしないものだ。が、美代子の場合、相手を退職させたりサイドビジネスをやめさせたりするなど、収入を減らすことを平気で要求する。相手やその周辺の関係者からすれば、妙に警戒し、そして妙に安心することになるのだが、そのやり方も実はMから学んだことであった。

標的を最初は安心させ、自分への信頼を勝ち取る。そのうち標的の資金源を断ち、周囲にいる信頼できる親族や知人、組織などを排《はい》してしまえば、相手は精神的にはもちろん、物理的にも経済的にも、美代子を頼らざるを得なくなる。そうやって相手を次第に追い詰めていき、家族への支配を強めていくのがM直伝の「家族乗っ取り術」であった。

これは、暴力団やその傘下《さんか》にある企業舎弟などが体質の甘い同族企業や老舗《しにせ》店舗などを乗っ取ったり、経営権などを押さえる場合によく使う手口で、国内の経済事件では住友銀行・イトマン事件で「闇の帝王」と呼ばれた許永中《きょえいちゅう》が多用した例がある。

大江・川村家事件で直接、美代子がMから教えを乞《こ》うことはほとんどなかったが、これまでの一連の事件で、彼女がMと会ったり電話やメールで頻繁にアドバイスを受けてきており、困ることは何もなかったのだ。

こうして川村は、一〇年四月一日付で二十年余勤めた阪神電車を退社した。美代子のクレームを受けてから一年足らずで、彼の人生は大きな変貌《へんぼう》を遂《と》げていた。

連日の徹夜会議で疑心暗鬼

川村から会社組織という大きな後《うし》ろ楯《だて》を切り離した美代子は、続いて家庭、そして家族という信頼できる空間を彼から引き離そうと考えた。

トラブルをきっかけに被害者に食い込み、何度も話し合ったり相談に乗ったりするうちに、しっかりと弱みを握る。暴力と甘言を巧みに使い分け、気がつくと、当人は家族など周囲の人々とともに美代子の意のままに操《あやつ》られている、というのが彼女の得意技だった。いわゆる洗脳とかマインドコントロールと呼ばれるもので、それも必ず最後には暴行の末に殺し合うなど、凶悪犯罪に手を染めざるを得なくなる悲劇的結末が待っていた。

退職した川村はやることがないから、「喫茶店経営の勉強や」と称して遊び歩いたり酒を飲んだりするようになり、かつて妻から「マイホームを建てるため、無駄遣いできないから」と止められていた競馬などのギャンブルに、つい手を出してしまう。

それを見逃す美代子ではなかった。彼女はそのことを川村から聞き出すと、それとなく裕美の耳に入れ、夫婦喧嘩が起きるように画策《かくさく》した。さらに川村から過去の浮気話を聞き出し、それも裕美に密告して、夫婦関係をいっそうおかしくさせた。

また、「裕美も過去に不貞を働いていたことがあるんや」と、ありもしない話をデッチ上げて川村に伝え、ギャンブルと過去の浮気話を蒸《む》し返されて不利な立場に追いやられていた川村は、妻に対抗するため、そのことを無理にでも信じようとした。

二〇一〇年夏頃から、川村夫妻を自宅マンションに招くなど本格的に川村家に入り込むようになっていた美代子は、「不倫とギャンブルの二大約束違反じゃ、別れるしかしゃあないな」と、二人に離婚を勧めた。そして、なぜか美代子が「そんな大事な話は家族や親族一同で話し合う必要がある」などと主導して、家族会議を招集したのである。

会議には川村夫婦と娘二人をはじめ、最初は同居していた母親の大江和子や裕美の姉・香愛、さらには川村の兄、香愛の婚約者まで加わって、毎夜のように川村宅や、終盤には美代子の自宅マンションでも開かれるようになっていた。

「博之から相談を持ちかけられた二〇一〇年十月には、すでにヤツは阪神電車を辞めて、離婚話も決まっているような口ぶりやった。『間に入って、いろいろと話を聞いてもらっとる人』と紹介されたんが角田のバアさん（美代子）で、両家の親族がズラッと揃っとるのになぜか会議をすべて仕切っとった。バアさんは博之に『いきさつをしゃべらんかい』と命じたかと思うと、親族たちに『お前、どう思うんや。言うてみい』と偉そうに言う。自分の意に添わないと『お前らのためにわざわざ時間割《さ》いて来たってんのに、その態度はなんや』と怒鳴る。その頃はまだ暴力は振るってなかったが、難癖を付けてる態度を見て、『この女は我々とは違う世界に住んどる人や。関わったらあかん』と感じたんや」

そう明かすのは、川村の親族の一人だ。こう続ける。

「会議は連日のように開かれ、夜八時から翌日昼頃まで延々と十数時間、ほとんど飲まず食わずで続くんで、勤め人はまともに会社に行けんし、自営業者も疲れと眠気で仕事にならんのや。姉さん（香愛）なんて会社を辞めざるを得んようになったと言うてたわ。なにしろ、バアさんが自分の考えに合わないと、『こいつはこんなこと言うてるけど、お前らどや』などと話を逆戻りさせるんやから、終わるわけないわ。ありゃ、話し合いというより拷問《ごうもん》やし、それがバアさんの狙いだったんや。皆、早う帰りたいんでバアさんの言う通りにして、反対しなくなる。そして、遠い親族から次々と欠席するようになったんや」

親族が一人減り二人減りする中で、美代子は事態を冷静に見ていた二人の男性の排除を決意した。一人は川村の兄で、「あの女（美代子）は川村、大江家の財産を狙ってるで」と弟に注意するなど、美代子にとっては目障《めざわ》りな存在だった。それを見抜いた美代子はあえて川村の退職金に手を付けなかったため、川村の兄は親族から嘘《うそ》つき呼ばわりされて冷たい目で見られ、立場を失いやがて姿を消した。ちなみに、喫茶店の開業資金に充《あ》てるはずだった退職金のうち約九百万円は、後に「賃貸住宅の契約・権利金」だとか「子供の食費など預かり賃」などの名目で、美代子にまんまと巻き上げられ、跡形もなく消えている。

もう一人は香愛の婚約者であったが、彼がある時、室内で帽子を被ったままタバコを吸っていた姿を目撃した美代子が激怒し、携帯電話で李正則ら大勢の悪党仲間を呼んで取り囲んだ。そして、李の背中の刺青《いれずみ》を見せて、「この『マサ』は前はやくざやったんや。怒らせたら、何するか分からんで」と恫喝したため、その場にいた親族全員は震え上がったという。それ以降、香愛の婚約者は二度と家族会議に顔を出さなくなった。

かくして美代子は、大江・川村家側の守りを外堀から埋《う》めていったのである。実は、川村夫妻は一〇年十一月、美代子の勧めで早々に離婚していた。が、美代子はいろいろと理由を拵《こしら》えては家族・親族会議を開催した。最終的な目的は、大江・川村家の不動産売却にあった。離婚成立後、川村は美代子に命じられ、彼女の自宅マンションのすぐ横にある八畳のワンルームマンションに転居した。

裕美のほうは当初、親権を得た子供たちの面倒を見るために自宅に残ることになっていたが、美代子から「お前がやっとったネットワークビジネスのせいで一家離散になったちゅう噂が近所で広がっとる。このまま住み続けると、娘たちがいろいろ言われてかわいそうや」と言われ、尼崎市内にマンションを借りて、娘二人と移住した。また、一時は美代子の存在に恐怖心を抱き、都内の妹宅に避難していた和子だが、尼崎に連れ戻されて川村夫妻に引き取られ、美代子一味の監視下に置かれた。何としても大江・川村家の土地と家屋を手に入れたがっていた美代子にすれば、まさに「してやったり」という展開になった。

大江・川村家の〝二世帯住宅〟は、建物は川村名義で、土地は和子と香愛、裕美姉妹の共有財産となっていた。そのため、土地と建物を手に入れるためには四人の同意を得る必要があった。そのうち川村は、美代子に簡単に誑《たぶら》かされて靡《なび》くようになったが、川村の独立に反対していた妻の裕美、川村の言動や美代子の存在に懐疑《かいぎ》的だった姉の香愛と母親の和子の順番で、なかなか手ごわい相手が揃っていたと言える。

そこで美代子はまず、裕美を徹底的に狙《ねら》い撃《う》ちした。

家族の分断を図るため美代子がMから学んだ手法の一つに、徹底した差別化がある。これまで見てきたように、家族の中から一人だけ標的を定め、暴行や虐待など徹底的に攻撃する。他の家族はむしろ優遇し、少しでも抵抗したり虐待に手加減を加えれば、その人間を新たな標的とする仕組みだ。これを実行に移すと、家族同士が互いに牽制《けんせい》し合い、誰もが美代子の顔色を窺い、なんとか気に入られようと積極的に協力したり密告したりするようになる、というわけだ。

美代子の自宅マンションで行われた家族会議では、美代子がファミリーから「玉座」と呼ばれていた中央の自分専用のソファに座り、向かい側に香愛ら親族が座るが、川村と裕美はいつもリビングの床に正座させられていた。そして美代子は、一人で勝手に話を盛り上げ、「お前ら、こんな酷いことをやっとったんか」と叫んでは二人に平手打ちを見舞い、正則らに殴打させることもあった。この時、叩かれる回数は裕美が圧倒的に多かったという。

裕美は、家族の中で真っ先に食事の内容からトイレの回数、睡眠時間まで制限され、空腹に耐えかねて隠れてこっそり食べたチョコレートの包み紙が発見されただけで、あるいは勝手に買い物したというだけで、美代子や正則から激しい折檻《せっかん》を受けた。さらに、周囲で見ていた川村や香愛は、美代子に「何で身内のあんたらが殴らんのや。身内のことは身内でやれや」と言われ、自分が虐待の対象になるのが怖くなり必死に殴りつけるようになった。

美代子は川村に、「裕美も浮気しとったんや」、香愛には「裕美が悪口言うとった で」と出まかせを吹き込み、それぞれの怒りを増幅させたし、これまで妻に頭が上がらなかった川村に至っては「角田さんのおかげで嫁はんを初めて殴ったった」と興奮を抑え切れない有り様だった。

年が明けると、家族会議は三、四日続くなどますます長くなり、内容も過激になってきたため、川村家の四人と香愛以外の川村の兄や香愛の婚約者を含む親族たちは、他の親族宅や勤務先などに避難して姿を見せなくなった。一方で裕美は、四月頃から美代子の自宅マンションに同居させられ、二人の娘と香愛は川村のワンルームマンションで同居する（その後、裕美も川村のワンルームマンションに同居）という歪《いびつ》な形を取るようになっていた。

　そのため裕美への暴行、虐待は次第にエスカレートし、美代子の指示に従わなかっただけで、家族の面前で裸にされて背中にタバコの火を押し付けられたり、老人用おむつ一枚の姿で手錠をかけられ、マンションのベランダにあるイスに座らされ、美代子や正則、そして、家族たちにもボコボコに殴られたという。後に川村は元妻について、「顔が変形して、ずっと笑っているように見えた。生きているのが不思議なくらいやった」と供述したが、裁判で判決を受けた時も鼻が曲がり、耳は潰《つぶ》れ、口許《くちもと》は歪《ゆが》んだままであった。

　ほかの家族との差別化も進み、特に元夫の川村を裕美から完全に切り離すため、美代子はよりいっそう二人に厳しく当たることが多かった。

　たとえば、喫茶店に入った川村が少しでも「裕美とこういう店をやりたかった。どうしてもあいつの協力が必要なんや」などと漏らそうものなら、美代子は「お前はまだ未練《みれん》があるんか」とキレまくり、家族全員で「私は悪い人間です」と言いながら激しく殴り合うという異様な仕置きを受けた。川村と裕美が炎天下の公園で一日中立たされるという「罰」を受けた時は、裕美には食べ物はおろか水一杯飲ませず飢餓《きが》状態にしておきながら、川村にはジュースやコロッケを与え、元妻への罵倒《ばとう》を勧めたり密告役を志願させたりした。

借金、売春、自殺、殺人を強要

そこまでされてもなぜ、川村一家四人と香愛は逃げようとしなかったのか。

一時は五人が同居していたワンルームマンションは、美代子の自宅マンションから見下ろす位置にあり、正則ら悪党仲間に監視されていることが多かったのは確かだ。

また、会社を辞めた後の川村は、退職金を奪われ、たまにアルバイトして収入を得ても、「子供たちの養育費」などと称して巻き上げられた。所持金がほとんどなくなり、美代子に生活のすべてを委《ゆだ》ねるしかなくなった川村一家が、次第に気力を失っていった様子も窺われる。

それでも、成人男女が三人もいたのだから、逃亡ぐらいはできたはずである。

ところが、この川村家でも、先の猪俣家や谷本家と同様の現象が起きた。

美代子は、離婚成立で娘たちの世話を焼けなくなった裕美に代わって、小中学生の子供二人を自宅マンションに引き取って面倒を見た。つまり、人質に取ったのである。

美代子は子供たちに菓子や玩具を好きなだけ買い与えたり、あちこち遊びに連れて行くなど〝ぜいたくで楽しい暮らし〟を体験させ、手なずけた。また、ことあるごとに「お前らの両親はこんな酷い奴らなんや」とか「あんたらのお母さんはトンでもない女や。育児放棄して男まで作って……」などと、あることないことを吹き込んだ。最初に娘たちを預かったのは、二人が小学校の冬休みのときであったが、休み明けで学校が始まっても、二人は「家に帰りたくない」とか「角田さんの家の子供になりたい」と駄々《だだ》をこねた。その言葉を聞いた美代子は、それまでの単なる世話好きなオバさん風の態度を一変させ、子供を楯《たて》にした鬼ババアに変身した。

美代子は、娘たちの前で両親を暴行したり正座させて長々と説教し、「よう見とけや。お前らの親、情けないやろ」と醜態を見せつけた。子供たちが父親を「川村」と呼び捨てにして馬鹿にし、母親を「○○（ネットワークビジネスの会社名）星人」と呼んで軽蔑《けいべつ》した目で見たり、ほとんど無視したりするようになるのに、さほど時間は掛からなかった。

親の威厳は失われ、「最低の親」とのイメージだけがどんどん植え付けられていく。

そんな時に川村が、「子供たちは（児童養護）施設に預けたほうがいいのではないか」と口走り、激怒した美代子に「それでも人の親か。恥を知れ。ここ（マンションのベランダ）から飛び降りて死ねや。なんなら、突き落としたろか」と一喝された挙《あ》げ句《く》、正則に無茶苦茶に殴打される失態を演じたため、子供たちの心は完全に離反していった。

裕美に対する美代子の狙い撃ちは、その程度では済まなかった。

美代子は川村と裕美に対し、預かっている子供たちの生活費を要求し始めた。

「子供らも飯を食うし、暮らしていくにはカネがいる。こっちはあんたらのおかげで仕事もでけへんから大損や。親やったら、何とかせなあかんのちゃうか。すぐに働けや」

前述したように、美代子はこの時、金欠病に陥っており、川村・大江家の土地・建物がすぐに売却できないこともあって、少しでも生活資金を獲得する必要があった。すでに半分は洗脳されかかっている二人に、この命令を拒《こば》む力は残っていなかった。高収入を得られるような仕事に就けそうにない川村には、親族や友人宅、金融機関を回って借金を申し込むように命じ、数百万円を借りさせて、すべて巻き上げた。

一一年一月頃には、裕美は正則の運転するワンボックスカーに乗せられ、大阪市で古い売春街として知られる飛田新地《とびたしんち》に連れて行かれ、「自分が気に入った店で働け」と命じられた。車内には川村ら親族も同乗し、売春宿や風俗店を何軒も回って正則と裕美が店側と交渉したというから本気で働かそうと考えていたようだが、結果的に働くことはなかった。

ただ、この出来事にショックを受けた裕美に友人宅などを回らせて借金をさせたり、屈辱感を味わった川村に限度額ぎりぎりまでカードローンを設定させてカネを作らせたりした。

裕美は美代子から、「お前が（ネットワークビジネスに夢中になって）育児放棄したから、子供たちは心の底から恨《うら》んどる。生きてる資格ないで」と言われ、川村とともに長女から殴る蹴るの暴行を受け、自尊心も忍耐力もすべて失った。長女が大笑いしながら「馬鹿を殴ったたった」と叫んでいる姿を見た時、絶望感に苛まれ、自暴自棄《じぼうじき》になったという。

一一年七月には、美代子から「こうなった責任はすべてお前にある」と自殺を迫られ、一人家を出て近くの高層マンションの踊り場に佇《たたず》んだこともあった。その時、裕美は何も思わなかったし、「裕美を好き放題させていたお前にも、大きな責任があるんやで」と、やはり自殺を示唆《しさ》された川村も、「これで俺の人生は終わりやな」と思っただけだったという。

後に裕美は、「娘が自分を殺すかもしれないと思った。娘の手を汚させたくなかったので、自殺を決意した」と供述したが、それが本心なのかどうかは、はっきり言って定かではない。

ただ、美代子からすれば、この時の二人の自殺騒ぎは本意ではないという。

「美代子にとって関係者の自殺は、生命保険金を含む財産の奪取か、自分たちが捕まらないための証拠隠滅といった目的がなければ意味がない。この時はまだ保険にも入っていなかったんやから、本気で死なそうと考えとらんかったことは明白。むしろ死ぬ直前に止めることで、自分を命の恩人と勘違いしてくれるほうがありがたかったはずや」(捜査員)

次第に家族を分断させていった美代子は、いよいよ大江・川村家の土地を狙って動き出す。一一年六月の家族会議で、美代子は「住宅を処分する話をしとるのに、土地の名義人である和子がおらんのはおかしい」と言い出し、逃げて東京の妹宅に身を寄せていた和子を連れ出すため、川村家の四人と香愛を伴って出発した。

早い段階から美代子への警戒心を抱いていた和子は当然、同行を拒んだ。これに対し、美代子は、Mから教えられた相手のプライドや羞恥心、優しい心根を揺るがす戦術に出た。

まず、和子が潜《ひそ》む妹宅前で突然、娘である裕美に大声で「男が欲しい」「私を抱いて」などと叫ばせ、しかも和子が顔を出すまで連呼させる戦術を取った。それでも和子が必死になって面会を拒むと、今度は裕美に門前に集まった付近住民の前で放尿をさせたのである。この様子を見た和子は、さすがに娘の行動と精神状態に危機感を覚え、渋々ながら尼崎行きを決意した。

和子の悪い予感は的中した。尼崎に向かう車中から、美代子や川村、娘たちに激しく暴行され、一家が同居するワンルームマンションに強制的に押し込められた。七月には、前述の裕美が自殺しようとしてマンションの踊り場に佇んだ際に、和子が真っ先に駆けつけて自殺を止めたことで、「情けをかけた」と和子への暴力はさらにエスカレートした。

それは、美代子の「家族皆の言うことに従わん奴は、仕置きしたほうがええわ」という一言で幕を開けたという。

「外出禁止に睡眠、食事、トイレまで許可制という美代子お得意の拷問が行われ、飲料水は一日五〇〇ミリリットルのペットボトル一本、トイレは一日二回に制限されて、長時間ずっと立たせとるんで六十六歳の母親にはきつい。少しでも指示に従わなければ、川村や娘たちが平手打ちか、新聞紙や分厚いカタログ本を丸めて作った〝しばき棒〟で目を突いたり頬や耳を殴る。酷い時には、背中を思い切り足蹴《あしげ》にし、倒れた母親の頭を足で踏みつけるなど暴虐の限りを尽くすんや。親子や兄弟姉妹で殴り合ったりすると、人間の基本的な倫理観が崩れ、思考能力も低下して、何をやっとるか分からなくなり、相手の指示に逆らえなくなる。家族全員がマインドコントロールされてしまったわけや」（捜査員）

ある種の狂気を宿《やど》した川村と裕美は、自分たちの娘、特に美代子の寵愛《ちょうあい》を受けている長女ではなく、小学生の次女を折檻し始めた。自分たちが娘に殴られたショックもあって心が壊れてしまったのか、香愛も暴行に加わった。

折檻場所となった市内の公園近くに停めたワンボックスカーの中には、美代子や川村夫婦の長女もいたというから、次女は家族じゅうから寄ってたかって殴られていたことになる。

目撃した近所の主婦が語る。

「二〇一一年夏に近くの公園内で、当時小学五年生だった女児の頭や顔、腹を母親とその姉が黙々と往復ビンタしたり殴ったりしていた。女児は涙一つこぼさずにジッと堪《こら》えていた。止めようとしたら、車のウインドウが開いて、美代子と思われるババアに『身内のことやから口出さんといてぇな』と怒鳴られた。警察官が来るまで三十分近くは殴られていたんやないか」

なにしろ、家中で正気を保っていたのは和子だけであった。その彼女も、裕美の自殺を止めてからエスカレートしていた暴力に恐怖を覚え、何度も逃亡を試みた。が、その都度連れ戻され、さらに苛烈な虐待・暴行を受けた挙げ句、九月十一日に死亡した。

最期の日には、食事制限で体重二十二キロとフラフラになった和子に、「お前が角田さんの怒ることをするから会議が進まんのや。ええ加減にせい」と半ば錯乱《さくらん》状態になった川村が、和子の髪を摑《つか》んで引きずり倒し、頭を踏みつけ、腹などを殴りつけている。

和子は「もう死にたい。殺して」と懇願した末の虐待死、まさに憤死であった。

三人は、和子の遺体を前に途方に暮れた。外出していた美代子に連絡すると、「大江家のことは大江家で処理せいや」と突き放された。さすがに母親を殺して自責の念に駆られた香愛は、「警察に行ったほうがいい」と自首をほのめかしたが、そのことを川村から聞いた美代子は、「行ったらええやん。その代わり、子供たちが一生、犯罪者の子という目で見られるけどな」と答え、〝やれるもんならやってみろ〟と余裕しゃくしゃくの態度だった。

結局、三人は美代子に泣きつき、その指示で遺体を腐らせないように数日間、氷を敷いた浴槽に〝安置〟。美代子や正則も協力し、遺体を段ボール箱に入れて車で近くの貸倉庫まで運び、そこで川村と正則がドラム缶に入れ、コンクリートを流し込んだのである。

その倉庫には、実は、約一ヵ月半前に美代子の逆鱗《げきりん》に触れ、自宅マンションのバルコニーにある監禁小屋で殺害された橋本次郎の遺体が、ドラム缶にコンクリート詰めされた状態で置かれていた。

大江和子の死後、確信犯の美代子はもとより、大江・川村家の面々の暴走も止まらなかった。

彼らの次なる標的は、警察への自首をほのめかし、「母親を殺した責任を取って、自分も死ぬ」と口走りながら「やっぱり死ねない」と前言を翻《ひるがえ》すなど、情緒不安定に陥った香愛であった。攻撃理由は「香愛はカネに汚い女や」という訳の分からないものだった。

美代子は、川村に命じて香愛の顔を何度も殴打させたり、「簡単に死なせへん。目玉をくり抜いてバーナーで焼いたるわ」などと恫喝して左瞼《まぶた》にタバコの火を押し付けるなど、虐待の限りを尽くした。そして、逃亡を恐れた美代子は十月下旬、命乞いする香愛を下着一枚の姿にしたうえで、両手足を粘着テープで縛《しば》り、新たに暗証番号付きの内鍵を設置したワンルームマンションの部屋に閉じ込め、川村に監視させたのだ。

「このままでは、私も殺される」

そう感じた香愛は、監視役の川村が眠っているスキに粘着テープを歯で裂《さ》き、衣服を手にそっと窓から脱出した。母親殺しの加害者があっという間に被害者に変わる。そんな思いに怯《おび》えた香愛だったが、それが尼崎連続殺人事件の本質であり、まさに正解であった。

近くの商店に逃げ込み、衣服を整え、履物を借りた香愛は、これまた本能的に兵庫県警には向かわず、四日間も彷徨《さまよ》った挙げ句、二〇一一年十一月三日になって、大阪市北区の大阪府警の交番に駆け込んだ。

大阪府警は香愛の命懸けの訴えを聞き取り、顔の傷などから信憑性《しんぴょうせい》があると判断。兵庫県警に公式に連絡を取ったため、県警もようやく捜査に動き出すことになった。

これこそが紆余曲折《うよきょくせつ》を経ながらも、尼崎連続殺人事件が初めて世間の目に晒《さら》された瞬間であった。

間一髪の逮捕劇

香愛が大阪府警に駆け込んだ日、美代子は直《ただ》ちに内縁の夫・頼太郎や二人の息子、正則ら〝美代子ファミリー〟を招集し、善後策を講じた。香愛は和子の死亡現場にいたわけだし、遺体をコンクリート詰めにして貸倉庫に置いたことも知っていたからだ。ただ、和子を死なせた時、美代子は現場にいなかったため、事態を重く見ながらも意外と楽観視していた。

事件当日の美代子一味の行動などについて口裏合わせをしておくと同時に、貸倉庫に置かれた和子と橋本次郎の遺体を移動させることにし、話し合いの結果、皆吉家事件は未だ発覚していないとの判断から、二人の遺体をとりあえず、仲島茉莉子ら三人の遺体が床下に眠る皆吉家に隠すことに決め、その夜のうちに貸倉庫から運び出している。

兵庫県警への本能的な不信感から、香愛が四日間の彷徨《ほうこう》を経て大阪府警に出頭したというタイムラグが、結果的に美代子一味に犯行を隠蔽する時間的猶予《ゆうよ》を与えたことになる。

必死になって香愛の行方を捜していた川村と裕美だが、発見できないと分かるや、逃がした責任を取らされる形で〝美代子ファミリー〟から厳しい折檻を受けていた。

「何らかの罪で（自分は）逮捕されるかもしれんが、何一つしゃべらんから、他の事件はバレんやろ。二人の死体の処理だけは頼むわ」

そうファミリーに言い残した美代子だが、念には念を入れた証拠隠滅策として、また、今回の失敗のケジメを付けるという意味で、香愛を逃がした川村にすべてを背負《せお》わせ〝自殺〟させることにし、次のような遺書をしたためさせた。

《私が自分一人で和子さんを死なせ、遺体をドラム缶に入れてコンクリート詰めにして、尼崎港に捨てました。裕美に対して暴力を振るったのも私です。こうなってしまったのはすべて私が悪いのです。子供に対する最後の責任を果たすために死を選びます。死後、自宅の売却代金は長女のために遣って下さい……》

美代子は、すべての証拠を消し去ろうと欲張って、川村だけでなく、すでに精神的に支配されていた裕美にも因果《いんが》を含め、次女を道連れに車で尼崎港に飛び込んで自殺することを了承させた。こうすれば全財産が長女に受け継がれるからと説得し、その実、お気に入りの長女を養子にして、すべてを奪おうとしていたのだ。

翌十一月四日夕方、川村は裕美と次女を車に乗せ、尼崎市内の大型スーパーの駐車場に車を停めていた。隣《となり》に停まっていた車内の美代子からゴーサインが出るのを今か今かと待ち受けていたのだ。この時の心境を、後に川村は「これでやっと地獄の日々から解放される。楽になれるんだと喜びのほうが強かった」と供述しており、完全に洗脳されていた様子が窺われる。だが、幸運なことに、川村の望みは叶わなかった。見届け役の美代子から、まさに「海に突っ込め」という合図《あいず》が出る直前、彼らの行方を捜査していた兵庫県警の覆面パトカーが駆けつけ、川村だけでなく、美代子もその場で拘束されたのだ。香愛から詳しく事情聴取した県警は、美代子の自宅マンションをはじめ関係先の捜索、〝美代子ファミリー〟の事情聴取、一味の車の手配など徹底的に捜査した結果、なんとか川村親娘の〝保護〟に成功したのだ。

車内にいた裕美は鼻が曲がり、耳は潰れ、視線は宙を彷徨うなど「生きた屍《しかばね》」状態で、先に収容された香愛共々、体重は三十キロに満たないほど衰弱していた。

奇《く》しくも、二人とも後の県警の取り調べに対して、「嫌でも（暴行を）しないと、次は自分がやられると思って必死だった」と供述しているが、この言葉は大げさでも言い逃れでもなく、まさしくその通りであったわけだ。

しかも香愛が勇気を振り絞って逃走し、警察当局に出頭しなければ、尼崎連続殺人事件は今もって闇の中に埋もれていた可能性が高い。まさに間一髪《かんいっぱつ》の逮捕劇であったと言えよう。

美代子が川村の自殺見届け役として近くにいたのには、実は、別にちゃんと理由がある。

美代子が香愛への傷害容疑で逮捕された前後、一味の面々が何度か善後策を協議した結果、大江和子の死体遺棄事件について逮捕は免《まぬか》れないと判断。橋本次郎殺害をはじめ、それまでの一連の犯行が発覚しないようにすることを第一に考え、犯行や証拠の隠滅を図ることを決定した。そのため、和子の遺体が入ったドラム缶は元の貸倉庫に戻し、逆に翌五日には、橋本次郎の遺体が入ったドラム缶を岡山県備前市の海に捨てに行くことにしたのだ。

この時点で、逮捕された美代子も含めて一味の誰もが事態の推移や捜査の進展ぶりを軽視し、タカを括《くく》っていた。

「少しの間は刑務所に行かなければならないかもしれないが、数年もすれば元に戻って、また皆で楽しい暮らしをしていこう」

と、皆が考えていたフシが窺われる。

標的を見抜く鋭《するど》い嗅覚《きゅうかく》、アメとムチを巧みに使い分け、獲物の懐深く食い込んで、すべてをしゃぶり尽くす貪欲《どんよく》さと狡猾《こうかつ》さ……何を取っても一級品だったはずの角田美代子に、いったい何があったのか。

お粗末な対策で大江・川村家だけでなく、自らのファミリーも崩壊に追い込んでしまった「モンスター」らしからぬ醜態は、何によってもたらされたものなのか。

これまで凶悪犯罪を連続して成功させてきた驕りなのか、それとも年齢から来る焦り、つまり年貢の納め時であったのか。

実は、この事件の最中に、美代子の身辺に重大な変化が起きていたことが分かった。

それは、彼女が密かに愛し、崇拝《すうはい》してきたMの急死であった。

美代子が一人の女として、人間として、そして希代の犯罪者として、「神」とも崇《あが》めていた存在が突如として消滅したのだから、その衝撃度は計りしれないものがあるだろう。

しかも、その死因たるや、彼女がとうてい納得できないものであったのだ。

最終章

「殺せということだよな」

「お前らの娘が俺のマンションで、男を殺してバラバラにしたんだ。それを面倒見てきたのに逃げようとした。非常に迷惑しとる。いったい、どうしてくれる?」

一九九七年、福岡県北九州市小倉北区《こくらきた》のマンションの一室。眼光鋭《するど》い中年男が女の両親らを前に、いかにも憤《いきどお》りを抑えきれないような顔で、そう切り出した。

男は女の高校時代の同窓生で、八一年頃から交際していたが、愛人というより暴力を振るって恐怖で支配している関係だった。しかも、経営していた会社の倒産で膨大な借金を背負《せお》った男が詐欺《さぎ》事件を起こし、警察や債権者に追われて二人で逃亡中の身だった。

男が隠れ家用に借りたマンションの賃貸契約を担当した不動産会社社員に儲《もう》け話を持ちかけてカネを搾《しぼ》り取ったうえ、監禁して殺害。その犯行を女の仕業《しわざ》にして親族を呼びつけ、口止め料や迷惑料の名目でカネを要求するなど恫喝《どうかつ》していたのだ。

「カネをどうやって作るんか。家族同士でよく話し合って決めろや」

男は連日のように、女の親族を集めて家族会議を開かせた。親族とは女の両親、妹夫妻と子供二人の計六人で、福岡県南部の旧家出身だった。それが自ら車を運転して片道二時間の道のりを北九州市まで通い、明け方まで話し合いをさせられた。親族を疲労困憊《こんぱい》させて思考能力を低下させ、カネを要求通り出させようというのが、男の考えた計画だった。旧家の面子《メンツ》を気にする親族から一回一千万円単位で合計六千万円余を毟《むし》り取った男は、今度は利用価値がなくなり、逆に足手まといにさえなってきた一家を葬《ほうむ》り去《さ》ることを考えた。

男はまず、マンションの一室に女と親族の計七人を監禁し、社会から隔離《かくり》した。そして水分や食べ物、睡眠、トイレなどを厳しく制限し、男が許可するまでキッチンや浴室でずっと立ち続けさせた。さらに断続的に金策を検討する家族会議を開かせ、激しく口論するように仕向けた。そのうえで、正しい意見を言う者、すなわち、男の意向に沿って行動する者は、間違った意見を言う（男の意向に逆らう）者を殴《なぐ》るように命じられたため、親子や夫婦、兄弟姉妹同士で殴り合う光景が随所で見られた。

そうなると家族同士で監視したり牽制《けんせい》し合ったり、庇《かば》うかと思えば男の歓心を買おうと勝手に行動するなど、いろいろな反応が出てくる。なにしろ、正しいか誤っているかの判定は男が行うし、罰として電気コードにクリップをつけ、顔や手足に通電する虐待《ぎゃくたい》を始めたため、動きがよりいっそうヒートアップしてきた。その結果、自分の意見や感想は持たなくなり、男の意向や指示を絶対視するようになり、いわば男の奴隷《どれい》と化してしまったのだ。

いくら男が怖くても一人だけだし、親族は七人いるのだから、逃げようと思えば逃げられたはずだ。だが、「子供をいつも監視下に置くなど〝人質〟にされていたのでできなかった」(愛人の女)といい、裁判における精神鑑定では「学習性無力感」との指摘を受けた。

この言葉は第六章で取り上げた大江・川村家事件の裁判でも登場するが、要は、男がまんまと家族の洗脳に成功したということである。

それは、男が母親をレイプし、そのことを脅《おど》しの材料にして母親を揺《ゆ》さぶったり、それをわざと愛人である娘に話して母親への嫌悪感を抱かせ、最後には夫(父親)にもバラして夫婦の仲に亀裂を入らせるなど、家族の心理を巧《たく》みに操《あやつ》り、結束力を崩壊させたからだ。

また、女の妹に結婚前に恋人がいて、妊娠中絶した経験があることなどをその夫に吹き込み、妹夫婦の関係もおかしくさせた。一家は男の言いなりになる集団と化したのだ。

こうして、誰も男に抵抗せず、また逃亡しないのをいいことに、男は最後には家族同士で順番に殺し合うように命じた。

まず、女に父親（死亡時六十一歳）への通電を頻繁に行わせ、九七年十二月、父親は感電してショック死した。次に母親（同五十八歳）にも集中的に通電させ、ぐったりしたところを妹の夫（同三十八歳）が電気コードで首を絞《し》めて殺害した。

その次は妹（同三十三歳）の番だったが、度重なる通電で耳が聞こえなくなった妹に、男は「話が通じない。頭がおかしくなった」と言って、「どうしたらいいか皆で話し合って結論を出せ」と命じた。結局、「殺せということだよな」と、夫が電気コードで絞殺したが、殺害直前に意識を取り戻した妹が夫の愛称を呼び、「○○ちゃん、私、死ぬと？」と尋ねるのを「すまんな」と殺害したという。さらに、十歳の長女に「母さんと最後のお別れをしよう」と、殺害時に母親の足を押さえさせたというから、まさに地獄絵図と言わずして何と言えばいいのか。

その夫も、集中的な通電と食事や睡眠、排泄《はいせつ》の制限に加え、下痢《げり》をすると排泄物を食べさせるといった凄《すさ》まじい虐待を繰り返したことで、やがて衰弱して死亡した。この妹の夫は元警察官で体格も良く、何とか抵抗するなり逃走するなりできなかったのかと残念でならない。

さらにかわいそうなのは子供たちだった。男は長女に五歳の弟の殺害を命令。長女は「お母さんに会いたいよね」と優しく声をかけて、うれしそうに頷《うなず》く弟を台所の床に仰向けに寝かすと、「お母さんのところに連れて行ってあげるね」と言いながら電気コードを首に巻き、女と二人で両側から引っ張って殺害した。弟はうめき声を上げ、両足をバタつかせながら息絶えた。その長女も、男から頻繁に顔面に通電され、意識が朦朧《もうろう》として「死にたい」と口走ったのを受けて、男が「弟と同じようにしたいんだろう」と死ぬことを促《うなが》した。

長女を弟と同じ台所の床の上に仰向けに寝かせ、女が電気コードで絞殺した。長女は覚悟していたのか、それとも弟や母親を殺害したことを悔《く》いる気持ちからか、声も上げず体も動かさず、まるで眠るように静かに亡くなったという。それどころか、女が首を絞めやすくするために、顔を持ち上げたというから、涙なくしては語れまい。

それにしても、この部屋では九七年十二月から翌九八年六月までの約半年間に一家六人が生命を落とし、それ以前の不動産会社社員を合わせれば、七人が死んだことになる。

しかも、この男は、全員の遺体を「髪の毛一本残さずに完全にバラバラにして処理したため、捜査が進んだ後も殺人罪での立件は不可能ではないかと言われるほどの完全犯罪だった」（元福岡県警捜査員）という。

実際、この事件はしばらくの間、全く発覚しなかった。一連の事件の発端《ほったん》となった不動産会社社員殺害事件で無理やり手伝いをさせられ、その後も被害者の一家と〝同居〟していた社員の長女（出頭時十七歳）がなんと、その四年後の二〇〇二年三月に犯人の男の目を逃れて脱走し、祖父に伴われ警察に出頭したため、その凶悪犯罪が明るみに出たのだ。そうでなければ、被害がさらに拡大したことは間違いなく、まさに危機一髪だったと言っていいだろう。

この冷酷非道な殺人鬼こそ、北九州監禁連続殺人事件の主犯として死刑が確定した松永太《まつながふとし》であり、女はなんとこれだけの犯行を重ねながら、犯行を率先《そっせん》して自供したなどの理由で無期懲役刑が確定した元幼稚園教諭の緒方純子《おがたじゅんこ》その人であった。

事件の詳細については割愛させていただくが、ここまで説明すれば、この事件が尼崎連続殺人事件とよく似ていることが分かるはずだ。

暴力と甘言《かんげん》を使って一家を支配し、資産を奪った挙げ句《あくく》、乗っ取った家族を次々と殺害する犯行形態や、家族会議を開き自分たちで家族の処分を決めさせ、互いに暴行や殺害をさせる手口、犯行後も長期間にわたって事件が表面化せず、被害者が脱走し警察に通報してようやく捜査の手が伸びるという経緯……など、両事件の特徴にはあまりに類似点が多いことが分かる。

それだけではない。松永と純子に関係ができた八一年は、美代子が尼崎市にマンションを借り、腹心の三枝子らを呼び寄せて〝美代子ファミリー〟を結成し、悪事に動き出したのと同じ頃だ。また、松永ら二人が家族を監禁し虐待の末に殺した九七年から九八年にかけての時期は、美代子が猪俣家乗っ取りに突き進んでいくタイミングと重なる。

そして、松永が警察に逮捕され、おぞましい事件が明るみに出た二〇〇二年頃の美代子は、知り合った李正則を「暴力装置」として育て上げているところで、その後は正則をフル活用し、皆吉家や谷本家に乗り込むなど、まさに悪の絶頂期を迎えようとしていた。


ところで、この両事件はなぜ、これほど共通点や類似点が多いのだろうか。

美代子は北九州監禁連続殺人事件について、実によく知っていた。Mからいろいろと教えられていたことは、彼女が日記などに遺《のこ》した記述から明らかである。

それにしても、Mが北九州の事件のことを熟知していたのには驚かされる。しかも、ほぼリアルタイムと言っていいぐらい速く、そして、正確かつ詳細に美代子に伝えていたのだ。

確かに北九州監禁連続殺人事件に関しては新聞や雑誌などで数多く報じられ、松永や緒方の生きざまを綴《つづ》った書籍も出版されたが、事件の全容が判明したのはかなり後になってからだ。事件の概要は取材した記者でさえ、リアルタイムではよく分からなかったはずである。

それなのにどうして、Mは事件を素早く、そして詳しく語ることができたのか。

「そんな男がいたことを、美代子は三枝子ら側近にも全く明かしとらんのだが、標的の家族を巧みに乗っ取り、財産を根こそぎ奪《うば》っていく手口に感心した三枝子が、『姉さんはなぜ、そんなに次々と新しいテクニックを繰《く》り出すことができるの？』と尋《たず》ねたところ、初めて『いろいろと教えてくれる先生のような男性がいる』とほのめかしたらしい。『姉さんの〝いい人〟なの？』と聞くと『そんなんやない』と否定したが、『虎蔵なんか話にならないぐらい立派な正真正銘《しょうしんしょうめい》のやくざで、格好いいし、度量は広いし、頭も切れて尊敬できる兄貴や』などと、いかにもうれしそうに答えたそうや」

そう明かすのは警察関係者。そして、彼はこんな「恐ろしい話」を口にした。

「男がさまざまな犯罪や犯行手口について詳しいのは、どうやら詐欺商法の面々とかカルト教団の連中と付き合ったことがあるからやそうや。ただ、北九州の事件だけは違うらしく、なんと男が『詳しい取り調べ内容を警察から聞けるんや』と自慢げに話していたというんや。ほかにも警察の体質や体制、さまざまな捜査手法、縄張《なわば》り主義などに詳しいんで、美代子は男が警察に人脈を持っていると確信し、アドバイスを受けるようになったようや。残念ながら美代子から、それ以上詳しいことは聞き出せなかったんやが、これがほんまなら聞き捨てならない話やで」

悪辣な策謀と巧妙な人心掌握術

ここで一度、美代子の犯行手口をきちんと整理しておこう。前述したように、この事件は決して特殊な犯罪ではなく、いつ、どの家庭にでも起こり得るものなので、我々市民がそれを知ることは、第二、第三の美代子から我が身を守ることに繋《つな》がるからだ。

美代子は、ごく普通の市民を標的とする。特に旧家の出とか、会社を経営するなど自営業の比較的裕福な家庭こそが最も〝おいしい獲物〟である。そこにクレームを付けたり、無理難題を押し付けるかと思えば、家族に夢を語らせ、積極的に応援する素振りを見せて接近し、言葉巧みにいろいろな裏事情を聞き出し、互いに仲違いさせるなどして家族に負い目を感じさせ、あっという間に食い込んでいく。

昔から、「うまいことと言う奴には気をつけろ」と言われるが、それは古典的な詐欺師の例。今や「こちらの話を巧みに聞き出す奴には気をつけろ」ということになる。おだてられて調子に乗り、自分の夢などを滔々《とうとう》と語る傾向がある方は、十分に気をつけていただきたい。

次に、美代子は家族だけでなく親族まで集めて、連日連夜、家族会議を開く。議題は借金返済のための金策やら、離婚問題やら、子供の教育や躾《しつ》けなどさまざまだが、元をただせば、美代子が持ち込んできた問題がこじれてトラブル化したものばかりである。自分が問題を持ち込んで、ああだこうだと議論して揉《も》めさせ、家族同士が憎《にく》み合ったり、疑心暗鬼《ぎしんあんき》に陥《おちい》ったりさせる。まさに、マッチポンプそのものだ。

会議では、参加拒否や遅刻・欠席はもとより、居眠りするなど少しでも消極的な態度を見せると懲罰が待っている。最初は巨漢で全身刺青《いれずみ》のいかにも恐ろしい李正則が主に殴打していたが、途中からは家族間で「正しい（美代子の意向に沿う）者」と「悪い（美代子に逆らったり逃亡したりする）者」を決めさせ、「正者」が「悪者」を集中的に殴る。暴力を拒《こば》んだり手加減すれば、次は殴られる側に回ることになる。

この家族会議の場がいつの間にか、家族のランク付けの場になり、やがて虐待の場に変わるのも特徴の一つだ。何事も自分たちで決めさせ、自分たちで実行させるのがポイントで、多少の暴行や金銭のやりとりがあっても、家族間の問題で済ませることができるからだ。

これは、会議好きなサラリーマンや公務員、何でも皆で話し合って平等に決めたがる方々には要注意の部分である。特にネット時代に生きる若者たちは、イエスかノーか、正しいか間違っているか、好きか嫌いか……など白黒をはっきりと付けたがり、皆が決めた通りにしたいという方が圧倒的に多いので、策に嵌《は》まらないように注意されたし。

また、こうした家族会議で犯行を決めていくやり方は松永も同じだったが、美代子の場合は、そこに被害者の子孫との養子縁組まで組み込み、民事不介入方針を持つ警察当局が捜査に乗り出すことを防ぎ、犯罪予防に名を借りた介入を撥《は》ねつけた点が違っていた。

現に美代子は、乗っ取った家族の中から気に入った息子や娘を養子として、自分のファミリーに加えてきた。この養子縁組を行うことによって、美代子らはリンチ・虐待を「家庭の躾け」と言い逃れ、金銭や資産の奪取を「財産相続問題」にすり替えて、警察当局に介入させなかった。同時に、養子縁組した子供たちは、被害者家族からすれば「人質」に取られたのと同じで、へたに抵抗できなくなるし、警察への通報も防げるという一石二鳥《いっせきにちょう》の悪知恵でもある。

最近、振り込め詐欺で預金を引き出す「出し子」要員を確保するため、または振り込ませる借名口座を作るために、平気で名義を売買する若者らが増えているが、簡単にカネになるからと安易に名義を弄《もてあそ》べば、気がついたら恐ろしい事態になっている危険性があることを、あえて申し上げておきたい。

さらに美代子は、角田瑠衣を「ハナ」、猪俣家四男の息子を「健太郎」と呼ぶなど、入籍時に新たな名前をつけ、従来の血縁関係を捨てて角田家の一員になることを強《し》いている。

こうした手法は、オウム真理教出家信者にホーリーネームが付けられたように、カルト教団などでよく見受けられる洗脳法の一つだが、美代子の場合、その辺はかなり大雑把《おおざっぱ》で、李正則をそのまま「マサ」、健太郎を本来の名前から「テツ」と呼んでいたし、後に茉莉子の夫になった悪党仲間の仲島康司などは、顔がお笑い芸人・ダウンタウンの浜田雅功《はまだまさとし》に似ていることから「ハマちゃん」と呼んでいただけだった。

ただ、これもネット上のハンドルネームや匿名《とくめい》、仮名の投書に慣れている若者たちにはあまり抵抗感がなく、無尽蔵にはびこる危険性を秘めていると言えよう。

ところで、美代子と松永の似て非なる点は、犯行の最大の特徴とも言える家族会議の運営方法の中に見てとれる。家族会議を頻繁に開き、自分に従順か否かなどの観点で家族に優劣を付けて序列を作り、上位の者は優遇されるが、最下位の者は徹底的に虐待を受けるところまではほとんど同じである。大きく違うのは、松永が最後まで家族の順位を頻繁に入れ替えたのに対し、美代子は、途中から家族の序列を固定化したことであろう。

松永は家族にいろいろと甘言を弄《ろう》したり難癖を付けて序列をチェンジし、下位の者が何とか松永の歓心を買い、絶対服従の態度を示し続けることを求めた。そうすることで家族は牽制し合い、やがて敵対関係となり、結束力を失っていくからである。

これに対し美代子は、途中までは松永と同様に家族を揺さぶり続けたが、最終的には家族の序列を確定させ、瑠衣のように最上位の者は養子縁組して〝美代子ファミリー〟に入れ、下位の者は暴行、殺害などで〝排除〟していった。

その違いは、松永が一つの家族を一つのマンションに閉じ込めて支配したのに対して、美代子は五つの家族をバラバラに別の場所で食い潰《つぶ》したという物理的な差に原因があったのだろうし、案外、主犯の男女の違いといった生理的な問題が影響したかもしれない。

ただ、美代子の手法の特徴は、瑠衣にせよ正則にせよ、一度は最下位に落として監禁の末、集中的に虐待を受けさせ、恐怖心を十分に植え付ける点にあり、瑠衣も正則も、逮捕後にそういう目に遭《あ》ったことを認める供述をしている。つまり、彼らが美代子に忠誠を誓っていたのは「実の母親以上に慕《した》い、心酔している」（瑠衣）とか、「やくざに殺されかけた時に助けてくれた命の恩人」（正則）という意識も確かにあっただろうが、それ以上に「暴行や虐待に対する恐怖心から、美代子に隷属《れいぞく》するしか生きる術《すべ》がないと思っていたのではないか」（捜査にあたった兵庫県警幹部）との見方が根強く残っている。

この「究極のアメとムチ」手法は、養子縁組していない川村博之・裕美夫妻に対しても見受けられた。たとえば、美代子をはじめ悪党仲間から「死んで詫《わ》びろ」と迫《せま》られた川村と裕美が、それぞれに飛び降り自殺を図《はか》るため、高層マンションのベランダに立った際、「生命保険も入らずに死ぬんか。もったいないわ」という言い方ながらストップをかけてくれたのが美代子だった。そんな彼女に感謝し、「このオカンのもとでやっていこう」と決意したというのが、その典型的なパターンである。いくら極限状態に追い込まれていたとはいえ、「死ね」と命じた当人を「生命の恩人」と崇《あが》めるのだから世話はないが、意外と効果的なやり方であることが分かる。

また、小さい子供の目前で正則に激しく両親を乱暴させ、それを美代子が止めるという芝居じみた行動であっても、子供の目には、美代子が「親を助けてくれた優しいオバさん」と映ることを計算に入れ、子供を手なずける策に使ったのも同じ狙《ねら》いだ。

他にも、子を思う親心に付け込んで、「お前が逆らえば、子供たちの生命も危ない」と匂《にお》わせて、あるいは親たちに「自分が犠牲になっている間は、子供たちは助かる可能性が高くなる」と期待させてその抵抗力を奪い、最初に親を他の家族に虐待させて死亡させる手法がある。家族という人間関係の中で最も影響力を持つ親の力を真っ先に削《そ》ぐ効力は計りしれないほど大きいものがあるし、子供のほうもいくら洗脳された身とはいえ、自らの手で親を殺害したり、見殺しにした衝撃は小さくなく、後は比較的簡単に言いなりになっていくという。

もう一つは女性の扱い方だ。谷本家や大江家のように標的の家族に姉妹など二人以上の女性(仮に小学生であっても)が含まれる場合、男性以上に「正者」と「悪者」の選別をはっきりとつけ、「正者」は〝美代子ファミリー〟の一員として優遇し、「悪者」は一味の者によって皆の面前で性的暴行を含む残虐非道な扱いを受けさせられる。後に美代子の息子や疑似家族と結婚すればいいほうで、女性被害者からすれば、美代子の言う通りにしなければ殺されるとの恐怖心があるし、養子縁組や婚姻することでレイプなどの犯罪を逃れる策略も秘められているという。

これらの大胆かつ巧妙、そして悪辣《あくらつ》な策謀や人心掌握《しょうあく》術のほとんどが、言うまでもなくMの指示によるものだったことは、彼女の日記や「美幸」ら関係者の証言で明白だ。

それにしても、美代子を中心に頼太郎、健太郎、優太郎、瑠衣(と二人の子供)、三枝子、正則という〝美代子ファミリー〟はなぜ、どこにも逃げようとせず、自分たち自身が逮捕されるその日まで結束力を保ち続けることができたのか。

「美代子の家に一緒に住んどった連中は、組織社会からの落ちこぼれ。弱々しく、生活力ないし、カタギとしてはもちろん、やくざや犯罪者にもなれん半端《はんぱ》者ばかりや。そのくせギャンブルやのクスリやの、しょうもない悪さばかりしとるから、誰にも相手にされとらん。美代子に見捨てられたら、行くとこない連中なんや。いい例が『マサ』や。シャブとそのクスリ代の借金で暴力団事務所からも追い出され、終《しま》いには追い込みを掛けられ、命からがら美代子の家に逃げ込んだクチや。陰《かげ》じゃ、美代子のことを『あのババア、死ねばいいのに』なんて言っとっても、本人の前じゃ直立不動、絶対服従で何言われても『ハイッ』と返事してすぐやる。宴会の時なんか糖尿病で医者から禁じられとるのに、インシュリン注射打ちながら、ビールをがぶ飲み、肉を食い放題させられとったそうや。『暴力装置』か何か知らんが、正体見たら枯《か》れ尾花《おばな》やないけ」

とは元ベテラン捜査員。さらに、こう続ける。

「旦那の頼太郎かて、清水《きよみず》の舞台から飛び降りる覚悟でやった浮気があっさりバレて、あそこにバーナーで焼きを入れられ、裸で泣きながら外に飛び出したんやが、行くとこないし、美代子の家にいれば三度の飯は食えるからって土下座して詫びを入れ、便所の隅《すみ》に置いてもらっとる体《てい》たらくや。あの集団の中では、美代子が唯一絶対の正義、いいも悪いもない。だから彼女と家族を守るためなら、警察やろうが敵対勢力やろうが命懸けで立ち向かっていく。そんな必死さが一味の結束力を高め、あそこまでやったんやないか」

ただ、美代子自身、親にも望まれない不幸な出生や容姿に対する劣等感、非行歴を重ねた少女時代、売春斡旋《あっせん》で十代から生計を立て逮捕……と、一人の女として、人間として幸せを得ようともがき、挫折《ざせつ》を繰り返し、決して心豊かな生活とは言えなかったはずだ。

やがて彼女は〝自分にとって相応《ふさわ》しい家族〟を力によって作り上げ、その優雅で楽しい生活を悪知恵とカネと暴力で維持していこうとした。そうすることでしか、美代子は自分の居場所を持てなかったし、何より「生きた証《あかし》」が欲しかったのだ。

賽の河原で石積む孤独

美代子は決してぜいたくな暮らしを望んでいなかったし、実際、それほどリッチな生活を送っていなかったことは、逮捕された〝美代子ファミリー〟たちの供述や、彼女の自宅に出入りしたことがある関係者らの証言ではっきりしている。

日常生活での美代子は化粧っ気もなく、アクセサリー類はいっさいつけず、安物のグレーのジャージにTシャツ、雪駄《せった》姿。派手に乗り回していたというベンツもドアが半分壊れかかった中古車だし、美代子自身が「総額二億円は下らない」と豪語し、部屋を飾り立てていた高級食器類やガラス製品の大半が偽物だった。つまり、美代子はぜいたくなフリをしていただけで、そのセレブ生活は〝偽装〟でしかなかったことが、その後の警察当局の捜査や私の取材で判明している。万事ずぼらで無頓着《むとんちゃく》な性格もあるが、嘘《うそ》で塗《ぬ》り固めた人生だったと言わざるを得ないだろう。

「パチプロに年金詐取《さしゅ》や盗品の横流し、チンケな恐喝《きょうかつ》や高利貸しじゃ、あれだけの大所帯は食っていけない。それで犯罪に手を染めたんやが、最初の事件はまだ本気やなかったと思うで。もともと親戚筋で裕福な猪俣家が品の悪い角田家を馬鹿にして見下しているのに腹を立て、口の悪い母親に嫌がらせを始めたら、あれよあれよと言う間に数千万円稼いでもうたってとこや。これで歯止めが利《き》かなくなってしもうたんやないか。最後のほうはもはや、犯罪でしか生活を維持できなくなっていたようや」

（警察幹部）

序章に登場する美代子の幼なじみの小森も、こう語る。

「ゴリっぱちは、相手を徹底的に追い込む非情さを持つ半面、相手の相談に親身になって応じるような優しいところがある。だから、稼いだカネもほとんどファミリーのために使っとったんやないか。あの女のマンションに行ったことあるけど、孫のための教育玩具や豪華なイルミネーションは高そうやったけど、後は家具や何やは明らかに安物ばかりやった。若い頃、あの女に手料理と称するものをごちそうになったことあるんやが、明らかに出来合いのものやった。それも売れ残りのタイムサービスか何かで買った安物や思うけど、ゴリっぱちは一生懸命、安物の皿に派手に盛り付けとった。そん時と変わっとらんのや。騙《だま》すというより、目一杯、見栄を張り、自分も相手も喜ばしたいだけなんや。ゴリっぱちも寂《さび》しいんや」
若い衆を引き連れ、まるで女親分のように振る舞う美代子を見て、小森はとても
なく冷たく寂しい、まるで賽《さい》の河原《かわら》に佇《たたず》み石を積んでいるような「孤独」を感じたと
いう。
「あの女はやる時はやる。醜《みにく》くたって恋はする。不細工だって夢は見るし、欲もある
……という、そんな女なんや。親の愛情や家族の温もりに飢《う》えていたのは間違いない
が、いつ死んでもいいと覚悟を決めて突っ走っている女が、ノイローゼで自殺するか
いな」
そう言って首を傾《かし》げる小森は、美代子をよく知る人間として、こんな説を唱《とな》える。
「あの女の心に大きな変化が生まれたんは九八年のことや。その年は自分の母親が死
に、側近の三枝子を母親の養子、つまり自分の義妹にした。そして、最初の犯行であ
る猪俣家乗っ取りに動き出したわけや。何があったんかは分からんけど、ワシはそこ
に一連の事件の原点があるんやないかと思うとる」
この「九八年原点」説は、美代子を知る親族ら関係者の間では根強く支持されてい
る。
「尼崎の事件では、美代子が複雑かつ多岐《たき》にわたる養子縁組をしていることが話題に

なっとるが、美代子が盛んに養子縁組を始めたのは、やはり九八年以降のことなんや。一年余りの間に三枝子、健太郎、久芳の三人が角田姓を名乗ったし、その後も優太郎、瑠衣、正則ら次々と角田姓を名乗る者が出始めたんや。それまでは、あの子自身が内縁の夫の東《あずま》姓を名乗っとったほどなのに、まるで母親の死で角田家の名称が消滅するのを恐れているかのように、角田姓を持つ親族を一挙に増やし、充実させたんや」（角田家親族の一人）

そうした行動を取った理由を、美代子本人からはっきりと聞いた者はいない。

角田家から半《なか》ば捨てられた身ながら、母親や祖母、虎蔵というやくざな叔父の面倒まで見ているという自負か。家族や親族から自分が必要とされたいという願望なのか。〝疑似家族〟を率いるうちに本物の家族愛に目覚め、家長としての自覚が芽生えてきたのか……。

自ら角田姓を名乗るようになった美代子は、一族の拡張・充実に奔走《ほんそう》した。彼女が自分の息子を欲しがったのは、どうしても角田家を継承させる跡取り息子を得たかったからだ。

ただ、逮捕された〝疑似家族〟たちの供述によると、美代子が守ろうとした角田家は、従来の家系や家柄ではなく、美代子を頂点とする新しい角田家であったと見られる。

両親に疎《うと》まれて育った思い出しかない彼女にとって、旧態依然《きゅうたいいぜん》とした家族は嫌な印象しかなく、特に自分の存在感が全くなかったため不要であった。新しい角田家はあくまで、自分中心の世界であり、そこが彼女が目指した〝疑似家族による家庭〟の限界であったのだ。

そうした新角田家の組織に抗《あらが》い、ルールを守らず、家族の絆《きずな》を壊す者は、たとえ同居生活歴が長く、社会・経済的な影響が大きくても、断固として排除することを決意し、それを実行した。たとえば、半世紀近い同居歴を誇る幼なじみだが、美代子が連れてきたお気に入りの女子中学生に悪戯《いたずら》した橋本次郎は、新角田家の秩序を乱す許し難い人間として、直《ただ》ちに〝処刑〟（監禁、暴行して死亡させる行為）された。美代子に反抗し続ける茉莉子、角田家の事情を知り尽くし、彼女に意見する安藤みつゑも同じ理由で処刑されている。

そんな娘の阿修羅《あしゅら》の如《ごと》き姿を見ずに死んだ母親だが、最期に「美代子は本当に恐ろしい女なんよ」と周囲に漏《も》らしている。母親の勘であろうか。

もっとも、暴力と粛清への恐怖心だけがメンバーの結束力を高めたわけではない。

「人は誰でも、心の中に密やかな願望や欲望を持っている。『もっと自由に生きたい』とか『女と交際したい』の類で、中には『悪事の限りを尽くしたい』といった危ないものもある。そんな思いを自由に表明し、実現できる人間がいたら、それらを理性で抑えて生きている小市民は羨《うらや》ましく思うはずだ。自分にはない危ない魅力を持つ美代子に、悪党仲間たちは惹《ひ》かれ、集まってきたからこそ、あの集団の求心力は高かったのではないか」

とは、犯罪者の心理分析を担当する捜査関係者。こうも言う。

「ただ、そうした魅力やカリスマ性は未来永劫《えいごう》続くものではなく、必ず終焉《しゅうえん》、それも悲劇的な終わりが来るから、人々はどこかで安心する。フーテンの寅《とら》さんは必ず失恋して去っていくから人気があるので、ハッピーエンドじゃ誰も許すまい。美代子もいつか滅《ほろ》びる運命にあったことを〝疑似家族〟たちも薄々とは感じていたのではないか。起こるべくして起きた結末に、一同、悔《くや》しがりながらもどこかでホッとしているのではないだろうか」

一連の事件の出発点を九八年とするなら、それを我が国犯罪史に残る大事件に発展させる大きな転換点になったのが〇五年の橋本久芳殺人事件である。それまでの美代子の犯行は、「虐待を指示していたら、死んでしまった」と言い訳できるレベルだった（むろん、それが通用するか否かは別として）が、久芳に多額の生命保険金を掛けて沖縄まで連れて行き、死に追いやった凶行は、全く意味が違う。しかも、この年には北九州監禁連続殺人事件の松永に、一審で死刑判決が出ており、犯行を止める絶好のチャンスを逸《いっ》したどころか逆に拡大してしまったのだから、恐ろしくも悲しい年となった。

この後、美代子一味が転落の一途を辿《たど》ったことは第五章に載せた年表を見ていただければ一目瞭然《いちもくりょうぜん》だが、特に大江・川村家事件の被害者である大江和子の長女・香愛が一一年十月三十日、美代子のもとを脱走し、十一月三日に大阪府警に駆《か》け込んで以降は、一味の犯行が次々と明るみに出て全員が逮捕されるまで、さほど時間は掛からなかった。

当初は、取り調べに対して美代子と正則の口が固く、捜査は難航した。ところが、一一年十一月に尼崎市内に潜伏していた谷本明が兵庫県警に出頭し、一連の事件について洗いざらい打ち明けたうえ、翌一二年八月には偽名を使って逃走中だった皆吉健一が尼崎市内の工事作業員宿舎で発見、保護されたことで、捜査は一気に進展した。

そして、九月下旬に、それまで黙秘し続けていた三枝子が突如、「もう嘘をつき通すのが苦しくなりました。すべてお話しします」と全面的に自供を始めたことが大きかった。

警察当局は公判対策上、すべてを明らかにしていないが、常に美代子の傍《かたわ》らに侍《はべ》り、その姿を見つめてきた三枝子だけに、ほとんどすべての犯行について概要を明らかにした、と言っても過言ではあるまい。犯行は目撃していても、たとえば遺体を捨てに行くなどの直接的な行為に参加していないことが多く、具体性に欠ける供述が少なくなかったのは残念だ。

特に、美代子が死んだことを知らされた十二月、三枝子は号泣した後で、こう呟《つぶや》いた。

「姉さん（美代子）が自分で死を選んだとはとても思えないが、もし、それが事実なら、卑怯《ひきょう》や思うで。被害者はもとより周囲の人間の心をすべてズタズタに切り刻んでおきながら、その場から早々に、一人で逃げ出すなんて許せない。せめて法廷で、自分の考えをきちんと話して欲しかった……」

そして、そんな三枝子の思いがこもった供述内容を瑠衣にぶつけ、「優太郎の実の母親である三枝子は反省して、すべてを自供した。それに、貴女のお父さんは生きていて、この尼崎にいて貴女の身の上を心配しとるよ」と伝えると、瑠衣も涙を流しながら、「知っていることはすべて正直に話し、きれいな身になりたい」と全面自供したという。

　そうした二人の誠意が続かずに法廷では覆《くつがえ》りそうな情勢は残念であるが、一時は事件の真相が明らかになりつつあったのだ。

裏切りに次ぐ裏切り

　ここで一つ触れておかなければならないことがある。Mという男の身上についてだ。といってもよく分からない人物で、暴力団幹部であったため、美代子が親族や側近にもほとんど明かしておらず、謎のベールに包まれた不気味な存在なのである。

　警察当局の捜査資料によると、Mは大阪府北東部出身で地元の小中学校を卒業。一応は高校を卒業しているが、在学中から恐喝、傷害、詐欺などの罪状を重ね、いっぱしの悪党人生を歩んでいたらしい。中学時代には大阪府北東部から京都府南部にかけた地域を拠点としていた「事件師」グループの下で見習いを務め、自動車解体、産業廃棄物処理、マルチ商法、闇金融業などを経て、山口組系暴力団の下部組織に所属。企業舎弟として暗躍した後、組幹部（最終的には下部組織の若頭クラス）に上り詰めたという。

美代子との関係についても、彼女の母方の叔父で暴力団関係者だった虎蔵を通じて知り合い、美代子が二十歳になる前に男女の関係になったことや、一九八一年頃に二人が再会したことは、これまでに書いてきた通りである。

ただ、一説によると、実際の再会は一九七〇年代と見られ、当時の美代子は結婚生活を送っていたり、鄭頼太郎と内縁関係になったりしていたこともあり、すぐに男女関係が復活することはなかったようだ。が、彼女はMの事務所に出入りしたり、飲食店などで話を聞くうちに、彼の魅力にどんどん引かれていったと見られる。

なにしろ、Mは年齢こそ美代子より十歳前後は上だが、若々しくてエネルギッシュな行動力を誇る。頭脳明晰《めいせき》で金融・証券の知識から最新のIT機器の活用方法にまで精通し、日常会話程度なら英語と中国語もしゃべれるという俊英だった。

美代子が「虎蔵や私の父親とは違って本物のやくざ。男の中の男なんや」と誇らしげに語り、「ウチには警察より捜査に詳しく、弁護士より法律に詳しい人がいるんや」と豪語する男で、その心酔ぶりは、二人の関係や知り合った事情を知る美代子の母親の知人・美幸をも呆《あき》れさせたほどである。

そして、何といってもMは、犯罪の手口や共犯者・被害者の心理、警察当局の捜査方法と体制、刑法や刑事訴訟法の解釈と応用、裁判対策——など、犯罪に関するさまざまなことを美代子に伝授してきた「恩師」でもあった。

美代子の母親の知人・美幸や暴力団関係者などの話を総合すると、当初の美代子はMの事務所を訪ねたり、大阪市内のホテルなどでデートする度に、彼からさまざまな体験談や、彼がいろいろ調べた事件の概要、暴力団と警察の対決史、武勇伝などを聞いていただけだった。Mは時折自分の〝自慢話〟をメモするなど熱心に聞いていた美代子の姿に感心し、その貪欲《どんよく》さの裏に何があるのか興味を覚えた。そして、美代子の生い立ちや境遇、人生哲学などさまざまな考えを聞かされるうちに、彼女の中にある犯罪者の素質に気づき、前述したような犯罪に関する各種情報を詳しく教えるようになった。

もっとも、美代子に会って話を聞かせるだけではなかなか理解できなかったのか、Mはさまざまな事件について書かれた書籍や雑誌の記事などを持ってきて、美代子に〝宿題〟として読ませたり、意見を言わせたりしたという。そうして提供された「参考文献」の中には時々、事件の裁判資料から警察の捜査資料まで、普通は手に入らない極秘文書が含まれていたと見られている。

また、Mは恐喝や暴行シーンを含む暴力団の活動ぶりを実際に見せたり、一般市民を対象にした〝ちょっとした脅し〟や、暴力を背景にした飲食店からの〝みかじめ料〟徴収といった犯罪行為については、美代子に〝実地体験〟までさせていたことが関係者の証言で分かっている。Mの心の内までは分からないが、少なくとも途中からは美代子のことを愛人や情婦といった一人の女としてではなく、「不肖《ふしょう》の弟子」と見ていたフシが窺《うかが》われる。

ところが、Mが暴力団の下部組織ながら舎弟頭、若頭補佐、若頭……と順調に出世の階段を上がるに連れて忙しくなり、〇三年頃からは次第に会う機会が減ってきたようだ。

それでも二人は、電話やメールで連絡を取り、アドバイスを受けたり、情報交換を図ったりしていた。が、Mがやくざとして年齢的に第一線を退《しりぞ》いたはずの〇五年を過ぎた頃には、逆にそれらの回数もめっきりと減少したという。

美代子のメモによると、猪俣家や谷本家、皆吉家事件までは盛んにMの助言を受け、積極的に取り入れてきたが、橋本家事件辺りから連絡が途切れがちになり、十分な意思疎通《そつう》が図れなくなった。そして、大江・川村家事件の際はほとんど交流がなくなっていたという。

他人を褒《ほ》めたり貶《けな》したり、恫喝と甘言を巧みに使い分けて獲物に食いつく。そして、家族を競わせて疑心暗鬼に陥らせ、知らず知らずのうちに乗っ取っていく——という手口については、たとえ会う機会が減っても、それまで十分に教わってきたのであまり困ることはなかった。

だが、被害者の感情の移り変わりや関係者の人情、感受性の機微《きび》などを観察し、何か次の方策を講じるタイミングとか安全策や保険を掛けるやり方を検討し、決断することが難しかった。特に標的をどこまで追い込み、どこで引いたらいいのかという潮時が見極められず、苦労が絶えず、失敗例も少なくなかったという。

〇九年四月の阪神電車へのクレームで始まった大江・川村家事件に至っては、前述したように、ほとんどMと連絡を取ることができず、美代子は多くの判断ミスや決断の遅れ、相手の心情の読み違いなどを経験せざるを得なかったようである。

この事件はこれまでの犯行とは全く違い、美代子と相手家族の間にはもともと何の関係もなく、顔見知りですらなかった。そして、被害者の川村夫妻があまりに早く美代子を信用して、さっさと会社を辞め、まんまと騙されてしまったこともあって、形の上での養子縁組などこれまで常に行ってきた警察・裁判対策を全く講じておらず、美代子自身が直接暴行を働くなど、初めてと言っていい体験が続いた事件であったことは間違いない。

大江・川村家事件で逮捕された〝美代子ファミリー〟の一人も、

「あの時のオカン（美代子）はおかしかった。何か焦《あせ》っているかと思えば、妙に投げやりな態度を取ったり、いつものオカンとは明らかに違っていた。『ここは言葉で脅すところや』とか、『そこは養子縁組の話を出すタイミングやろ』と思っても、何もしないんや。誰もが表面上は平気な顔をしとるんやが、実際は綱渡りの連続で、内心ヒヤヒヤものやった」

と供述していたほどである。

美代子の身にいったい、何があったのか。

実は、その時の美代子の頭の中は、Mの急死でいっぱいだったのだ。

しかも、第一報は《腹を刺されて重体》だったため、すわ暴力団同士の抗争事件か、はたまた、チャイニーズマフィアが絡《から》む利権をめぐる暗闘ではないか――とパニックになったが、実際は女性問題であった。それも別れ話のもつれから、逆上した女に包丁で腹部を数回刺されて死んだという。七十歳を優に過ぎた「老親分」の彼にしては、非常に〝情けない死に方〟であった。

「彼女（美代子）は常々、Mさんのことを『男の中の男』と言い、彼の生きざまや考え方を尊敬し、『虎蔵とはさすがに出来が違うわ』とあからさまに言っていたぐらいやから、そりゃ、ショックは大きかったと思うわ」

とは、美代子の相談相手にもなっていた母親の知人・美幸の話だ。

大江・川村家事件では、これまでの用意周到さや慎重さが消え、自分でもいつもと勝手が違うと感じていただけに、美代子は心の中で一刻も早くMに連絡を取って、的確なアドバイスをもらいたいと思っていたに違いない。

そうした焦りと、すべてを自分の判断でやって、Mから「よくやった」と褒めてもらいたいと期待する心が鬩《せめ》ぎ合って、「ウキウキ、ハラハラ」状態であったのではないか、と美幸は推測する。

そうした思いの強い分だけ、Mのあっけない無様《ぶざま》な死に方は裏切り行為に等しく、美代子は一瞬、生きる気力を失い、呆然《ぼうぜん》と立ち尽くすしかなかった。

ただ、美代子の犯行も、被害者の行動も「欲深き人間の業《ごう》のなせるわざ」だとすれば、Mの無様な死にざまもまた、人間の業のなせるわざと言ってよかった。

男の裏切り行為ですっかり嫌気が差した美代子は、これまでの緻密《ちみつ》な犯行手口とは打って変わって、自ら被害者に手を上げるなど平気で露骨《ろこつ》な犯罪手法に走った。また、養子縁組など警察当局に対する防御策を十分に取らず、きわめてズサンな犯行に及ぶなど、外から客観的な目で観察すれば、破滅への道を急いでいるかのように映った。

愛する男に裏切られ、生きていく気力を失った、あるいはMに対して本当の愛情に目覚め、愛しい人を偲《しの》びつつ、静かに整然と死を選ぶ——ということは、彼女の気性から言えばあり得ないことではないと「美幸」は言う。ただ、Mの死から美代子の死まで一年近く経っており、美代子が受けた衝撃の大きさは相当なものであったと思われるものの、感情的に、あるいは発作的に、自殺を図ろうとしたと考えるには、いささか無理があるだろう。

美代子が自殺した理由として今、最も有力と思われているのは、彼女にとって大切な〝疑似家族〟のメンバーが次々と逮捕され、しかも、マインドコントロールが解けて彼らが自供を始めたことで裏切られたと感じ、ショックを受けたという説である。

さらに、美代子が幼い頃から夢見てきた家庭という世界をようやく築いたのに、あっさりと崩壊してしまったことに絶望したためという見方も根強く残っている。

「逮捕時は『刑務所に入っても数年のことや。出所したらまた一緒に仲良くやろうで』とタカを括《くく》っていた美代子は、取り調べにも余裕を持って臨んでいたんや。でも、終盤は取調室から戻るなり『おかしい』を連発するようになったと聞いている。

彼女は頭がよくて勘が鋭いので、取調官の言葉の端々《はしばし》から誰がどんな供述をしたかを見抜いてしまう。それで最も信用していた三枝子や瑠衣が自供に追い込まれたことを悟り、美代子自身は『三枝子や瑠衣は事件とは無関係』と主張してきただけに、どうして自供したのか、何を言ったのかと悩み出した。彼女の焦りや苦悩は手に取るように分かる。何かがおかしくなったということや」（捜査幹部）

美代子にとって、最も信頼し、大切にしてきた〝美代子ファミリー〟たちが警察当局によって陥落《かんらく》させられたことは、自分の六十四年の人生そのものを否定されたのと同じである――そう考えれば、確かに自殺する可能性も十分あるだろう。

美代子の心中を推し量《はか》ることは難しいが、ただ一つだけ言えることがある。

若い頃に美代子から打ち明けられたという美幸の記憶が正しければ、美代子がＭと初めて男女の関係になった日が十二月十二日であった、ということである。

美代子が生命を絶った一二年十二月十二日という日について、捜査関係者や取り調べを受けた〝美代子ファミリー〟には、その日を選んだ理由が思い浮かばず、首を傾げるばかりだった。

そんな中には「まるで走るように過ごしてきた自分の人生に、最後に『イチニ、イチニ』と掛け声をかけた」とか「何かの暗号ではないか」などと、埒《らち》もない想像を働かす者もいた。もし、それが大切な日を選んでの自殺だったら、美代子への見方を変えなければなるまい。

私は警察に殺される

ところで、この尼崎連続殺人事件のもう一つの特徴として、警察当局の弱腰姿勢が美代子らの犯行を助長、拡大し、延命させたことが挙げられよう。兵庫、香川両県警が被害者自身や家族、親族、付近住民らの通報、相談などをきちんと聞き取って、迅《じん》速《そく》かつ積極的に対処しておけば、この連続殺人事件は起きなかった、と言っていいだろう。

第四章でも述べたように、まず、谷本家乗っ取りに関連し、美代子らが居座った〇三年二月から十月にかけて、香川県警には親族や付近住民ら計十七人から延べ三十六回もの通報・相談があり、「カネを脅し取られた」とか「家に放火すると脅された」など、具体的で事件性の高い内容だったにもかかわらず、県警は民事不介入方針を楯にして、ろくに調べもせず放置した。

もっとも当初は、父親の谷本明が駆けつけた警察官に対し、「単なる家庭内の揉め事。何でもない」と説明し、被害届提出の求めに応じなかったという事情もあった。娘を被疑者にしたくないという親心だったが、これが裏目に出た。後に明は、「娘を救い出すには逮捕も止《や》むを得ない」と被害届を出そうとしたが、今度は警察側に「暴行の日時や場所、負傷の程度が分からず、事件にするのは難しい」と言われたという。

県警は一三年四月になって、「個別の親族間トラブルと認識し、対応に積極性を欠いた」と明に釈明し謝罪したが、まさに後の祭りで、高松に関係した谷本、皆吉家で計四人も死亡している。

一方、兵庫県警にも九八年春から二〇一一年九月にかけて、計十件の通報・相談があった。その中には谷本明からのものも含まれる。ほかにも猪俣家や皆吉家、後には大江・川村家関連でも県警への通報・相談が多数あったのに、家族間の問題としておざなりの対応しかしなかったという。

それどころか、〇六年には逃走中の茉莉子が運転免許更新のため兵庫県明石市の更新センターをこっそりと訪れた際は、わざわざ瑠衣に連絡が行き、美代子らが連れ戻しに来た。

茉莉子に付き添った友人二人は、明石署に「友人を助けて欲しい」と懇願したが、家族間の問題として取り合わなかった。被害者の親族は「これだけ通報があったのに、両県警は全く連絡を取り合っていない。一つでも事件化していれば、大勢の人命が助かったかもしれない」と憤りを隠さない。

こうしたズサンな対応を隠蔽《いんぺい》するためにまさか、警察当局が美代子の口封じを図るべく謀殺したり、彼女の自殺を黙認した——などということはないだろうが、ここまで大勢の人々が長い期間に跨《また》がり、各地の警察署や県警本部に通報し相談に訪れているにもかかわらず、民事不介入を口実に徹底的に無視したとなれば、そこには何か〝裏事情〟があるのではないかと勘繰《かんぐ》るのが私の悪い癖である。

実際、美代子自身やその周辺には兵庫、香川県警と太いパイプを持った人間は出てきていない。美代子自身が被害者に対し、「警察にもパイプがある」旨《むね》の発言をしたことがあるが、全く虚仮威《こけおど》しの嘘であった。

ところが、話がMの所属する山口組系暴力団の上部組織となると、事情が変わってくる。彼が警察の体制や捜査の仕方などに詳しいことは前述した通りだが、特に北九州監禁連続殺人事件の話をリアルタイムで詳述したことは、実は〝衝撃的な事実〟なのである。

　なぜなら、Mが美代子に説明した事件の内容は、その時点ではどの新聞、雑誌でも報じられておらず、こと細かに言及している犯行手口の部分には、具体的かつ詳細な捜査情報を誰か（もちろん警察関係者以外には考えられない）に聞いたか、捜査資料そのものを入手しなければ説明できない項目が多数含まれていたからだ。

　そうした視点でMと彼が属する暴力団組織の周辺を調べてみると、接点がありそうな兵庫県警幹部と、今は退職した県警OBの名前が浮上した。そこでさっそく二人に取材を試みた。OBのほうはすでに病気で亡くなっていたものの、県警幹部のほうは健在だった。その幹部に直撃取材したところ、こんな答えが返ってきた。

「そんな男は知らない。失礼だぞ、君。私はやくざと付き合いなどない」

　明確な否定であるが、気になったのは私の質問が「Mという人物を知っていますね」というものだったからだ。すなわち、男とも、ましてや、やくざとも言っていないのである。

　また、幹部は私の質問が終わらないうちに問い掛けを遮《さえぎ》るように素早く回答し、まるで私の来訪を待ち構えていたかのように感じられた。まさに疑念だらけの対応と言わざるを得なかったが、その段階ではそれ以上追及する材料がなく、引き下がらざるを得なかった。

その後、件《くだん》の県警幹部が広域暴力団傘下《さんか》の企業舎弟などとの交友関係——M自身かどうかは不明だが——を噂された人物であるとの情報を得たが、具体的な話には発展していない。

ただ、その後も諦《あきら》めずに取材を継続中であることを付記しておきたい。取材がしつこいのも私の悪い癖の一つである。

また、前出の県警OBが生前、旧知の暴力団関係者を介して北九州監禁連続殺人事件の主犯・松永と接点があったとの情報が寄せられた。取材した結果、確かにOBと交流がある暴力団関係者が金銭トラブルで松永と関わりがあったが、それ以上進展しなかった。

美代子は毎日のように、B５判やA４判のノートに日記を書いていたことはすでに述べた。その数は数十冊以上とされ、彼女が兵庫県警の留置場内で書いた分だけで五〜六冊に上っていたが、その中に〝自殺〟について触れた箇所がある。

《ごめんな　全部お母ちゃんが悪いから、責任取るわ》

最初のほうこそ、きれいな文字できちんと横ケイ線やマス目の中に収まるように書かれていたが、だんだん乱れてきて、最後は書き殴り状態になっていた。

この文字の乱れが美代子の精神状態を如実《にょじつ》に示し、最終盤には相当追い詰められていた様子が窺われる。そして、その最後のページには、こう記されていた。

《私は警察に殺される》

これはどういう意味なのであろうか。

しかも、それ以降のページは何者かの手で乱暴に破り取られていたのだ。いったい誰が何のために破ったのか。そして、そこには何が書かれてあったのか――。

そうはいっても、あくまで県警本部の留置場内の話だから、本人が破ったのでなければ警察関係者しかいないだろう。そして、すべては謎のままである。

実は、本書の校了直前、私は日記を破り取った人物の影をとらえ、そこに書かれていた内容を摑《つか》んだ。が、残念ながら、今の段階ではここまでしか書けない（この続きは補稿・文庫版特別編の中で報告したい）。

美代子は留置場内でうなされながら、Mの名前を呼んだ。

そして、彼女は冬の早朝、巡回する警察官らの目を盗んで、Tシャツの両袖を巻きつけて首を絞めたのだ。「モンスター」は自ら死を選ぶことで、いったい、誰から何を守ろうとしたのであろうか。

衝撃の「肉声ノート」破り盗られた

文庫版特別編

ゴミは道ばたに捨てられる

《家族？》

いきなり、冒頭のページに黒いサインペンで大きく、そう書き殴ってあった。

ところどころ破れてボロボロになったA４判の古ぼけたノート。そこには鉛筆や黒色のボールペンで、《それぞれの仕事しろ》とか《家族は一つ》《家ってなんや》といった短い文章が綴《つづ》られていた。

これは、本編で紹介した尼崎連続殺人事件の主犯・角田美代子《すみだみよこ》が日記代わりに綴ったものだ。文字通り日付入りの日記風ページもあれば、《親》《カネ》《おとこ》などの単語の走り書きや数字の羅列《られつ》だけのメモ書き程度のものもある。

ノートは全部で数十冊はあると見られている。大きさはA４、B５、変型判などバラバラで、様式も横ケイ線が引かれた大学ノートやレポート用紙タイプから、マス目を用いた学習帳型まで雑多だ。

ノートの大半は所在が分からなかったが、警察当局と彼女の知人らが自宅や関係先などで見つけた。その中で最も古いのは、一九七〇年代後半のものと見られる。が、それらはごく一部であり、いつから書き始め、全部で何冊あるかは分かっていない。

　事件は、本編で見たように、一九九八年から二〇一一年にかけて兵庫県尼崎市などで八人が死亡し、さらに変死者や失踪《しっそう》者に至っては確認できただけで三人、現実には十人近くいるという凶悪犯罪だった。

　八万人を超す捜査員を投入、美代子と血の繫《つな》がらない〝疑似家族〟ら十一人を殺人容疑などで逮捕したが、主犯が事件の核心を語らず、一通の供述調書さえ残さず〝怪死〟したため、真相は未《いま》だ深い闇に包まれたままである。

　兵庫県警など合同捜査本部は一四年三月に解散。殺人罪などで起訴された美代子の親族七人を含む十被告の裁判では予想通り、ほぼ全被告が「オカン（美代子）に言われた通りしただけ」と洗脳による犯行を主張し、事件の真相は解明できていない。

　この事件が分かりにくいのは、被害者家族が殺し合う被・加害者混在の複雑な構造があることに加え、美代子の肉声がほとんど聞こえてこない点にある。それゆえ本人直筆のノートは、彼女の本音や真の犯行動機を知るうえで貴重な資料になることは間違いなく、真相解明の上でも極めて重大な発見だったと言っていい。

　たとえば、彼女は兵庫県警の留置場でもほぼ毎日、ノートに日記を書き続けたが、その中にこんな記述が含まれていた。

《ごめんな　全部お母ちゃんが悪いから、責任取るわ》
これは自殺を示唆《しさ》したものだろう。
また、当初はきれいな字できちんとケイ線内に収まるように書いていた文章が次第に乱れ、最後は書き殴り状態になっている。そこには、取調室で見せるふてぶてしい態度からは全く想像がつかない、美代子の苦悩や精神的動揺ぶりが明確に表れている。まさに、「その中身に早く注目していれば、最重要容疑者を捜査半《なか》ばで死なせる大失態を犯さずに済んだ」（警察庁）と悔やまれる〝肉声の遺書〟なのだ。

この事件を解くキーワードが「歪んだ家族愛」にあることは捜査当局、弁護側双方の共通した認識と言っていいだろう。

美代子は戦後の混乱が残る一九四八年秋、労働者派遣業の父親と売春宿を兼ねた小料理屋で働く元芸者の母親の長女として生まれた。そして、やくざや売春婦が跋扈《ばっこ》する中で育ち、バブル崩壊、阪神・淡路大震災などの荒波に揉《も》まれてきた。

自分の生い立ちや家族について、当の本人はどう思っていたのか。

《まちがって生まれた子↓まちがった生きかた？　しょうもない》

とは初期のノートに出てくる記述だ。

「両親から望まれずに生まれた子」と認識していた彼女は、それを拗《す》ねたり嘆いたりするような文言をノートの随所に残している。

《いらん子はやっぱりいらんかった》

《ゴミは道ばたに捨てられる》

《ウソでも必要と言われたい》

空襲で街と人々の暮らしを破壊された尼崎には、暴力や詐欺で金品を奪う犯罪者、麻薬などの密売業者がはびこり、正義や人間愛、そして希望はなかった。

《明日のことより今日どう生きるか》

そして、彷徨《ほうこう》した末に叫んだセリフが、

《家族が、知らん顔しとってええんか》

である。初期のノートに最も多く登場する言葉だ。

当初はバラバラだった自分の家庭に向けた当てつけだったのだが、やがては被害者家族に身内への暴力を強要する際にも、「肉親が仕置きせんといかん。けじめを付けんでどうする」とけしかける言葉として使っている。

自分の両親についての記述では、「顔は醜《みにく》く性格は下劣。生まれて来んほうが良かった」と彼女を罵《ののし》った父親に対し、

《バカおやじ　色目使うな　こっちがお断りや》
と意味深なことを走り書きしただけで、完全に〝無視〟を決め込む。
一方、高校を中退した美代子に「何もやることないんなら、知っとる店で身体使って（売春して）生活費ぐらい稼ぎぃや」と勧めた母親に対しては、
《肉体は丈夫やけど、頭と心が空っぽ》
とバカにし、その自堕落《じだらく》な生活ぶりに反発していた。が、十九歳で売春斡旋《あっせん》容疑により逮捕され、売春が自分のビジネスの出発点となると、ノートにはこんな文章が出てくる。
《カラダは売っても心は売らない》
《心は売ってもまごころは売らん》
《私も空っぽになってきた》
そうかと思えば、こんな文言もある。
《カネにならないことはしない》
これらは七〇年代後半から八〇年代初めのノートで、三十代を迎えた美代子が若い頃を回想したと見られる記述だ。
こうして家庭環境に恵まれず、乾いた人間関係の中で育った美代子は、肉親の愛に

飢えていたとされ、犯行の根底に温かい家族への嫉妬や復讐心があった、と分析する犯罪心理学者もいる。

もっとも、その母親とは最終的に関係を修復したようで、九八年一月のノートに、

《やっぱり、私のかあちゃん。同じ血が流れてる》

などと書かれていた。

そして、同年三月に母親が亡くなったのを契機に、それまで父方の「月岡《つきおか》」や内縁の夫の「東《あずま》」姓を使っていた彼女は母方の「角田」を名乗り、自分を「姉」と慕う盟友の谷《たに》輪《わ》三《み》枝《え》子《こ》を、亡くなる二ヵ月前の母親と養子縁組させ、法的にも「妹」としたほか、後には谷本《たにもと》瑠《る》衣《い》や李《り》正則《まさのり》ら一味の面々を次々と養子縁組させ、角田姓を名乗らせたのだ。

これらの行動について事件発覚後、彼女をよく知る友人の一人は「美代子は親や親族に冷遇されたが、最後は母親や母方のやくざな叔父を介護し、借金の面倒まで見ていた。角田の名を継承し養子縁組で親族を増やし、跡取り息子や孫も得た。家族愛に目覚めたか、自分が必要とされたいとの願望の表れかはともかく、本人が一般の家長以上に役割を果したと自負していたのは確かだ」と語る。

実際、母親の死後数年間のノートにはしばしば、こんな書き込みが登場する。

《角田家を守る》
《かあちゃんとの約束は忘れない》

唯一の判断基準は絶対服従

美代子は自身の境遇を補うように、血縁関係のない者たちと〝疑似家族〟を作り、その集団生活を非常に大事にした。

新しい角田家を創るパートナーは、父親が異なる七歳上の優しい兄でも、性格がそっくりで美代子が「ヤス」と呼んで可愛がった五歳下の弟・月岡靖憲《やすのり》でもない。揺るぎない結束力を誇る〝美代子ファミリー〟であり、その筆頭は谷輪三枝子だった。

三歳より前から月岡家に同居し、美代子の片腕として君臨した義妹。美代子の命令で夫にした男性を二〇〇五年七月に沖縄で自殺に追い込んで約六千万円の生命保険金と尼崎市の分譲マンションを奪取するなど大半の事件に関わり、悪党仲間からも「オカンが最も信頼する肉親」「側近中の側近」と見なされる存在だ。

《頼りになる妹》

《私にないものを持っている》

美代子もノートに、そう記している。

また、初期のノートには《ミーコが奪われる》と書かれた文字の上に大きくバツ印を付けたものや、《ミーコは渡さん》などの文言が頻発している。

極め付きは《ヤス∧ミーコ》の書き込みだった。

これらの記述は美代子が「姉を上回るワルで、タッグを組んだら最強の犯罪コンビとなる」（悪党仲間）と噂された実弟ヤスを遠ざけ、三枝子を腹心に起用する苦渋の決断に踏み切ったことを意味していた。それは美代子が実の家族より〝疑似家族〟を選択した瞬間であった。

三枝子とヤスは中学の同級生で、一時は駆け落ち説が出るほど仲が良かった。だが彼女の才能に目を付けた美代子は手離さず、横浜に同行し、ラウンジを共同経営させるなどして二人の仲を引き裂いた。この時、三枝子は経理を学び、一味の〝金庫番〟に就く決意を固めたとされる。三枝子をめぐる姉弟の確執はその後も続いたようだが、あくまで決め手となったのは、

《絶対服従》

《いつでも私が一番》

《何より忠誠心》

その頃のノートによく登場し、二重マルを付けられたそれらの文字こそが、彼女の唯一絶対の判断基準であった。

だが八〇年代以降のノートには時折、三枝子の忠誠心を疑う文言が出てくる。

《一度裏切った人間は信用できない》

《「死ね」と言ったら迷わず死ねるか。一度命じてみようか》

《ミーコとおっさん（内縁の夫・鄭頼太郎《ていよりたろう》）にも保険かけるか》

《一度裏切った》は弟ヤスと駆け落ちし自分の下を離れようとしたことを指すか。

《「死ね」と言った》と《保険かける》は、後に美代子が三枝子の結婚相手に自殺を促《うなが》した際、「お前が死なないと三枝子や頼太郎が死ぬことになる」と言い、二人に生命保険を掛けたことをほのめかす行動に繋がっているのかもしれない。

だが、最大のポイントは八六年の優太郎《ゆうたろう》出産であろう。当初、美代子は「自分が生んだ」と主張したが、若い頃から「私に子ができたら姉さんにあげる」と言っていた三枝子が出産、「姉の実子」として届けたことが分かっている。

この時、周囲の目には美代子が大喜びしていたように映った。当日のノートでは、《ミーコが私の子を生んだ》と触れている。

問題は父親の正体だった。後に三枝子の自供で鄭頼太郎と判明したのだが、「二人は不倫したんやない。美代子が三枝子を内縁の夫に当てがったんや。彼女はまだ義妹やなかったし、側近の座も定まっていなかった。自分に服従するか試されたんやないか」（捜査員）という。

これまで何度か浮気が発覚した頼太郎はその都度、美代子の命令で半殺しの目に遭《あ》っている。相手女性の一人は行方不明になったままであるとの情報さえある。そんな夫の不倫封じの意味もあるだろうが、ここは美代子が二人に負い目のようなものを感じさせることで自分への絶対的服従を強いた、と考えるべきなのだろう。

さらに美代子は優太郎が小学校に入学した時、実の父母の名を明かしていた。

それは単に出自の告知をしたのではなく、計算ずくの策謀が秘められていた。優太郎には自分を「オカン」、頼太郎を「オトウ」、三枝子を「ミーコおばちゃん」と呼ばせており、優太郎が三枝子の名を呼ぶ度に、美代子は頼太郎と三枝子の顔を見つめて、ニヤッと笑っていたという。

《優太郎が三枝子を呼ぶと、皆に脅《おび》えが走る。あの子は大事な人質や》

その優太郎と結婚し、一男一女をもうけて「後継者夫婦」とされたのが谷本瑠衣。

「あくまで角田家の後継ぎで、美代子の側近としては信頼、重視されていなかった」

（捜査員）と見られているが、美代子はうれしそうに、こう書いている。
《こんな私を「おかあさん」と呼んでくれる娘ができたんか》
成績優秀な美人女子高生が毛髪を金色に染め、家柄も学歴もない自分を守るため警官に食ってかかる姿が可愛くて仕方ないことは、この短文から伝わってくる。
その瑠衣が生んだ二人の孫のことは「目の中に入れても痛くないほど寵愛《ちょうあい》した」（美代子ファミリー）が、もともと美代子は二人の結婚には反対していた。二人は子供を作ることで、強引に結婚にこぎ着けたのが実情だ。
《あの二人にはまんまとやられた。孤独やな。誰も信じられん》
《厚かましいのはいいが、注意がいる。試しと見張りを厳しくせんと……》
〇七年一月の二人の結婚・出産後のノートにはそんな書き込みがあり、表面上の溺愛ぶりとは違う冷めた心情が窺《うかが》われる。
美代子が目指した角田家はあくまで自らを頂点とした組織であり、自分中心の生活だった。「息子や孫を溺愛し義妹を重用したのは、自分の存在を誇示し快適な居場所を確保するため。〝疑似家族〟を心から信じていたわけではない」と分析する捜査員も多い。それゆえ組織の秩序を乱す者を厳しく罰し、脱走者は徹底的に追跡した。
その担い手が「マサ」こと李正則だった。

《やっと見つけた。私が「死ね」と言えば、死んでくれる本物の男＝李正則》

〝疑似家族〟で最も多くノートに登場するのが、この「マサ」だ。

美代子と出会った〇二年以降に起きた全事件に関与し、殺人から死体遺棄まで直接加わっているから、犯行に絡《から》む書き込みに登場する機会が多いのは当然だ。が、それ以外にも生い立ちや養父との軋轢《あつれき》、一味加入をめぐる特訓など書き込みは多岐《たき》にわたり、彼女がいかにマサに強い関心を寄せていたかが分かる。

《マサは男や。やくざの血が流れとる》

《父親にひどい目にあった奴は、怒りと恨《うら》みを忘れない。私も同じ》

《マサはふびんな子や。もう逃げなくていい。ここにずっとおれ》

《マサが仇《かたき》とるなら全力で助けたる》

マサは大阪のやくざと在日韓国人の母親の間に生まれ、生後まもなく離婚した母親の再婚相手が酒乱とギャンブル狂で、借金取りに追われ転々とする生活を送った。自暴自棄となり薬物に溺《おぼ》れ、代金取り立ての暴力団員から逃げ回っていた時に美代子に助けられた。その恩を忘れず、用心棒から殺人までこなす〝美代子ファミリー〟の最も忠実な一員となった。

美代子は養父の隠れ家に殴り込んだマサを支援し、代わりにカネを搾《しぼ》り取ったり、彼を一人前の悪党に仕上げるため獰猛《どうもう》な弟の靖憲に一ヵ月預けて猛特訓させたりした。さらにやくざの叔父の下でも修行を積ませ、最後はその叔父と養子縁組させ、角田一族に加えた。

興味深いのは、マサの実父である大阪のやくざを訪ね、関係を築こうとした形跡があることだ。生き方が自分と似ているマサの母親への共感もあるが、美代子はマサを利用して、自分の稼業への闇社会の協力を取り付けようとしたのだ。

《マサを鍛えるのは、やくざが一番》

《どうせなら、とことんやるしかない》

マサという「暴力装置」を得た美代子はこの時、修羅《しゅら》の道を歩み始めた。

生き抜かなあかんはずが

このノートに犯罪手口が書き込まれ始めたのは九〇年代に入ってからだ。

猪俣《いのまた》家事件が起きた九八年から〇三年の谷本家、〇五年の橋本家事件の頃がピークであり、それまでのパチプロなどギャンブル、クレーマーから発展した恐喝や詐欺に関するメモが「家族乗っ取り術」に大きく変化している。

九八年のノートには、こんな記述が登場する。
《家族会議＝ランク付けの場↓制裁の場↓正者が悪者を殴る》
《何ごとも家族会議で決める》
これは、家族会議を開いて自分の意に従う正者と反する悪者を選別するなど序列を設け、激論の末に正者が悪者を殴る展開に持ち込めば、家族間に対抗心が生まれ、バラバラになるという猪俣家事件の手口を示唆《しさ》したものだろう。
ほかにも《アメとムチを使い分ける》とか、《家族の絆《きずな》を断てば、自然に憎み合って瓦解《がかい》する》などの書き込みがあり、その中には《標的はとことんしゃぶり尽くし、用済みとなったら躊躇《ちゅうちょ》なく断つ》という恐ろしい文言も見られた。
〇三年頃は、こんなメモであふれた。
《集中して可愛がる人と徹底的に迫害する人をつくる↓集団が二つに割れる↓協力者・密告者が出る↓円滑《えんかつ》な運営》
《親は本能的に子を守る》
《親の面前で子を虐待すれば、親は屈するものだ》
《子に親を殴らせれば、その家族は必ず崩壊する》
《服従者にも時には恐怖を与えよ。隷属《れいぞく》しか生きるすべがないと悟らせる》

さらに兵庫・香川県警の捜査介入に対抗するアイデアらしい言葉もある。
《民事不介入を最大活用する！》
《養子縁組・結婚＝虐待・暴行↓家庭のしつけ／資産を奪う↓相続問題》
《養子縁組の子は人質》
《離婚＝慰謝料取る法的手段》
さすがに自らを称して、
《職業は家族解体業》
と記すだけの技能と経験を感じさせるが、一方で誰かの受け売りか、何かから引き写したような言葉が増えてきたのも事実だ。それらの中には、どの犯行にも共通するノウハウも少なくない。
まず、《相手の弱点を見抜け》である。
猪俣家事件当時の記述には、《勝気な母親＝嫁姑問題》とか、《息子・嫁同士の確執》などの文字が躍っていた。谷本家事件では、《優柔不断で弱腰な善人は死ぬまでつけ込め》のメモがあり、谷本家当主を陥《おとし》れた手口が綴られていた。
次は、《最初に無理難題を押しつけ、後で一歩引けば、思い通りになる》だ。
猪俣家事件では四男夫婦を離婚させ、その妻に対して別の兄弟と結婚するように迫り、拒否する代償として妻の実家から一千数百万円を脅し取っていた。

大江《おおえ》・川村《かわむら》家事件では次女に自殺を迫り、直前に「生命保険も入らずに死ぬのはもったいないわ」と言って止め、「命の恩人」と崇《あが》めさせている。また、マサに次女夫婦を子供の目前でリンチさせ、美代子が止める芝居じみた行動で子供に「親を助けてくれた優しいオバさん」と思わせ、手なずけるのに成功している。

そうかと思うと、《最初は標的を安心させて信頼を得る。そのうち周囲の親族や友人、勤務先を排除すれば、精神的にも経済的にも頼らざるを得なくなる》という「家族乗っ取り術」も披露《ひろう》する。

三枝子と結婚させた男性を自殺に追いやった橋本《はしもと》家事件や、借金の面倒を見て本家ばかりか娘の嫁ぎ先まで破滅させた皆吉《みなよし》・谷本家事件で見せた手口である。

ちなみに、美代子は義弟を死なせた沖縄を気に入り、ノートに《私が死んだら沖縄の海が見える丘に埋めて》と書き残している。その神経を疑うばかりだ。

さらに《やくざの見せ方》なるフレーズもある。猪俣家事件では母方のやくざな叔父の名を出し、「面子《メンツ》を潰《つぶ》したら大変なことになる」と脅しに使っている。

また、山口組幹部との交遊を口にし、組事務所に挨拶《あいさつ》に寄ったり組長の名を出してトラブルを解決するなど巧みに利用している（実際はほとんど無関係）。

実は、こうした犯罪手法（指南）の背後には、山口組系暴力団の幹部で美代子より十歳前後年上のキレ者である男の影がチラついていた。

彼女が十代半ばの頃からの付き合いであることは本編に詳述したが、男から冷徹な犯行手口を伝授されてきたことは、犯罪の手法が変わり始めた頃から急に難語が増えたノートの記述や、彼女の友人の証言からも窺える。

最後に、〝美代子ファミリー〟の衰退ぶり（末路《まつろ》）を伝えておく。

当初は《うまくいったで》とか《食うモンがなくなったら、次を探せばいいんや》と威勢が良かったノートの文面が、資金繰《ぐ》りに窮《きゅう》するにつれ、《カネの切れ目が縁の切れ目》《とにかくカネ持って来い》など《カネ》という文字と、金額と見られる数字ばかりが目立つようになった。終《しま》いには《何としても生き抜かなあかん》と悲壮感まで漂《ただよ》う有り様だ。

「そうなると、組織社会の落ちこぼれで生活力のない〝疑似家族〟は崩壊するだけ。美代子の自殺で洗脳が解《と》けたというより、元の半端者《はんぱもの》に戻った」（捜査員）

美代子の夢は儚《はかな》くも崩れ去った。

兵庫県警の留置場で書き綴ったノートの最終ページには、こう記されていた。

《私は警察に殺される》

しかも、それ以降のページは何者かに破り盗《と》られていたことは最終章で述べた通りだ。誰が、何のために破ったかは最終章で書いた、暴力団との交友関係を噂された県警幹部が部下に命じた疑いの濃いことが県警内部の調査でも明らかなのだが、県警は一切認めようとしない。

そこに何が書かれてあったのかについては、美代子がMから聞いた警察関係者の名前や交友ぶりが書かれていたことが想像できるが、ノートは処分されたと見られ、県警の家宅捜索でも発見されておらず、謎のままである。

ここで明確に言えるのは、生き抜こうとしていた美代子が、この不可解な言葉を残して、無残に死んだということだ。そうなると、この言葉に真実味が増してくるではないか。

あまりに恐ろしく、そして哀《あわ》れな末路《まつろ》であった。

本作品は二〇一四年四月、小社より刊行された『モンスター　尼崎連続殺人事件の真実』を文庫収録にあたり、加筆したものです。

一橋文哉―東京都生まれ。早稲田大学卒業後、全国紙・雑誌記者を経てフリージャーナリスト。本名など身元に関する個人情報はすべて非公開。1995年、月刊誌「新潮45」連載「ドキュメント『かい人21面相』の正体」（雑誌ジャーナリズム賞受賞）でデビュー。グリコ・森永事件、三億円強奪事件、宮崎勤事件、オウム真理教事件など殺人・未解決事件や、闇社会がからんだ経済犯罪をテーマにしたノンフィクション作品を次々と発表している。

講談社+α文庫 モンスター 尼崎《あまがさき》連続《れんぞく》殺人《さつじん》事件《じけん》の真実《しんじつ》

一橋《いちはし》文哉《ふみや》

2015年12月17日第1刷発行

発行者――――鈴木 哲
発行所――――株式会社 講談社
東京都文京区音羽2-12-21 〒112-8001
電話 編集(03)5395-3522
販売(03)5395-4415
業務(03)5395-3615
デザイン―――鈴木成一デザイン室
カバー印刷――凸版印刷株式会社
印刷――――慶昌堂印刷株式会社
製本――――株式会社国宝社
本文データ制作――講談社デジタル製作部

落丁本·乱丁本は購入書店名を明記のうえ、小社業務あてにお送りください。
送料は小社負担にてお取り替えします。
なお、この本の内容についてのお問い合わせは
第一事業局企画部「+α文庫」あてにお願いいたします。
Printed in Japan ISBN978-4-06-281634-2
定価はカバーに表示してあります。